Foreword

(See also Student's Guide p. 4)

What *Au Courant* is for

Au Courant Level One is the first stage of a two-part course for use in Sixth Forms, including the 'new' Sixth, and in Colleges. The Course reaches A Level standard at the end of *Level Two*. *Level One* may be used for students who are retaking O Level; it also contains work suitable for the first year of an A Level Course.

What's in it

Level One contains ten Dossiers, each covering a general theme, introduced and developed on the basis of French texts and conversations in three Leçons. The differing approaches of the different types of Leçon within each Dossier are explained in the Student's Guide (p. 4). There are tape recordings supporting and extending the book. A tapescript is available separately. *Level One* also contains a grammar reference summary, verb tables, vocabularies and questions for the recordings and an alphabetical French–English vocabulary.

Aims and methods

Level One offers a cycle of work which develops *a*) the understanding of written and spoken French, both in everyday situations and in the discussion of various topics, *b*) the ability to use French actively, both for practical communication, and for the expression of ideas and opinions in discussion or essay.

Through presentation of a variety of texts and recorded passages and conversations (based on conversations recorded by French teenagers) the course aims to encourage the development of insight into French attitudes and customs.

The aims of the course can only be achieved by frequent contact with examples of French in use, both oral and written. The tape recordings add an important dimension to the printed material, not just for comprehension, but as a basis for discussion and essays.

Although the suggested cycle of work has been carefully planned to offer a coherent pattern, we hope that teachers (and students working individually or in pairs) will find it adaptable to their own requirements.

Student's Guide

see also: Table of contents (p. 7)
Index (p. 192)

This guide is intended to help you to get the most out of using *Au Courant*. We think that it's useful for you to know both what you're doing and why you're doing it.

Each of the ten Dossiers in this book deals with a particular theme or group of subjects; in each Dossier there are three separate lessons and a practice spread — sufficient work for a month or more.

Most work is suitable for all students, but work marked with an asterisk * is likely to be less suitable for non A-level students.

First type of Leçon

Leçons 1, 4, 7, 10, 13, 16, 19, 22, 25, 28
Concentration on conversational language, chosen for relevance in common everyday situations. Emphasis on practice of the form of words.

First page

Conversation(s) introducing a particular use of language, e.g. how to say what you'd like. Recorded to enable you to practise both listening and fluency of response.

Second page

Adaptations practising the conversational situation by giving various replies or by changing the situation slightly. Might be practised with a partner — **Travail à deux.**
Ecoutez bien Recorded conversation (or passage) with work for you to do. Vocabulary for the recordings is listed on pages 175–181, together with questions on the passages where appropriate.

Third page

A reading passage on a subject related to the topic of the lesson. **Explications** (French or English explanations) of difficult points are given in the margin.

Fourth page

Exploitation of the text on the opposite page begins with simple exercises to test understanding of the words. This is followed by:
Travail à deux suggestions for pair work.
Expression dirigée a closely guided letter or report, or
Expression libre less closely guided composition
Version translated from French into English.

Second type of Leçon

Leçons 2, 5, 8, 11, 14, 17, 20, 23, 26, 29 (Leçon 29 — 2 pages only)
Concentration on comprehension of printed language, but still with emphasis on the concrete and practical. Stress is now on meaning and the use of the word in the phrase.

First page

A text with **explications.**

Second page

De quoi s'agit-il? Gist comprehension questions on the text opposite.
Les mots travaillent detailed study of words and phrases in the text.
Avez-vous bien compris? more detailed questions to test comprehension and to give you a chance to use the language.
Au jour le jour A passage for aural comprehension (in the form of a radio script). Questions and vocabulary: pages 175–181.

Third page

Another text (or two or three shorter passages) again with **explications.**

Fourth page

Similar in content to second page but with more varied exercises including:
Expression dirigée elementary guided composition work, often in the form of a report.
Version French to English translation.
Transposition transposing direct to indirect speech.

Third type of Leçon

Leçons 3, 6, 9, 12, 15, 18, 21, 24, 27, 30
Concentration on the language of ideas to help you to discuss or write about the subjects with confidence. Emphasis is now on connected discourse, both spoken and written.

First page

A French passage, usually more difficult and with no explanations (but new words are included in the vocabulary).
Analyse de la langue Suggestions for a close examination of the text — help in writing connected coherent French.
Texte enregistré Recorded passage on a related theme. For further practice of the 'analysis' exercises and help with the translation opposite.

Second page

Exploitation Exercises in a contextualised form. You should always try to include in your answers the words and phrases in bold type. Answers may be written or oral.
Traduction A passage of English for re-translation into French. All the language you'll need is contained either in the earlier texts of the dossier or in the recorded text. Listen to the **Texte enregistré** as many times as necessary, taking notes if desired. The language laboratory could be used for this activity.

Third page

This spread is the target of the whole dossier.
Points de départ Subjects for discussion later in groups.

Guide-discussion. Language for use in discussion. As you go through the course you'll build up a store of these expressions to add to the new ones in each **Guide**.

Fourth page

Pas à pas — a step by step guide to these pages.
1. **Pêle-mêle** Use the starting-points and add points of your own at random — in a group 'brain-storming' session. Jot down any ideas you think relevant.
2. **Travail à deux** Question your partner and try out your ideas. Make use of the **Guide-discussion** to put your point of view.
3. **Recorded text** Often in the form of a discussion by French people. Some rôle-playing may follow.
4. **Discussion en groupes** Each aspect of the topic under discussion might be presented by a different member of the group before the group discusses it.
5. **Plan de rédaction** Make your own plan (using the notes given if you like) and write your essay.

Pratique

In each Dossier there is a double-page spread of language exercises with a **Difficultés** section at the foot of each page, containing points of particular difficulty for English-speaking people.

Grammar summary (p. 148)

A check list of the basic grammatical knowledge you should have acquired by now (or certainly by the time you've finished *Au Courant* Level 1).

Verb tables (p. 171)

Contain principal parts of regular and common irregular verbs.

Aural vocabularies (p. 175)

Contain unfamiliar words met in recorded material. Words are listed in the order they occur in the passage. **Questions** are included on some passages.

Alphabetical vocabulary (French to English) (p. 182)

Lists all the words in the book except for very common words and those very similar in English.

Longman French Topics: France Presse

The following titles provide supplementary material on topics appearing in Au Courant Level 1:

1. Les rapports entre individus
2. Une école gratuite laïque et obligatoire
3. Sports et loisirs
4. Les riches et les pauvres
5. Contestataires et conformistes
6. Gagner son pain
7. Vivre sa vie
8. Métro, boulot, dodo
9. L'homme et sa planète

Table des matières

L'entente cordiale

...ça veut dire quoi?

Seule la Manche sépare la France de l'Angleterre (et l'Angleterre de la France: ça dépend de quel point de vue on se place.) Or, malgré ce voisinage, Français et Anglais sont très différents (du moins c'est ce qu'ils pensent) les uns des autres.

Quand vous pensez à la France et aux Français, quel genre d'image avez-vous dans l'esprit? Est-ce que le Français typique, selon vous, ressemble plus ou moins à un des personnages sur le droite du dessin ci-dessus? Trouvez-vous que l'Anglais-type ressemble à une des caricatures de gauche?

Est-ce que ces portraits stéréotypés peuvent avoir une réalité quelconque pour ce qui est du caractère et du physique?

En fin de compte, que connaissez-vous de la France et des Français? Il faut faire leur connaissance; après tout, ce sont nos concitoyens de la nouvelle Europe qui est en train de naître. L'Europe des patries, bien entendu, mais des patries unies par des liens économiques, et politiques, et même par des liens d'amitié.

Les dessins comme celui de ci-dessus, les livres, les films, la télévision et nos préjugés nous conduisent trop souvent à faire des généralisations hâtives au sujet de nos voisins français, mais aussi à l'égard de tout étranger —de tout inconnu, peut-être. Ce n'est qu'en se donnant la peine de se rapprocher des autres, d'étudier leurs attitudes non moins que leur langue, que l'on arrive à les connaître. Mais ça vaut la peine.

Quelles idées vous faites-vous des Français?
D'où viennent ces idées?

Jeunes sans frontières

Les jeunes en général sont plus prêts à franchir les barrières nationales que leurs aînés. Pour eux le manque d'argent et l'ignorance de la langue ne sont plus des obstacles importants.

Voyager à l'étranger. Pourquoi?

Vous avez peut-être déjà fait un séjour en France, comme membre d'un groupe d'écoliers, en visite d'échange, avec vos parents. Avez-vous réussi à avoir des contacts avec des Français?

Quelles autres formules existe-il de voyager à l'étranger? (Séjour linguistique, cours de civilisation, travail temporaire ou permanent).

Cherchez d'autres possibilités vous-même. Lesquelles sont pour vous les plus intéressantes? En fin de compte, quelles sont vos raisons de voyager?

Centre International du Midi
annonce

Un ensemble complet de cours et
de rencontres internationaux
Initiation et perfectionnement dans la
connaissance de la langue française
(aussi l'anglais, l'allemand, l'italien)
Travail oral et écrit
Travaux pratiques — traduction
Littérature, civilisation, géographie, histoire,
histoire de l'art, vie politique et sociale,
économie.

Activités supplémentaires

cours de cuisine et d'art de la table
théâtre · cinéma · chants populaires
excursions · randonnées à bicyclette
promenades pédestres
dimanches au foyer d'une famille
soirées · réceptions privées · sports
visites touristiques et culturelles

Assiduité aux cours indispensable

A quoi bon apprendre le français?

Pour pouvoir apprécier la culture et la littérature, les films et le théâtre, la radio et la télévision.

Afin de faciliter un emploi futur, ici ou en France, étant donné l'existence de la CEE.

Pour prendre des contacts personnels avec des Français et des Francophones.

Pour faciliter des contacts professionnels et pour comprendre la littérature technique.

Quelles raisons avez-vous de perfectionner votre connaissance de la langue française?

Connaître le français — qu'est-ce que cela veut dire pour vous?

Lequel jugez-vous le plus important: comprendre la langue parlée, parler couramment, lire ou écrire?

Justifiez votre réponse.

Dossier 1 Leçon 1   En famille en France

Dans cette leçon on vous demande d'imaginer que vous séjournez dans une famille française. Il y a certainement des coutumes que vous trouverez un peu étranges, notamment à propos des repas, mais il faudra bien vous débrouiller tout seul.

Vous venez travailler 'au pair' dans une famille française, la famille Deldique. Le soir de votre arrivée on prépare un repas spécial, et vous êtes l'invité d'honneur. Dans la conversation suivante, choisissez les réponses qui vous conviennent le mieux.

MME DELDIQUE	A table, tout le monde. (*A vous*) Si vous voulez bien vous mettre là, à côté de Chantal.
VOUS	Merci madame. Quelle jolie table!
MME DELDIQUE	Vous aimez les huîtres?

VOUS	Ah oui, je les adore.	Je ne sais pas. Je n'en ai jamais goûté.	Oh madame, je suis vraiment désolé. Je ne les aime pas.
MME DELDIQUE	Bon, alors, servez-vous.	Vous voulez essayer?	Ne vous tracassez pas. J'ai fait aussi du pâté. Voilà… Servez-vous.
VOUS	Merci. Mmm! Ça sent bon!	Oui, je veux bien.	Merci. Mmm! Ça sent bon!
CHANTAL	Mais prends-en encore! Tu n'as rien pris.	Mais prends-en encore quelques-unes.	Ne t'inquiète pas. Moi non plus, je n'aime pas du tout les huîtres.
VOUS	Merci. Elles sont vraiment délicieuses.	Oh non, merci. Je crois que c'est assez.	Ça me console. Mais le pâté est délicieux.

M. DELDIQUE	Passe-moi le vin, s'il te plaît, chérie. (*A vous*) Vous prendrez du vin rouge, ou vous préférez le vin blanc?
VOUS	J'aime mieux le vin blanc. Une petite goutte, s'il vous plaît, monsieur. Je n'ai pas l'habitude, vous savez.
CHANTAL	Tu veux me passer l'eau, s'il te plaît. Je préfère mettre de l'eau dans mon vin.

A. Adaptations

1. Vous aimez

les huîtres?	Ah oui, je les adore.
les tripes?	Oui, mais j'aime mieux les œufs.
les escargots?	Je n'en ai jamais goûté.
les moules?	Ah non, je regrette.
les cuisses de grenouille?	Je ne les aime pas (du tout).
	Oh, je suis désolé.
les artichauts?	J'ai horreur de ça!
les olives?	

2.

Si vous voulez	vous asseoir là?
Voulez-vous	prendre du vin rouge?
Vous voulez	me passer le vin?
Vous préférez	boire de l'eau?
Aimez-vous mieux	le vin blanc?
Vous aimez mieux	essayer le pâté?

3. Reprenez la conversation ci-contre en changeant ce qu'il y a à manger et à boire. Essayez, autant que possible, de faire varier également le dialogue sans en changer le sens.
   a) Au menu il y a des escargots de Bourgogne, accompagnés de vin rosé, ou, pour les lâches, une salade niçoise.
   b) Il y a des tripes à la mode de Caen ou, si ce n'est pas à votre goût, des œufs mayonnaise, accompagnés de cidre bouché.

4. Sans regarder le texte de la conversation, présentez le récit ci-dessous en discours direct:
   Mme Deldique demande à tout le monde de se mettre à table. Elle vous demande de vous mettre à côté de Chantal. Vous remerciez Mme Deldique et vous admirez la jolie table. Mme Deldique vous demande si vous aimez les huîtres. Vous répondez que oui, que vous les adorez. Alors, elle vous dit de vous servir. L'ayant remerciée, vous remarquez que ça sent bon. Chantal insiste pour que vous preniez encore des huîtres, ajoutant que vous n'avez rien pris. Après avoir dit merci, vous remarquez qu'elles sont vraiment délicieuses.

5. Ecrivez la fin de la conversation en discours indirect.
   Commencez: Monsieur Deldique me demande de…

B. Ecoutez bien ⊽

Ecoutez sur la bande enregistrée le dialogue 'Le déjeuner en famille'. Ensuite, répondez aux questions à la page 175. (Voir le vocabulaire à la page 175.)

Article to female readers of 'Figaro'.

Une jeune fille pour l'été

Explications
1. cependant
2. de l'été
3. *followers*
4. *lower cost*
5. *more or less*
6. logement
7. de la meilleure façon possible
8. *cancel*
9. *to detect*
10. à l'avance
11. *as far as… are concerned*
12. *deceptive*
13. *detected*
14. *tutor*
15. *it's a question of*
16. *specify*

Quand on pense jeune fille au pair, on pense plus souvent année scolaire que vacances d'été. Et pourtant,[1] la formule du 'pair estival'[2] (15 juin–15 septembre) fait de plus en plus d'adeptes[3] de part et d'autre. Mais attention! Il ne faut pas croire que, sous prétexte qu'il n'y a pas de cours durant l'été, vous pourrez faire travailler la jeune fille d'autant plus. Il s'agit essentiellement pour cette dernière de se perfectionner en français et non pas de remplacer à moindres frais[4] votre Portugaise. La jeune fille remplit une fiche détaillée sur ses capacités. Les familles, elles, remplissent en quelque sorte[5] le même questionnaire, mais sur ce qu'elles proposent au point de vue gîte,[6] région de vacances, sport, etc. L'agence n'a plus ensuite qu'à se livrer à un travail semblable à celui des agences matrimoniales en mariant au mieux[7] offres et demandes.

Un essai de huit jours

Sachez que la jeune étrangère ne vous doit que deux à trois soirées par semaine de baby-sitting, qu'elle doit avoir quatre à cinq heures de liberté totale par jour, qu'elle prendra ses repas avec vous et qu'elle peut annuler[8] son contrat (et vous aussi) durant une période d'essai de huit jours. Les cas 'à problèmes' sont difficilement décelables[9] au préalable[10] côté[11] jeunes filles (l'apparence est souvent trompeuse[12]), ils sont facilement repérables[13] côté familles. Ce sont en général les mêmes qui refusent l'accès de la salle de bains commune ou les repas à la table familiale.

Les Anglaises en tête

Ne vous y prenez pas trop tard pour 'réserver' votre jeune fille d'un été. Si les Anglaises arrivent en tête des demandes (elles servent du même coup de répétitrices[14] aux très nombreux enfants apprenant cette langue), les Suissesses allemandes et les Hollandaises bénéficient d'une plus solide réputation de sérieux et d'aide familiale réelle. Mais, qu'il s'agisse[15] d'une Anglaise, d'une Allemande, d'une Hollandaise ou d'une Italienne, très souvent la mère de la famille qui vient consulter les dossiers ne peut s'empêcher de préciser[16] qu'elle préférerait une jeune fille pas trop jolie! 'Il ne faut pas tenter le diable, surtout en vacances…'

d'après *Le Figaro*

C. Exercices

1. Vrai ou faux? Après avoir lu l'article ci-contre, indiquez si les phrases suivantes sont vraies ou fausses. Corrigez celles qui sont fausses.
   a) La durée du 'pair estival' est de trois mois.
   b) Il s'agit de remplacer les Portugaises par les jeunes filles 'au pair'.
   c) C'est la famille qui remplit une fiche.
   d) La jeune fille a le droit de prendre ses repas en famille.
   e) La période d'essai dure deux à trois soirées.
   f) Les jeunes filles les plus populaires sont les Suissesses allemandes.
   g) Généralement les mères de famille préfèrent des jeunes filles pas trop jolies.

2. Posez des questions en utilisant les pronoms interrogatifs entre parenthèses.
   exemple   Il s'agit de se perfectionner en français. (De quoi…?)
   De quoi s'agit-il?
   a) Il ne s'agit pas de remplacer votre Portugaise. (De quoi…?)
   b) Les Anglaises arrivent en tête des demandes. (Qui est-ce qui…?)
   c) Vous pourrez faire travailler la jeune fille. (Qui est-ce que…?)
   d) Les familles remplissent le même questionnaire. (Qu'est-ce que…?)
   e) La formule du pair estival fait de plus en plus d'adeptes. (Qu'est-ce qui…?)

D. Résumé

A l'aide des notes suivantes, resumez la première partie de l'article ci-contre en deux courts paragraphes. Donnez un titre à chacun de ces paragraphes.

1. d'habitude une jeune fille 'au pair' travaille une année…
   aujourd'hui le 'pair estival' devient populaire…
   ne travaillera plus dur…
   se perfectionner en français…
   pas pour remplacer…

2. jeune fille remplit une fiche…
   famille aussi…
   ce qu'elles attendent l'une de l'autre…
   agence mariera offres et demandes…

E. Version

Traduisez en anglais la dernière partie de l'article 'Les Anglaises en tête'.

F. Expression dirigée

1. Une amie de vos parents veut embaucher une jeune personne 'au pair' pendant les vacances scolaires. Elle ne sait pas comment obtenir les renseignements qu'elle désire et elle vous demande de l'aider. Elle vous montre des notes qu'elle a écrites afin de rédiger une lettre.
   a) Vous offrez d'écrire une version française des questions qu'elle voudrait poser. Qu'est-ce que vous écrivez?

   name? age? sex? date of birth? address? education? occupation at present? father's/mother's occupation? when can they come? for how long? leisure interests? how much pocket money do they want? how much free time? do they mind sharing a room? are they interested in children or housework or both?

   b) Quand elle voit que vous vous y connaissez en français, l'amie de vos parents veut que vous écriviez la lettre. Qu'est-ce que vous écrivez?
   c)* Quand vous aurez écrit la lettre, imaginez ce que vous répondriez si vous receviez une lettre semblable d'une famille française.

2. Chantal Deldique vient travailler 'au pair' chez vous pendant trois mois. Une semaine après son arrivée chez vous, elle reçoit cette lettre de sa mère. Qu'est-ce qu'elle répond?

   Chère Chantal,
   J'espère que tu es bien arrivée en Angleterre, et que tout va bien. Comment se passe ton séjour? Est-ce que tu travailles beaucoup? Quel genre de travail fais-tu? Nous aimerions bien savoir, Papa et moi, ce que tu fais toute la journée et comment tu passes ton temps libre, si tu en as! As-tu une chambre à toi? (Comment est-elle?) Sinon, avec qui est-ce que tu la partages? Et la maison, comment est-elle? Est-ce que les repas te plaisent? Qu'est-ce que tu bois – toujours du thé? Et les Anglais? Parlent-ils vraiment toujours du temps qu'il fait, comme on le dit? Écris-nous sans tarder et fais nous part de tes impressions sur l'Angleterre. Bons baisers,
   Maman et Papa

Leçon 2 Les étrangers en France

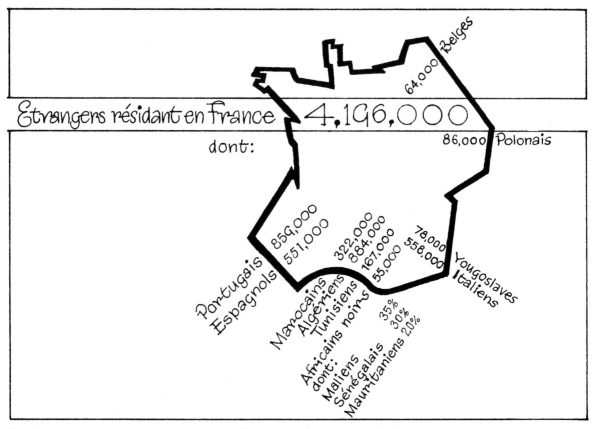

Étrangers résidant en France 4,196,000 dont:

64,000 Belges
86,000 Polonais
Portugais 859,000
Espagnols 551,000
Marocains 322,000
Algériens 884,000
Tunisiens 167,000
Africains noirs 55,000
dont: Maliens 35%
Sénégalais 30%
Mauritaniens 20%
78,000 Yougoslaves
556,000 Italiens

Explications
1. travailleurs
2. *increases*
3. diminution du nombre de naissances
4. demandé
5. immigrés
6. donnent
7. industrie du travail des métaux
8. il n'y a plus de place
9. *rate*

Jusqu'à ces dernières années, la France a toujours encouragé l'immigration, principalement à cause d'un manque de main d'œuvre[1] dans ses industries et dans les travaux publics. Aujourd'hui, à peu près huit pour cent de la population française est constituée d'étrangers, et leur nombre croît[2] annuellement…

Plus de 4 millions d'étrangers

La France n'a jamais été un grand pays d'émigration. En revanche, pour faire face à la dénatalité[3] et pour se procurer la main-d'œuvre nécessaire au développement de son économie, elle a largement fait appel[4] à l'immigration.

En 1976, on compte 4 196 000 ressortissants étrangers[5], soit 8% de la population totale. Près de 2 millions de travailleurs immigrés forment 9% de la population active; ils fournissent[6] plus de 25% de la main-d'œuvre dans le bâtiment et les travaux publics, 15% dans la métallurgie[7], les industries mécaniques et électriques.

D'après Michaud & Torres, *Nouveau Guide France*, Hachette

Mais, maintenant 'la salle est comble'.[8] Un nouvel accroissement du taux de natalité après 1960, et la diminution du taux[9] de mortalité, grâce aux progrès de la médecine, ont beaucoup augmenté la population, de sorte que des tensions sociales commencent à se manifester, et que le gouvernement doit penser à réduire le nombre d'immigrés.

A. De quoi s'agit-il?

1. De quel problème s'agit-il?
2. Il y a quelques années la France encourageait l'immigration. Vrai ou faux?
3. Aujourd'hui la France a besoin de plus en plus de travailleurs étrangers. Vrai ou faux?

B. Les mots travaillent

1. Un habitant d'Italie s'appelle un Italien. Comment s'appellent les habitants…
   a) d'Algérie? c) de Mali?
   b) de Tunisie? d) de Mauritanie?
2. Les Portugais viennent du Portugal. De quels pays viennent…
   a) les Espagnols? d) les Polonais?
   b) les Belges? e) les Yougoslaves?
   c) les Marocains?
3. Trouvez dans le texte un mot ou une phrase qui veut dire:
   a) devient plus grand
   b) pour obtenir les travailleurs
   c) travailleurs qui ne sont pas français
   d) tous les habitants (de la France)
4. Trouvez dans le texte un mot ou une phrase qui a le sens contraire de:
   a) l'émigration
   b) une diminution
   c) le taux de mortalité
   d) augmenter le nombre
5. Trouvez dans le texte un substantif qui correspond à chacun des verbes ci-dessous:
   a) diminuer
   b) immigrer
   c) croître
   d) mourir
6. Quel est le sens des mots ci-dessous à gauche (pris dans le deuxième paragraphe du texte). Pour chaque mot choisissez une définition qui convient dans la liste de droite:

largement	travaillant
active	au contraire
bâtiment	beaucoup
en revanche	industrie de la construction

C. Exercices

1. Les dates:
   1980 (en) mil neuf cent quatre-vingts
         (en) dix-neuf cent quatre-vingts
   1066; 1789; 1918; 1815; 1871; 1914; 1939; 1431; 1492.
   Complétez les phrases en choisissant une des dates ci-dessus:
   a) Les Normands ont battu les Anglo-Saxons à Hastings en…
   b) La première guerre mondiale s'est terminée…
   c) Le siège de Paris a eu lieu en…
   d) Christophe Colomb a découvert l'Amérique…
   e) La seconde guerre mondiale a commencé…
   f) La révolution française a commencé…
   g) Jeanne d'Arc a été brûlée vive…
   h) La bataille de Waterloo a eu lieu…
2. Posez des questions:
   exemple 64 000 Belges habitent en France (Combien?)
         Combien de Belges habitent en France?
   a) Plus de 50 000 Africains noirs travaillent en France. (Combien?)
   b) Les travailleurs qui viennent du Maroc s'appellent les Marocains. (Comment?)
   c) Des tensions sociales commencent à se manifester. (Qu'est-ce qui?)

D. Avez-vous bien compris?

1. Auparavant, pourquoi la France encourageait-elle l'immigration?
2. Pourquoi la France n'encourage-t-elle plus l'immigration? Donnez deux raisons.
3. Quel genre de travail les immigrés font-ils surtout?
4. De quels pays viennent la majorité des Africains noirs qui travaillent en France?
5. Quel pourcentage de la population active française est constituée d'étrangers?
6. Actuellement, en France, il y a trop d'immigrés; quelles en sont les conséquences?
7. D'où viennent les étrangers qui travaillent dans votre pays?
8. Quel genre de travail font-ils surtout?

E. Au jour le jour

Ecoutez, sur la bande magnétique, le reportage: 'La France, terre d'asile'. Ensuite, répondez aux questions à la page 175.

Les Français révèlent un nombre d'attitudes différentes envers les Allemands. Voici (ci-contre) l'analyse des réponses données par deux mille Français à notre sondage.

Explications
1. *despise*
2. *established*
3. montrées être inexactes
4. trop nationalistes
5. vive
6. combiner

Les Français n'ont plus peur des Allemands

Les Français…	D'accord %	Pas d'accord %	Sans opinion %
ont peur des Allemands…	22	71	7
envient les Allemands…	45	46	9
méprisent[1] les Allemands…	14	75	11
admirent les Allemands…	32	53	15

Ce sondage auprès des Français révèle des sentiments encourageants pour l'avenir de l'Europe unie. Certaines idées reçues[2] sont démenties[3], comme par exemple celle selon laquelle les Allemands font peur aux Français. La réponse, sur ce point, fait apparaître dans les détails que ce sont les femmes, les personnes de plus de 65 ans et les agriculteurs qui expriment de la peur à l'égard des Allemands, dans une proportion supérieure à la moyenne nationale.

Les Français vus par un Français

Dans 'les Nouveaux Carnets du Major Thompson', Pierre Daninos, célèbre écrivain français, décrit les Français:
    La France ne lui vaut plus rien. Il nous trouvait drôles. Il nous trouve bêtes, chauvins[4], prétentieux dans nos propos et finalement pas très honnêtes.

D'après *Paris-Match*

Les Anglais vus par une Française

La journaliste Colette Gouvion, en écrivant une 'Lettre d'Amour aux Anglais', les considère de cette façon:
    Et quand je pense à vous, je sens encore l'odeur des œufs au bacon du petit déjeuner. Pour ce petit déjeuner-là, le vôtre, signe de civilisation avancée, je vous salue…Chez vous, tout suspect est présumé innocent. Chez moi, tout suspect doit faire la preuve de son innocence. C'est une énorme différence… Le self-control, c'est vous… Pour cela je vous aime. L'amour de la nature, c'est vous…
    Le respect profond de l'individu et la notion aiguë[5] de la collectivité, ces deux idées apparemment opposées, qui sait les allier[6]? Vous… Pour cela je vous aime.

Elle

F. Exercices

1. Quelle image vous faites-vous des étrangers? Avez-vous des idées toutes faites sur les habitants de tel ou tel pays?

   Faites ce petit test afin de le savoir: Complétez les phrases suivantes de manière à mettre en évidence les caractéristiques des habitants des pays cités:

Les	sont	travailleurs
Italiens	sont réputés	bruyants
Russes	pour être	polis
Japonais		obstinés
Américains		vifs
Irlandais		insouciants
	ont tendance à	travailler dur
	donnent	faire du bruit
	l'impression	dire des bêtises
	de	agir poliment
		s'obstiner
		respirer la vie
		se laisser vivre

2. Pour survivre en France

Quand vous...	Vous dites:
...n'avez pas compris	Je n'ai pas compris Je ne comprends pas
...ne comprenez pas un mot ou une phrase	Que veut dire 'x'? Qu'est-ce que ça veut dire?
...voulez savoir comment écrire un mot	Comment s'écrit 'x'? Comment ça s'écrit?
...ne savez pas prononcer un mot	Comment ça se prononce? Comment prononce-t-on ce mot?
...voulez savoir un mot français	Comment dit-on 'x' en français? Comment ça se dit en français?
...trouvez qu'on vous parle trop vite	Un peu plus lentement, s'il vous plaît.
...voulez qu'on répète quelque chose	Comment? Vous voulez bien répéter, s'il vous plaît.

Avec un partenaire, élaborez une conversation entre un Français et un étranger ne parlant pas très bien le français. Utilisez les phrases ci-dessus.

G. Version

Traduisez en anglais l'analyse du sondage ci-dessous:

Quand on est dans son propre pays, chez soi, on est sûr de soi-même, et on n'hésite pas à regarder les étrangers d'un air soupçonneux...

C'est le cas en France, en particulier vis à vis des touristes allemands. Il ne faut pas oublier qu'il y a moins de cinquante ans, au cours de la seconde guerre mondiale, les Allemands partaient à la conquête de la France. En dépit d'un changement d'état d'esprit — notamment chez les jeunes Français qui n'ont pas connu la guerre — ce souvenir est encore vivace dans les mémoires, et les Allemands font toujours un peu peur aux Français.

H. Expression dirigée

1. Le reportage suivant contient six erreurs. Recopiez-le, en corrigeant les erreurs.
Le sondage (ci-contre) *révèle* les véritables sentiments des Français envers les Allemands. Dix mille *personnes ont été interviewées;* seulement *un Français sur six* a peur des Allemands.

   Les chiffres concernant l'envie des Français vis à vis des Allemands *ne sont pas significatifs:* on ne *peut* pas *en tirer des conclusions. Ce qui est intéressant* pourtant *c'est que le pourcentage* de ceux qui avouent éprouver du mépris est très élevé: quatre-vingts pour cent. *Autrement dit,* bien que trois quarts des Français prétendent ne pas éprouver de mépris pour les Allemands, seulement deux tiers les admirent.

   Ce qui était prévisible, c'est que les jeunes Français éprouvent plus de peur des Allemands que les personnes âgées. *Un résultat étonnant,* c'est que le pourcentage des femmes ayant peur des Allemands est plus élevé que *la moyenne nationale.*

2. Les phrases en italique vous seront utiles, quand vous écrirez des reportages. Faites-en la liste et trouvez des équivalents anglais.

I. Expression libre

Faites le portrait du Français-type (vu par un Anglais) et de l'Anglais-type (vu par un Français). Si c'est plus pratique, travaillez en groupes. Ensuite, vous comparerez les listes des groupes différents.

Leçon 3 Un emploi à l'étranger?

Voici (ci-dessous) un exemple des occasions dont on pourra profiter à l'avenir, si l'on veut travailler dans un des autres pays membres de la CEE, non seulement pendant les vacances, mais pour une année ou deux, ou même pour une période plus prolongée. On pourrait même se décider à faire sa vie à l'étranger en exerçant son métier ou sa profession, à la suite des accords signés entre les pays membres de la Communauté.

Marché commun des infirmières

Des infirmiers et infirmières vont avoir, avec neuf ans de retard sur le délai prévu par le traité de Rome, leur Marché commun au plus tard dans deux ans.

Les diplômes d' 'Infirmier responsable des soins généraux' acquis dans l'un des neuf pays membres devront être tenus pour valables dans toute la Communauté, ce qui entraîne évidemment le droit de porter le titre.

Il sera possible de s'établir sur tout le territoire du Marché commun.

Des services d'information pourront être établis afin de faciliter aux nouveaux arrivants, 'dans leur intérêt et celui de leurs patients', la connaissance des pratiques courantes et de la langue du pays d'accueil. Les gouvernements pourront obliger ceux qui s'établissent à prendre contact avec ces services.

Cet accord est un pas important vers le Marché commun des professions de la santé, déjà effectif pour les médecins depuis le début de l'année.

Le Figaro (abrégé)

A. Analyse de la langue

Cherchez dans le texte ci-dessus tous les exemples…
1. de l'usage des pronoms et adjectifs démonstratifs, *exemple* cet accord
2. d'expressions temporelles (*expressions of time*). *exemple* à l'avenir
   Ensuite, traduisez ces expressions en anglais.
3. d'expressions d'obligation et de possibilité *exemple* il sera possible de…
4. de phrases qui expriment un sens futur *exemple* des infirmiers vont avoir…
   Ensuite, traduisez ces phrases en anglais.

B. Texte enregistré 🖝

'Jeunes filles au pair'. (Voir le vocabulaire à la page 175.) Ce texte servira de base pour developper les exercices d'analyse ci-dessus.

Le texte enregistré contient aussi des expressions utiles pour la traduction du texte anglais ci-contre.

C. Exploitation

1. On discute des projets de voyage à l'étranger. Est-ce que vous **pensez** aller en France cette année? Oui, **j'espère** faire un séjour à Nantes en juillet. Et vous? (et vos amis?)

penser	faire un séjour	où? quand?
compter	passer un mois	pour quoi faire?
espérer	suivre des cours	
avoir l'intention de	travailler comme…	
aller	trouver un emploi	
(future)	de vacances	

2. Il y a des infirmières anglaises qui voudront sans doute s'établir en France.
   a) Qu'est-ce que le gouvernement français devra obliger ces jeunes filles à faire?

   Ce que le gouvernement français **devra les obliger à** faire, c'est d'apprendre le français.

   Et quoi encore?
   …passer un examen
   …s'inscrire au commissariat de police
   …poursuivre leurs études
   …acquérir un diplôme
   b) Qu'est-ce que le gouvernement **pourra les aider** à faire?
   …trouver un logement
   …avoir des contacts avec des Français
   …s'inscrire à un cours de civilisation

3. Problèmes à l'arrivée au Foyer des Etrangers

```
Programme des Nouveaux arrivants

14.00  s'inscrire
15.00  s'installer dans la chambre
18.00  remplir la fiche
19.00  se réunir dans la salle à
       manger pour le dîner
21.00  soirée de bienvenue dans
       le salon

demain

 9.00  commencement des cours de
       français au Collège Descartes
```

Il y a des annonces par haut-parleur que votre voisin ne comprend pas. D'ailleurs, il ne peut voir l'affiche. Vous êtes naturellement très aimable, et vous l'aidez. Les nouveaux arrivants sont priés de…
   'Qu'est-ce qu'il a dit?' 'Qu'est-ce qu'on doit faire?'
   'Qu'est-ce qu'il faudra faire avant le dîner?'
   'et demain matin…?'
Qu'est-ce que vous répondez?
   'On doit…' 'Nous devrons…'
   'Il faudra…' 'Il nous prie de…'

D. Traduisez en français

Le texte ci-contre et le texte enregistré: 'Jeunes filles au pair' pourront vous être utiles.
1. Girls who wish to spend some time in France in order to improve their knowledge of French often look for a job as an au pair girl. Those who are accepted for this work must be at least eighteen and must come from one of the member countries of the EEC or from Canada.
2.* The visits may last from three months to a whole year. There are no problems if it is a matter of staying less than three months, but girls who intend to spend more than three months in France must attend courses in French for foreigners.
   Au pair girls must be given pocket money and have a separate bedroom. They must not be treated as servants but as members of the family.

Les problèmes des travailleurs étrangers

Au début, pour changer de station, je comptais. Je savais qu'à la quatorzième station je devais changer… J'avais l'habitude de voir tout de suite en descendant la photo d'une vache. Un jour, j'ai compté comme d'habitude, mais en descendant, je ne voyais plus de vache. Alors, je suis retourné à mon point de départ. J'ai recompté jusqu'à la quatorzième station, je suis descendu… mais il n'y avait rien. Je suis resté pensif, puis je suis allé voir la dame dans la cabine et je lui ai dit: "La station de la vache qui rit?".'

Les travailleurs tunisiens dans la région parisienne,
Hommes et Migration, No 109

A. Points de départ

A considérer

1. Pourquoi va-t-on travailler à l'étranger? Quelles conditions dans son pays natal peuvent provoquer cette décision? Il y a la question fondamentale à résoudre: va-t-on émigrer pour de bon, faire une nouvelle vie, ou bien va-t-on travailler provisoirement à l'étranger, espérant gagner assez d'argent pour pouvoir retourner un jour dans son pays et dans sa famille?

2. Si vous alliez vous-même travailler à l'étranger, que regretteriez-vous?

3. Quels sont les problèmes du travailleur étranger? Vous pouvez les classer sous cette rubrique, y ajoutant d'autres, si besoin est:
   logement: les foyers (et leurs problèmes); les appartements (où en trouver?; le surpeuplement; l'exploitation)
   éducation: pour le travailleur; pour sa famille
   langue: difficultés au travail et socialement (besoin de lire avis, documents, renseignements)
   climat: le froid; le manque de soleil
   travail: le chômage; le ressentiment; souvent il est mal payé, non spécialisé
   différences: culturelles; habitudes; vêtements; nourriture; religion; loisirs; santé…

B. Guide-discussion

	Presenting an argument
Giving an opinion	A mon avis…/à l'avis de…
	selon moi…/selon l'auteur…
Emphasising an opinion	Ce que je pense c'est que…
	Il faut se rendre compte que/de…
Further emphasis	Surtout/absolument/sans aucun doute

	Responding to an argument
Agreeing	Je suis (tout à fait) d'accord… que…
	Je crois que vous avez raison…
Disagreeing	Il est difficile/impossible de croire/d'accepter…
	A mon avis, vous avez tort…
Querying/doubting	Je ne comprends pas…
	Je me demande si…/ce que…
	Je ne vois pas pourquoi…

C. Pas à pas

1. Pêle-mêle: après avoir considéré les problèmes présentés ci-contre, travaillez en groupes pour produire 'pêle-mêle' autant d'idées que possible sur ces questions. Pas besoin de mettre vos pensées en ordre, mais vous prendrez, sans doute, des notes sur les points principaux.

2. Travail à deux: en vous servant de vos notes et des formules dans la case ci-contre, posez des questions à votre partenaire.

3. 'Les travailleurs étrangers'. (Voir le vocabulaire à la page 175.) Après avoir écouté la bande enregistrée (plusieurs fois, si besoin est), et ayant pris des notes, travaillez avec un partenaire, en jouant des rôles: l'un d'entre vous présentera des opinions (entendues sur la bande), l'autre essayera d'y répondre. Utilisez les formules dans la case ci-contre.

4. Discussion en groupes: mettez en commun vos idées et développez-les. En vous servant (si besoin est) de vos notes, considérez les différents problèmes du travailleur étranger. S'il le veut, le meneur du groupe assignera un aspect du problème à chaque membre du groupe, qui donnera un exposé de ce problème, avant que tout le monde en discute. Ainsi, un membre introduirait le problème du logement; puis le groupe en parlerait avant de passer au problème suivant, introduit par un autre membre.

5. En vous inspirant des idées exprimées ci-dessous, préparez votre plan personnel pour la dissertation que vous rédigerez ensuite.

D. Plan de rédaction

Sujet de dissertation: Les problèmes des travailleurs étrangers
Introduction (premier paragraphe)
— exposé sommaire des types de travailleurs étrangers que l'on trouve en France
— résumé des problèmes a) pour l'immigré
                                b) pour le pays d'accueil
Des cas spécifiques avec leurs problèmes (3, 4, ou 5 paragraphes)
1. Les infirmières, les filles au pair, les étudiants, etc. (Voir aussi à la page 18.)
2. Les réfugiés. (Ecoutez, sur la bande enregistrée: 'La France, terre d'asile'.)
    — Peut-on continuer à accueillir tout le monde?
    — Peut-on refuser?
3. Les immigrés du tiers monde. (Ecoutez, sur la bande enregistrée: 'Les travailleurs étrangers' et voir ci-contre.)
    Conclusion (dernier(s) paragraphe(s))
    — A votre avis, que faut-il faire?
    — Etes-vous pour ou contre le contrôle de l'immigration?
    — Peut-on la contrôler?
    — Quels contrôles trouvez-vous souhaitables?
    — Comment pourrait-on améliorer la vie des immigrés?
    — Comment calmer les craintes des habitants du pays d'accueil?

Pratique 1   The perfect and imperfect tenses

Reporting past events

Une cheminée frappée par la foudre — deux blessés

Hier à Tarbes, au lieu dit Beausoleil, la foudre est tombée sur la résidence de Monsieur et Madame Charles Lagane. Le coup a démoli la cheminée qui, en tombant, a traversé le toit de la maison. Monsieur et Madame Lagane, qui étaient à ce moment-là dans leur chambre sous le toit ont été atteints par des briques qui tombaient. Ils ont été légèrement blessés à la jambe et à la tête respectivement. Des voisins ont appelé les services de secours, qui ont transporté les deux blessés à l'hôpital. Quatre autres personnes dans la maison ont échappé de justesse à l'accident.

A. M. Lagane décrit ce qui s'est passé au reporter du journal. Complétez ces phrases, en utilisant les verbes entre parenthèses. Employez toujours le passé composé.

1. D'abord (il y a) un éclair.
2. Puis (il y a) un coup de tonnerre.
3. La maison entière (commencer) à vibrer.
4. Pendant un instant rien ne (se passer).
5. Soudain des briques (traverser) le plafond.
6. Puis l'une des briques me (frapper) à la jambe.
7. Je (tomber) à terre.
8. Ensuite une brique (blesser) ma femme.
9. Elle aussi (tomber) à terre.
10. Nos voisins (entrer) et nous (trouver).
11. Ils (appeler) les services de secours.
12. Les services de secours (venir) aussitôt.
13. Ils nous (sortir) de la maison.   *transitive*
14. On nous (transporter) à l'hôpital.

B. Vous venez de passer une quinzaine de jours chez les Lagane pendant laquelle vous avez fait beaucoup de choses intéressantes. Voici une page de l'agenda qu'ils vous ont préparé. Décrivez à vos parents ce que vous avez fait chaque jour.

lundi	1 *rendre visite à grand-mère*
mardi	2 *me baigner*
mercredi	3 *visite du musée romain*
jeudi	4 *promenade en bateau*
vendredi	5 *me coiffer/me baigner* *surprise-party au club*
samedi	6 *partie de tennis* *soirée dansante*
dimanche	7 *messe à 7h* *pique-nique à la plage*

C. Que dirait Madame Lagane en décrivant à son amie ce que vous avez fait pendant votre séjour?

Difficultés

en/dans

en

Usually no article before feminine countries, regions, time (within or during which)

en ville, en été
en Italie, en Savoie
on le fera en 3 jours
en colère, en loques

dans

Usually followed by an article before towns, départements, time (at the end of which).

dans la ville *?*
dans le Périgord
on le fera dans 3 jours
dans une grande colère

Complétez les phrases:

la (vraiesies)
1. La grand-mère de Chantal habite ... Bretagne.
2. Sa tante habite ... le Languedoc.
3. Je retourne ... Angleterre ... trois semaines.
4. J'ai appris bien des choses ... trois semaines.
5. La chambre de Chantal était toujours ... désordre.

6. Qu'as-tu fait ... mon absence?   *pendant*
7. Je reviens ... dix minutes.
8. Ma voiture est ... stationnement ... le parking.   *au*
9. Le vin est mis ... bouteille au château.
10. ... une heure je vais aller ... ville.

Saying what was going on when something happened

D. Que faisait tout le monde au moment où la foudre est tombée sur la résidence de Monsieur et Madame Lagane?

1 Monsieur Lagane

2 Madame Lagane

3 Alain

4 Chantal

5 Grand-mère

6 Grand-père

E. Qu'est-ce que tout le monde était en train de faire?
exemple   Le chat était en train de se laver.

F. Qu'est-ce qu'ils étaient occupés à faire? Qu'est-ce qu'ils ont dit à ce sujet?
exemple   J'étais occupé à mettre ma chemise.

G. Vous venez d'interviewer la famille Lagane au sujet de l'incident de la foudre.
Avant de partir vous récapitulez ce que tout le monde vous a dit.
a) Que dites-vous?
b) Qu'est-ce qu'on répond?
exemple
Au moment où la foudre est tombée, madame, vous donniez à manger au chien?
Exactement, je donnais à manger au chien. Oui, voilà exactement ce que je faisais.

---

to bring/to fetch/to take

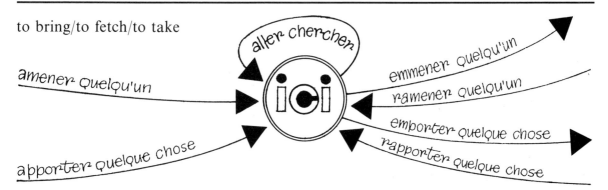

Traduisez en français:
1. (Are you bringing) Anne à la surprise-party?
2. (Will you bring) aussi une bouteille de vin?
3. Je regrette, mais (I'm taking her) au théâtre.
4. Je pourrais (bring her back) après le théâtre.
5. (I'm off to fetch) des disques en ce moment.
6. Alors (take) cette table; on n'en a pas besoin.
7. Et (bring back) aussi des paquets de chips.
8. J'espère que Roger (brings) du vin.
9. J'espère que Roger (brings) Cathy.
10. Il (takes her) partout.

Dans cette leçon on vous demande d'imaginer que vous êtes en train d'aménager à votre idée une vieille mansarde pour vous et votre frère.

Une vieille tante vous a légué une petite somme d'argent et vos parents vous ont donné la permission (à vous et votre frère) d'aménager la mansarde comme vous le souhaitez. Mais votre budget est limité. Vous réfléchissez avec votre frère à ce que vous allez faire…

VOUS	Et des lits? Si on installait un divan dans ce coin-là?
VOTRE FRERE	Pas d'accord. Ça ferait un bon petit coin travail.
VOUS	Si tu veux. On pourrait mettre la bibliothèque là.
VOTRE FRERE	Et ici, à gauche, je verrais bien le coin cuisine.
VOUS	Impossible. Il n'y a pas d'arrivée d'eau.
VOTRE FRERE	Pas besoin d'eau. On pourrait toujours aller en chercher en bas. Moi, je ne pensais qu'à une petite cuisinière d'occasion à deux feux.
VOUS	Je crois qu'il vaudrait mieux en parler à maman avant de se lancer dans les travaux.
VOTRE FRERE	Et le tourne-disques? Où est-ce qu'on l'installe? Là?
VOUS	Non, je pensais réserver cet endroit pour le vieux canapé. Celui que nous allons transformer en divan pour les invités.
VOTRE FRERE	C'est une bonne idée. Alors, on pourrait mettre le tourne-disques sur une table au centre de la pièce. Qu'en penses-tu?
VOUS	Génial! Seulement il faudrait d'abord avoir une table.
VOTRE FRERE	Pas de problème. Nous trouverons bien quelque chose au marché aux puces.
VOUS	Très bien. Et sur ce panneau-là nous pourrions poser un vieux miroir acheté d'occasion.
VOTRE FRERE	Crois-tu que nous serons capables de repeindre la pièce nous-mêmes?
VOUS	Bien sûr. A mon avis il faudrait que tu fasses un plan…
VOTRE FRERE	Qui? Moi! Ah non! Je ne sais pas…
VOUS	Si, si… N'aie donc pas de complexes. Pas besoin d'être artiste. Au travail!

A. Adaptations

Vous discutez d'autres possibilités :

1. Si on installait   le canapé dans le coin
Mettons   le tourne-disques sur la table
Pourquoi ne pas mettre   la table au centre de la pièce
Je pensais installer   un miroir sur ce panneau
On pourrait installer   un divan à cet endroit
Nous pourrions mettre   une cuisinière là-bas

2. Répétez la conversation précédente, mais cette fois :
   a) Vous voulez installer un téléviseur dans le coin.
   b) Votre frère veut y faire un coin repas.
   c) Vous êtes d'accord, mais vous avez envie d'avoir aussi des coussins.
   d) Votre frère préférerait faire un coin travail à gauche.
   e) Vous dites qu'il n'y a pas de table ni de chaises.
   f) Votre frère veut acheter une table et des chaises d'occasion au marché aux puces.
   g) Vous voulez installer un piano à droite, mais votre frère veut y mettre une grande armoire.
   h) Votre frère voudrait acheter 'aux puces' une armoire ancienne avec un miroir sur la porte.
   i) Vous avez l'idée d'installer une table, avec une planche posée sur deux tréteaux.
   j) Votre frère se demande s'il serait possible de tapisser les murs avec du papier peint.
   k) Vous lui affirmez que oui.
   l) Il vous persuade de dessiner le plan.

3. Vous discutez avec votre frère et votre mère de tous les travaux qu'il faudrait faire pour bien aménager la mansarde.

tapisser les murs	accrocher des tableaux
repeindre le plafond	abattre des cloisons
recouvrir le sol de moquette	construire des placards
poser des rideaux	refaire fonctionner la cheminée
vérifier l'installation électrique	…et quoi encore ?

Imaginez la conversation. Votre mère est un peu réticente.
Consultez les phrases modèles ci-dessus.
exemple
  VOUS Si on tapissait les murs avec du papier peint ?
 VOTRE MERE Oui, mais il ne faut pas gâcher la moquette.

4. Votre père veut avoir une idée de vos projets. Faites-lui part de toutes les décisions que vous avez prises.
 exemple On a décidé d'aller chercher une vieille table au marché aux puces.

B. Ecoutez bien ✆

Ecoutez sur la bande magnétique 'Une visite au Marché aux Puces', puis répondez aux questions à la page 175.

Maman bricole

Les travaux d'aménagement de la mansarde sont terminés. Vous avez invité des amis pour 'pendre la crémaillère'. Ils sont sur le point d'arriver quand vous découvrez que le tourne-disques ne marche plus. C'est votre mère qui vient à votre secours...

VOUS	Maman, mon tourne-disques ne marche pas. Tu peux m'aider?
VOTRE MÈRE	Tu es sûr qu'il est branché?
VOUS	Evidemment!
VOTRE MÈRE	Fais voir. Oui, apparemment le courant passe. Tu as allumé?
VOUS	Oui... Rien n'est arrivé.
VOTRE MÈRE	Ce doit être le fusible. Va débrancher et passe-moi le tournevis. Il faut dévisser ça.
VOUS	Voilà. C'est vraiment le fusible?
VOTRE MÈRE	Exactement. Il est grillé. Il faut le changer.
VOUS	Eh bien, dis donc, tu as l'air de t'y connaître!
VOTRE MÈRE	C'est simple, tu sais... Et si je devais toujours attendre ton père... Voilà. Les fils sont bien fixés. Il suffit de visser... là. Ça devrait marcher.
VOUS	Attends. Je vais le brancher. Ça s'allume... et ça marche! Bravo maman!

C. Conseils à tous les bricoleurs

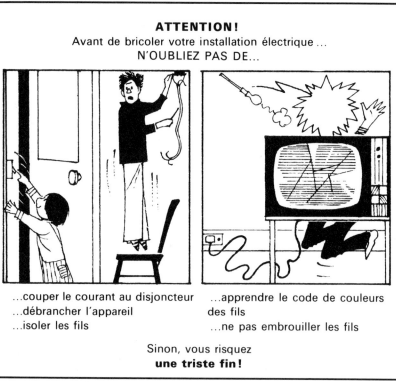

ATTENTION!
Avant de bricoler votre installation électrique...
N'OUBLIEZ PAS DE...

...couper le courant au disjoncteur
...débrancher l'appareil
...isoler les fils

...apprendre le code de couleurs
des fils
...ne pas embrouiller les fils

Sinon, vous risquez
une triste fin!

Répondez s'il vous plaît. Regardez chaque image.
1. Qu'est-ce qu'il a oublié de faire?
2. Qu'est-ce qu'il n'a pas fait?
3. Qu'est-ce qu'il lui faut faire?
4. Qu'est-ce qu'il aurait dû faire?

Qu'est-ce qu'il faut faire pour ranger la pièce?

D. Expression dirigée:
Un petit contretemps

La mansarde est maintenant bien aménagée. Pourtant, des problèmes imprévisibles se posent. Vous trouvez difficile de vivre en paix avec votre frère. Vous l'accusez d'être paresseux, et vous lui découvrez de nombreux défauts. Il se défend avec acharnement.

exemples
Ce qui m'agace, c'est que tu oublies toujours de faire la vaisselle.
Mais non, je l'ai faite hier.

Et en plus, tu ne te souviens jamais que tu dois descendre les ordures.
Mais si, je les ai descendues ce matin.

E. Travail à deux

Travaillez avec un partenaire. Continuez le dialogue. Vous pouvez éventuellement employer les expressions ci-dessous:

ce qui m'agace	se souvenir (de)	faire la vaisselle
ce qui m'énerve	oublier (de)	ranger tes affaires
ce qui m'irrite	(ne pas…)	descendre les
ce qui m'ennuie		ordures
ce qui me met en		fermer les portes
colère		débrancher la télé
ce que tu fais		vider les cendriers
ce que tu ne fais pas		ramasser tes
		vêtements
		fermer les volets
		tirer les rideaux
		…et quoi encore?
	mais si, je…	mais non, je…

F. Expression libre

Vous avez pendu la crémaillère. La fête est finie. La maison est bien sûr en désordre. Votre frère, qui vous avait beaucoup aidé à préparer cette fête, ne semble pas décidé à participer au rangement. C'est un brave garçon, bien entendu, et vous l'aimez beaucoup. Mais vous éprouvez le désir d'écrire à votre correspondante française pour vous plaindre de la paresse de votre frère. Rédigez cette lettre.

G. Version

Quand vous aurez fini, échangez votre lettre avec celle de votre partenaire et traduisez sa lettre en anglais.

Leçon 5 Sauriez-vous vous débrouiller?

Elisabeth Lange, auteur de *La Bonne Cuisine des Moins de 20 Ans* vous avertit qu'il y a dans la vie certaines circonstances dans lesquelles il est nécessaire de savoir cuisiner pour ne pas mourir de faim. Elle vous rassure tout de suite: on s'amuse bien en apprenant à faire la cuisine…

Explications
1. souffrant de la faim
2. *to nibble at*
3. morceau avec beaucoup de croûte
4. considéré
5. petit appartement
6. *attractive*
7. *enrolled*
8. découvert
9. où vous êtes bien reçu
10. penser à
11. sorte
12. légitimement
13. assaisonnée avec beaucoup de sel, de poivre, avec du curry, etc.
14. *enliven*

Vos parents ne sont pas à la maison à l'heure du déjeuner et vous aimeriez préparer vous-même votre repas…

Vous rentrez tard—et affamé[1], mais, bien que frigo et placards soient pleins de ressources, vous vous voyez condamné, faute de savoir-faire, à grignoter[2] mélancoliquement un quignon[3] de pain… Vos études, votre travail vous éloignent des vôtres pendant la semaine et, tout bien pesé[4], vous décidez de louer un studio[5] et d'y préparer vos repas vous-même. Belle résolution, d'autant plus séduisante[6] que cette économie (la vie de restaurant est toujours chère) doit vous permettre, en compensation, l'achat de quelques livres, de disques, de vêtements… Oui mais, après une quinzaine de jours d'un régime pain-jambon-fromage, vous voudriez varier les plaisirs!

Inscrit[7] à la Fac, loin des vôtres, vous décidez de déjeuner au restau-universitaire; pour le dîner, vous avez déniché[8] un snack accueillant[9], pas très loin de votre studio… Oui mais, au bout de quelque temps, vous ne pouvez évoquer[10] sans nausée l'idée d'un spaghetti bolonaise (ou autres plats 'bon marché' du même genre[11]), tant vous en êtes saturé!

Vous recevez des copains, des amies, et voudriez leur offrir, tout en 'faisant bien les choses', une cuisine moins conventionnelle (à vos yeux) que celle des parents. Oui mais… votre maman refuse — à bon droit[12] — de sortir des recettes qui lui sont familières et font ordinairement son succès. Et vous-même ne savez comment matérialiser cette cuisine exotique, bien relevée, épicée en diable[13], dont vous rêvez pour 'corser'[14] un peu la soirée!

Bref, dans un cas comme dans l'autre, votre ambition — qui représente aussi la solution la plus rationnelle — est toujours la même, ne plus dépendre des autres et faire vous-même votre cuisine.

A. De quoi s'agit-il?

1. A qui l'auteur du texte ci-contre s'adresse-t-il?
2. Quelle est la solution à tous les problèmes, selon l'auteur?
3. D'après l'auteur, que saurez-vous faire, si vous achetez son livre?

B. Les mots travaillent

1. Le but de l'auteur de cet extrait est de nous persuader d'acheter son livre. Le style est journalistique et publicitaire. Trouvez dans le texte des exemples qui illustrent les différents moyens employés par Elisabeth Lange pour parvenir à ses fins:
   a) Elle s'adresse personnellement au lecteur.
   b) Elle emploie une langue familière.
   c) Elle emploie du 'franglais'.
   d) Elle compare la vie sans son livre à la vie en prison.
   e) Elle oppose les économies réalisées lorsqu'on fait soi-même la cuisine aux prix élevés payés dans les restaurants.
   f) Elle laisse entendre qu'on en a vite assez d'un restaurant pas cher.
   g) Elle montre que sans son livre, il vous est impossible de retrouver la variété et la qualité des repas que vous servait autrefois votre mère.
   h) Elle fait comprendre qu'en achetant ce livre vous serez plus populaire, plus heureux, plus riche, mieux nourri, et plus libre.
   i) Elle veut convaincre. Elle affirme que vous n'avez pas d'autre possibilité que d'acheter son livre.

2. Voici un extrait d'un autre livre: *La cuisine en dix minutes* d'Edouard de Pomiane.
   'Mon livre s'adresse à l'étudiant, à l'employé, à l'artiste, au paresseux, au poète, à l'homme d'action, au rêveur, au savant, à tous ceux qui ne disposent que d'une heure pour déjeuner ou pour dîner et qui veulent avoir quand même une demi-heure de liberté.'
   a)* Comment de Pomiane essaie-t-il de nous persuader d'acheter son livre? A qui s'adresse-t-il? Pourquoi achèterait-on un livre intitulé: *La cuisine en 10 minutes*? Pourquoi lance-t-il un appel à 'l'homme d'action'?
   b)* Comparez cet extrait à celui de la page ci-contre. Lequel vous semble le plus convaincant, le plus persuasif? Justifiez votre réponse.

C. Exercices

1. Le subjonctif
   Bien que les placards soient pleins...
   En suivant la phrase modèle, trouvez une réponse qui vous semble convenable.
   exemple Le frigo est plein.
   Bien qu'il soit plein, il n'y a rien à manger.
   a) Notre professeur est sympathique.
   b) Mon copain est amusant.
   c) Ma copine est belle.
   d) Je suis anglais(e).
   e) Je suis intelligent(e)!
   f) Nos amis sont intéressants.
   g) Ils sont riches aussi.

2. Posez des questions
   a) Vos études vous éloignent des vôtres.
      (Qu'est-ce qui?) (De qui?)
   b) Vous décidez de louer un studio.
      (Est-ce que?) (Qu'est-ce que?)
   c) La vie de restaurant est toujours chère.
      (Est-ce que?) (Comment?)

D. Avez-vous bien compris?

1. Selon l'auteur, quand est-on obligé de faire la cuisine soi-même?
2. En préparant vous-même vos repas, vous ferez des économies. Selon l'auteur, comment pourrez-vous dépenser l'argent que vous économiserez?
3. D'après Elisabeth Lange, quels inconvénients y a-t-il à manger au restaurant?
4. Dans ce texte, l'auteur parle de cuisine et de nourriture; faites une liste de tout ce qui se mange.
5. Expliquez le sens dans l'avant-dernier paragraphe de:
   a) en faisant bien les choses
   b) sortir des recettes
   c) matérialiser cette cuisine
6. Que préférez-vous: manger à la maison ou dans un 'snack'? Pourquoi?
7.* Quelqu'un vous recommande un restaurant. Quelles questions lui posez-vous avant de vous y rendre?

E. Au jour le jour ⊛

Ecoutez, sur la bande magnétique, la recette du célèbre gourmet français, Edouard de Pomiane. Ensuite, répondez aux questions à la page 175.

Leçon 5

La surboum de Nicole

Nicole a passé plusieurs semaines à retaper sa chambre. Maintenant le travail est terminé. Elle veut pendre la crémaillère.

   La veille de la surboum, avant de se coucher, Nicole a dressé la liste de tout ce qu'il y aura à faire le lendemain.

8h.	me lever	6h	prendre une douche – me changer
9h.	décider du menu		
9h.45	les commissions	7h.30	finir de préparer le repas
1h.30	me reposer!		
3h.	préparer à manger	8h.–8h.15	recevoir mes invités
4h.	le ménage!	8h.30	servir à manger
5h.30	musique – choisir de bons disques	??	la vaisselle!! tout ranger aller au lit

Nicole a eu de la peine à composer le menu, comme vous pouvez le voir d'après ses notes (ci-contre). Elle s'est enfin décidée.

Menu – pour dix personnes

steak frites ✗ — 50fr. le kg!!

poulet au vin blanc ✗ — trop long à préparer
sandwiches au jambon ✗ — c'est insuffisant
curry au riz ✗ — certains ne l'aiment pas
spaghettis à l'italienne ✓ — c'est vite préparé et c'est pas cher

fromages
fruits

Spaghettis à l'italienne

Pour préparer les spaghettis:

Mettre les spaghettis (70 à 100 grammes par personne) dans une grande casserole d'eau bouillante, sans couvercle (*lid*). Au bout de 15 à 20 minutes les spaghettis sont cuits. Vous le saurez, lorsque sous la dent ils ont perdu leur consistance croquante (*crisp*), mais restent toujours fermes.

Pour la sauce:

Dès que les spaghettis sont cuits, égouttez-les (*drain*) et remettez-les dans la casserole chaude. Faites frire des oignons avec des morceaux de lard (*bacon*) dans du beurre. Ajoutez des champignons, des tomates, de la sauce de tomates concentrée. Ajoutez le tout aux spaghettis. Mélangez. Servez en ajoutant du parmesan râpé (*grated*). Bon appétit!

30

F. Exercices *Subjunctive*

1. Regardez l'agenda de Nicole (ci-contre).
   a) Le jour de la surboum, que faut-il que Nicole fasse?
   exemples   Il faut qu'elle se lève de bonne heure.
   Il faut qu'elle fasse les commissions.
   b) Imaginez que vous êtes un(e) ami(e) de Nicole. Pendant la surboum vous lui posez des questions au sujet de sa journée. Que dites-vous? Que répond Nicole?
   exemple   Tu t'es levée de bonne heure ce matin?
   Tu parles! Je me suis levée à 8 heures.

2. Regardez le menu (ci-contre).
   Imaginez que vous êtes Nicole et que vous essayez de composer votre menu. Qu'est-ce que vous vous dites?
   exemple   si je préparais… mais non…
   (pourquoi?)

3. Regardez la recette (ci-contre).
   a) Quelle quantité de spaghettis Nicole prépare-t-elle pour ses dix invités, qui auront certainement grand faim?
   b) Comment peut-on savoir si les spaghettis sont cuits?
   c) Ecrivez la recette de la sauce italienne en employant: après avoir
   exemple   Après avoir fait cuire les spaghettis, égouttez-les.
   Après avoir égoutté les spaghettis…

4. Répondez franchement aux questions ci-dessous. *depuis.*
   exemple   Vous apprenez le français depuis longtemps?
   Je l'apprends depuis quatre ans.
   a) Et vous, vous apprenez le français depuis longtemps?
   b) Vous faites la cuisine depuis longtemps?
   c) Vous avez un transistor depuis longtemps?
   d) Vous habitez dans votre maison depuis longtemps?
   e) Vous savez nager depuis longtemps?
   f) Vous fumez (ne fumez plus) depuis longtemps?
   g) Ce garçon (cette fille), vous l'aimez depuis longtemps?

5. Répondez aux questions ci-dessous. *depuis*
   exemple   Il y a un quart d'heure que vous attendez un copain au coin de la rue. Finalement, lassé d'attendre, vous vous réfugiez dans un café voisin. Une demi-heure plus tard votre copain vous y rejoint. Que lui dites-vous?
   'J'ai attendu au coin de la rue pendant un quart d'heure. Je t'attends au café depuis une demi-heure.'
   a) Il y a vingt minutes que vous attendez l'autobus avec un ami. Lassés d'attendre, vous finissez par appeler un taxi. Il arrive un bon quart d'heure plus tard. Que dites-vous au chauffeur? *'Nous avons…'*
   b) Après avoir étudié l'allemand (3 ans), l'une de vos amies étudie maintenant le russe (2 ans). Elle vous parle de ses études. Qu'est-ce qu'elle dit? *'J'ai étudié…'*
   c) Après avoir eu une moto (1 an et demi), l'un de vos amis possède maintenant une voiture (6 mois). Il vous en parle. Que dit-il?
   d) Après avoir habité à Londres (4 ans), vos cousins ont déménagé à Genève (un mois et demi). Que disent-ils?
   e) Après avoir parlé au téléphone à son copain (trois quarts d'heure), ma sœur parle maintenant à une amie (presque une demi-heure). Qu'est-ce que je lui dis?

G. Expression dirigée

Trouvez ce qu'il faut dire:
1. Votre ami arrive en retard.
   (*Tell him you've been waiting for a quarter of an hour.*)
2. Lassés d'attendre un autre ami, vous partez sans lui. Vous le retrouvez plus tard.
   (*Tell him you waited for half an hour.*)
3. Vous parlez de votre école.
   (*Say how long you've been in the school.*)
4. On veut savoir si vous travaillez.
   (*Say you've been working for three quarters of an hour.*)
5. Une demi-heure plus tard vous en avez assez. En sortant, vous rencontrez une amie.
   (*Tell her you worked for $1\frac{1}{4}$ hours.*)

H. Expression libre

Ecrivez une lettre à un(e) ami(e) dans laquelle vous le (la) remerciez de la surprise-partie qu'il (elle) a récemment donnée.

Leçon 6   La clé sur la porte

Jamais sans doute la communication entre générations ne fut si difficile. Les adultes, même de bonne volonté, ne savent plus 'par quel bout les prendre'. Ceux-là même qui avaient le 'contact' l'ont perdu. Pour savoir qui sont les jeunes, ce qu'ils veulent, il faut beaucoup de patience, de prudence, d'attention, de modestie. Question de disponibilité, question de cœur et d'oreille. De chance, aussi.

Quelquefois, quelqu'un y réussit. C'est le cas par exemple de Marie Cardinal, qui avait trois enfants à rendre heureux, donc à comprendre... Les enfants sont petits, leur mère travaille, ils ramènent des copains en rentrant du lycée. Pour simplifier les choses, elle laisse finalement la clé sur la porte, comme on faisait chez elle, à Alger... D'abord ce sont les cartables empilés dans l'entrée. Puis les enfants qui viennent de tout le quartier. Ils grandissent...

L'appartement devient grotte, refuge. Ils sont quinze, vingt, trente, ils arrivent de partout. Ils jettent des coussins par terre, accrochent tentures aux murs, empilent les disques, vident le réfrigérateur, amènent leur sac de couchage, passent la nuit dans un coin comme des chats roulés en boule... La clé est toujours sur la porte. Ils discutent, écoutent leurs disques, discutent, écoutent leurs disques, discutent...

Marie s'épuise, perd peu à peu son argenterie et ses préjugés, voit s'écrouler ses chaises et fléchir toutes ses certitudes. Elle ne veut pas être la mère qui recueille, la dame des chats perdus.

Enfin elle écrit un livre: *La clé sur la porte*, livre sans morale... les adultes anxieux n'y trouvent pas de réponse toute faite. Et c'est bien mieux ainsi.

Car, au problème si souvent posé des relations parents-enfants, enfants-parents, il n'y a pas de réponse, maintenant moins que jamais... Peut-être même n'y a-t-il plus de question.

Disons que tout le monde pédale dans le vide.

Le Nouvel Observateur (abrégé)

A. Analyse de la langue

Cherchez dans le texte ci-dessus tous les exemples...
1. de mots-liens (*link-words*).
    exemple   donc
2. d'expressions de fréquence (*frequency*).
    exemple   jamais
    Traduisez en anglais les phrases dans lesquelles ces expressions se trouvent.
3. de l'usage du temps présent du verbe.
    exemple   ce qu'ils veulent

B. Texte enregistré ⊙

'Chez les croûlants'. (Voir le vocabulaire à la page 176.)
Ce texte servira de base pour développer les exercices d'analyse ci-dessus.
Le texte enregistré contient aussi des expressions utiles pour la traduction du texte anglais ci-contre.

C. Exploitation

1. Difficultés à la maison. Il y a souvent désaccord entre les parents et les adolescents de seize, dix-sept ans. De quoi les parents se plaignent-ils?

exemple Souvent le père **se plaint du bruit** que font les jeunes.

se plaindre (de)… parce que…	bruit (disques, motos, discussions)
	jeunes partout (amener leurs sacs de couchage)
	ne pas aimer avoir à se réfugier (dans la cuisine)
se fâcher(contre/que)…	peu soucieux des autres
	arriver à des heures indues
	laisser traîner leurs affaires
	empiler cartables, disques, livres
se mettre en colère…	jeter des coussins par terre
	vider le frigo
	accrocher des tentures (affiches, photos, slogans)
	s'attendre à ce qu'on fasse tout pour eux

2. La solution. Si on décidait de ne plus habiter chez ses parents — de s'établir dans un logement indépendant — de quoi aurait-on besoin?

On aurait besoin de renseignements sur les studios à louer.
renseignements — sur quoi? argent — pourquoi?
aide — de qui? pour quoi faire? meubles — lesquels?

3. A vous maintenant. Si vous habitiez seul comment vous débrouilleriez-vous?

—**Je trouverais** impossible **de** me lever le matin, **parce que** c'est toujours ma mère qui me réveille.

facile	se lever de bonne heure	parce que	distractions
difficile	se coucher tard	à cause de	(manque
possible	ramener des copains	car	d') argent
impossible	préparer des repas	comme	voisins
agréable	faire le ménage	puisque	bruit
pénible	faire des économies		froid
amusant	décorer la chambre		(ne pas) savoir
embêtant	faire la lessive		(ne pas) aimer
intéressant	s'occuper des études		avoir honte de
ennuyant	payer le loyer		avoir peur de
	meubler la chambre		avoir envie de

D. Traduisez en français

Le texte ci-contre et le texte enregistré: 'Chez les croûlants' pourront vous être utiles.

1. Nowadays communication between parents and their children is becoming more and more difficult. Even adults who used to be in touch with the young now need a lot of patience and luck to succeed.

2.* Perhaps it is mothers who succeed most often in understanding their children as they grow up. Fathers often become impatient when their sons or daughters bring home their friends. Men sometimes get angry because they don't want to hide in their bedrooms as if they need to take refuge from the noise. They complain that they are exhausted when their children and their guests enjoy themselves playing records until after midnight.

A. Points de départ

Habiter chez ses parents?

A considérer

1. Quels sont les avantages d'habiter chez ses parents?
   — les avantages financiers, sociaux; a-t-on des travaux ménagers à faire?
2. Quels en sont les inconvénients?
   — manque de liberté, d'indépendance; se prépare-t-on pour la vie? est-on trop influencé par une autre génération?
3. A quel âge vaudrait-il mieux quitter la maison des parents?

B. Pas à pas

1. Pêle-mêle: travaillez en groupes pour produire autant d'idées que possible au sujet des questions présentées ci-dessus. Prenez des notes sur ce qui vous semble important.
2. Travail à deux: en vous servant de vos notes et des formules dans la case ci-contre, posez des questions à votre partenaire.
   exemple   Saurais-tu te débrouiller seul?
3. Ecoutez, sur la bande enregistrée les deux: 'Scènes de la vie familiale'. (Voir le vocabulaire à la page 176.) Ensuite, discutez avec un partenaire:
   a) Vos parents agissent-ils ainsi avec vous, ou vous permettent-ils de faire ce que vous voulez?
   b) Se comportent-ils avec vous comme avec un adulte responsable, ou est-ce qu'ils vous traitent encore comme un enfant, en vous punissant, en critiquant votre habillement, en vous obligeant à vous faire couper les cheveux?
   c) A votre avis, est-ce que les parents devraient traiter les filles de la même façon que les garçons? Justifiez votre réponse.
4. Discussion en groupes: mettez en commun vos idées et développez-les. En vous servant (si besoin est) de vos notes, considérer les avantages et les inconvénients d'habiter chez ses parents, d'habiter en pension chez une famille, d'habiter tout seul dans un studio, d'habiter un foyer d'étudiants (à l'université, par exemple). S'il le veut, le meneur du groupe assignera une des possibilités ci-dessus à chaque membre du groupe, qui en donnera un exposé avant que tout le monde en discute.
5. En vous inspirant des idées exprimées (ci-contre), préparez votre plan personnel pour la dissertation que vous rédigerez ensuite.

C. Guide-discussion
Giving reasons for an opinion

Presenting an argument
Je pense qu'il faut... parce que...
Comme pour moi l'essentiel est..., donc...
Puisque je..., alors...
C'est à cause de..., que j'ai décidé de...
Voilà pourquoi je voudrais...

Responding to an argument
Saying why you agree
Ce qui me séduit, c'est que...
Ce que j'ai trouvé intéressant/important, c'est...
Vous m'avez convaincu en affirmant/démontrant/révélant...
Saying why you disagree
Ce que je trouve impossible à accepter, c'est...
Malgré ce qu'on a dit, je continue de...
Mais, il est quand même nécessaire/difficile de...

D. Plan de rédaction

Sujet de dissertation : Les avantages et les inconvénients d'habiter chez ses parents.
Introduction (premier paragraphe)
— certains avantages et inconvénients en termes généraux
— un résumé des autres possibilités (studio, appartement, foyer, pension)
Paragraphe deux : les avantages d'habiter chez ses parents
— une vie bien réglée — le travail surveillé
— moins cher — on n'a pas peur d'être seul
Paragraphe trois : les inconvénients d'habiter un appartement
— les frais : loyer, nourriture, lessive, services, meubles
— le travail : cuisine, ménage, lessive
— les tentations : de ne pas suivre ses études, de ne pas se nourrir
— les relations : les causes de disputes entre amis vivant ensemble
Paragraphe quatre : les inconvénients d'habiter chez ses parents
— l'intervention des parents : vêtements, cheveux, habitudes, choix d'amis — la dépendance — le besoin d'être seul (chez certaines personnes) — les relations : l'écart entre les générations
Paragraphe cinq : les avantages d'habiter un appartement
— plus de liberté : se coucher tard — ne pas se coucher du tout ! boire de l'alcool : beaucoup de surprises-parties
— plus d'indépendance — le choix libre d'amis et d'amies
Conclusion (dernier(s) paragraphe(s))
— cela dépend de la personnalité de la jeune fille ou du jeune homme et de la personnalité des parents
— et vous ? A quel âge pensez-vous quitter le foyer familial ?
— et vos parents ? Seront-ils contents ou tristes de vous voir partir ?

Pratique 2   Obligations

A. Questioning and confirming obligations

Cherchons secrétaire prêt(e) à:
taper des lettres   répondre au téléphone
classer le courrier   poster le courrier
s'occuper de la publicité   préparer le café

Afin de gagner un peu d'argent pour pouvoir retaper sa chambre, Nicole cherche un emploi temporaire comme secrétaire dans une agence de voyages. Elle demande à sa future patronne en quoi consistera son travail:

NICOLE Qu'est-ce que j'aurai à faire?
LA PATRONNE Vous devrez taper des lettres. Maintenant c'est à vous. Jouez les rôles de Nicole et de la patronne, en regardant la petite annonce ci-contre.

B. Freeing from obligations

Marc Thomas est un jeune homme qui travaille dans l'agence de voyages. Il voudrait bien que Nicole accepte le poste. Il essaie de la persuader que le travail n'est pas trop prenant:

NICOLE Alors, je devrai taper les lettres?
MARC Oui, mais vous n'aurez pas besoin de taper toutes les lettres.
NICOLE Et je devrai répondre au téléphone?
MARC Oui, mais vous n'aurez pas besoin de répondre toujours au téléphone.

A vous maintenant. Jouez les rôles de Marc et de Nicole, en regardant l'annonce ci-contre.
(Employez les mots *tout* ou *toujours*.)

future of devoir.

Difficultés

Know   Can

connaître	to know (be acquainted with) people or places
savoir	to know (that …), to know a fact, can (to know how to)
pouvoir	can (to be able to)

Traduisez en anglais
1. Je connais bien Paris. Mais je dois avouer que je ne connais pas la rue du Banquier.
2. Ah, vous connaissez mon cousin? Je ne savais pas que vous le connaissiez.
3. Je viendrai aussitôt que je pourrai. *Tenses.*
4. Tu sais taper à la machine?
   Oui, mais en ce moment je ne peux pas taper; j'ai mal au doigt.
5. Vous auriez dû être plus prudent. Oui, je le sais.
6. Tiens, voilà Christophe! Je l'ai reconnu tout de suite à son allure.

Traduisez en français
I know you can swim well, but you can't swim today. The pool at Châteauneuf is closed. The one near the station, do you know it?

C. Regretting past actions

"ought". conditional perfect of devoir.

Nicole vient d'avoir son permis de conduire. En conduisant la voiture de son père, elle a commis une petite erreur. Rien de grave, mais elle est très confuse :

LE PERE Mais, pourquoi as-tu tourné à droite?

NICOLE Tu as raison, je n'aurais pas dû tourner à droite.

Maintenant jouez les rôles de Nicole et de son père, en regardant la case ci-dessous. N'oubliez pas que le père a toujours raison!

tourné à droite	arrêté plus tôt
vu le poteau	serré à droite
tourné le volant	roulé si vite
respecté la priorité	bavardé en conduisant

D. Acknowledging obligations

Nicole est en train de discuter de son travail avec un de ses professeurs.

BULLETIN

Nicole Dampierre

Cette lycéenne ne travaille pas assez dur. Elle bavarde trop, ne lit pas assez, sort trop souvent, regarde trop la TV et joue trop souvent au tennis.

Elle sait bien qu'elle n'a pas travaillé assez dur.

LE PROF Vous ne travaillez pas assez dur.

NICOLE Oui, je sais que je devrais travailler plus dur.

Maintenant, en regardant le bulletin ci-contre, jouez les rôles du professeur et de Nicole.

E. Recognising obligations

les commissions
préparer à manger
le ménage
prendre une douche
finir de préparer le repas
recevoir les invités
la vaisselle
au lit!

il faut que + subjunctive.

La veille de sa surboum, Nicole regarde la liste des choses qu'elle doit faire le lendemain.

Elle lit : Les commissions

Elle dit : Oui, il faut que je fasse les commissions.

Maintenant, en regardant l'agenda ci-dessus, jouez le rôle de Nicole. Que dites-vous?

Nouns of double gender

Some nouns have different meanings according to whether they are masculine or feminine.

Traduisez en anglais. Attention! Pas de bêtises!

le

1. a) Je ne sais pas réparer le poste T.V.
   b) Va vite au poste de police.
   c) Il occupait un poste élevé à la Mairie.
2. a) Tu as lu ce livre?
3. a) Nous avons un nouveau poêle à mazout.
4. a) Il m'a joué un mauvais tour.
   b) On va faire un petit tour en ville.
   c) Qui a gagné le tour de France?
   d) C'est à qui de jouer? C'est mon tour.
5. a) Elle a cassé le manche de son balai.
6. a) Si tu es fatigué, fais un petit somme.

la

1. d) J'ai acheté des timbres à la Poste.

2. b) Donnez-moi une livre de pêches, s'il vous plaît.
3. b) Cassez les œufs dans une poêle et faites frire.
4. e) Tu connais la tour Eiffel?

5. b) En sortant, il a déchiré la manche de sa chemise. *la Manche.*
6. b) Il a gagné une somme considérable.

Dossier 3 Leçon 7 Une leçon de conduite

Dans cette leçon on considère les moyens de locomotion employés par les jeunes, principalement les 'deux roues'.

Après avoir travaillé deux mois pendant l'été dernier comme serveur dans un restaurant, Gérard vient de s'offrir une moto neuve. Il demande à son ami François de monter derrière et de lui donner une leçon de conduite…

FRANÇOIS   Première chose, tu mets ton casque. Fais voir quelle tête tu as avec ça sur la tête… Pas mal!

GÉRARD   Tu te crois sans doute très drôle. Tu n'as pas l'air plus malin.

FRANÇOIS   N'insistons pas. On y va? Passe en première. Démarre doucement.

GÉRARD   Attends… en première… bon, je démarre.

FRANÇOIS   Vas-y doucement. Fais attention! Tu tournes à droite. Mets ton clignotant!

GÉRARD   Ah oui, j'oubliais… Voilà!

FRANÇOIS   Eh, fais attention! Le feu est rouge!

GÉRARD   Oh oui, c'est vrai. Je ne l'avais pas vu.

FRANÇOIS   Tu as failli écraser ce piéton. Bon, tu prends la première à gauche au coin.

GÉRARD   Et voilà…

FRANÇOIS   Et le stop! Il y a un stop!

GÉRARD   Comment? Qu'est-ce que tu dis?

FRANÇOIS   Je disais qu'il y avait un stop. Tu l'as grillé!

GÉRARD   Trop tard!

FRANÇOIS   Tu sais que tu prends de gros risques? Tout droit ici.

GÉRARD   Bof! Il faut simplement croire à sa chance.

FRANÇOIS   C'est un point de vue. Ah! Tu vois la rue là-bas; elle est en sens interdit. Tu ne peux pas la prendre.

GÉRARD   Merci. Tu as bien fait de m'avoir prévenu.

FRANÇOIS   Le cycliste! Le cycliste! Tu l'as presque eu cette fois.

GÉRARD   Tant pis. La prochaine fois je l'aurai!

A. Adaptations

1. **Tourne** à droite au cinéma Lux.
   Va tout droit jusqu'au commissariat.
   Traverse **le carrefour.**
   Prends **la seconde** à gauche.
   Remonte la rue Dauphine.
   Et tu **tomberas** dans la rue Chapon.
   L'école des Terrasses, **c'est tout près** de la Poste.

Variations
va
continue
le croisement
la deuxième
suis
arriveras
ce n'est pas loin

2. Dessinez un plan de ce parcours.

3. A l'aide du plan et des variations, vous indiquez à un inconnu la route à suivre depuis le cinéma Lux jusqu'à l'école des Terrasses.

4. Tu as failli | écraser ce piéton | Tant pis!
   | le tuer | J'aurai plus de
   | griller le feu rouge | chance la
   | manquer la rue | prochaine fois!
   | Chapon |
   | prendre un sens |
   | interdit |
   | heurter le trottoir |
   | renverser le cycliste |

   Ecrivez les phrases ci-dessus d'une autre manière, en utilisant 'presque' et le participe passé.
   exemple   Tu as presque écrasé ce piéton.

5. Conversation au commissariat de police. Gérard a renversé un cycliste, et vient s'expliquer devant l'inspecteur Dufour.

GÉRARD   Pardon. Le bureau de l'inspecteur, s'il vous plaît!
EMPLOYEE Passez par là; prenez la porte de gauche. Vous trouverez l'ascenseur juste devant vous. Montez au troisième. Tout de suite à droite, en sortant de l'ascenseur, vous verrez un couloir. C'est la première... non, la deuxième porte sur votre gauche.
GÉRARD   Alors, je récapitule...

a) Vous êtes Gérard. Que dites-vous en récapitulant les indications?
   exemple
   D'abord je passe par la porte de gauche, puis..., ensuite...
b) Un Français fait la visite de votre collège.
   (i) Indiquez-lui le chemin qu'il faut prendre pour retrouver sa voiture, qui est garée sur le parking.
   (ii) On vous demande de lui indiquer comment faire pour parvenir jusqu'au bureau du proviseur. Qu'est-ce que vous lui dites?

B. Ecoutez bien ⊖

Nous avons demandé à quelques jeunes Français de nous parler de leurs 'deux roues'. Ecoutez bien, puis résumez ce que chacun a dit.
1. André a... ans. Il a dit que...   4. Pierre...
2. Suzanne a... Elle a dit que...   5. Françoise...
3. Philippe a...   6. Jean-Jacques...

Code de la Route

Test Numéro 1

Connaissez-vous votre code de la route? Si oui, essayez ce test. Il s'agit d'abord de regarder les panneaux de signalisation, présentés ci-dessous, et de dire ce qu'ils signifient. Pour chacun d'eux on vous propose trois réponses, mais une seule est exacte. Précisez laquelle et expliquez en une phrase ce que veut dire le signal.

exemple Ce panneau indique qu'il est interdit de stationner dans la rue où il se trouve.

5.
a) interdit aux voitures et aux motos
b) défense de doubler
c) les voitures ne doivent pas sauter par-dessus les motos

1.
a) attention — danger!
b) entrée interdite
c) défense de stationner

6.
a) voie réservée aux trains
b) locomotives, tournez à gauche
c) passage à niveau sans barrières

2.
a) tournez à gauche
b) défense de tourner à gauche
c) défense de faire demi-tour

7.
a) défense de klaxonner
b) fin d'interdiction de klaxonner
c) réservé aux ambulances

3.
a) attention — chaussée inondée
b) vous êtes sur un quai
c) vous vous approchez du ferry

8.
a) interdiction aux voitures de doubler
b) interdiction aux camions de doubler les voitures
c) défense de doubler

4.
a) tournez à gauche
b) roulez à gauche
c) défense de tourner à gauche

*Test Numéro 2

Confectionnez vous-même un test, tantôt sérieux, tantôt humoristique, en utilisant les signaux ci-dessus. Essayez-le avec vos camarades.

C. Exercices

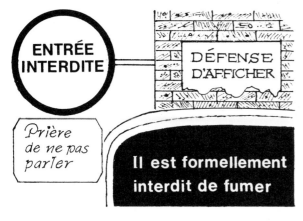

1. Suivant l'exemple ci-dessous, exprimez ces phrases d'une autre manière:

    exemple

    N'entrez pas par là.

    Il est défendu d'entrer par là?

    Oui, c'est défendu.

    a) Ne stationnez pas ici.
    b) Ne circulez pas à gauche.
    c) On ne peut pas fumer au cinéma.
    d) Il ne faut pas parler pendant la séance.
    e) Ne marche pas sur le gazon.
    f) On n'est pas autorisé à tourner à droite.
    g) On ne doit pas afficher sur les murs.
    h) Il ne faut pas se pencher au dehors.
    i) Il n'est pas permis de parler au machiniste.
    j) Ne pas déposer d'ordures. (neg. + de.)

2. Travail à deux: discutez avec un partenaire de ce que veut dire chacun des signaux de la page ci-contre.

    exemple

    — Que veut dire ce signal?
    — Peut-être que le stationnement est interdit. Je ne suis pas sûr.
    — Oui. Je crois que tu as raison.

D. Expression dirigée

Imaginez que vous êtes assis à l'arrière d'une moto conduite par un jeune conducteur insouciant qui ne fait pas attention aux panneaux de signalisation ci-contre.
1. Que lui dites-vous pour attirer son attention sur les panneaux et leur signification?
2. Racontez vos mésaventures à une amie.
3. Faites par écrit le récit du voyage.

A vous de choisir

De l'Amigo à la 750, il y a toute la gamme des cyclomoteurs, des vélomoteurs et des motos Honda. Vous êtes donc toujours certain de choisir exactement la machine dont vous avez besoin, et envie.

Une machine qui surtout ne vous 'lâche pas' et cela quelles que soient sa catégorie, sa cylindrée ou sa fonction.

C'est pourquoi Honda équipe tous ses modèles d'un moteur 4 temps.

De l'Amigo à la 750.

Ainsi, un Honda ou une Honda a une meilleure souplesse d'utilisation, use moins d'essence et moins d'huile, dure plus longtemps, tourne plus vite, est plus maniable, fait moins de bruit, ne vibre pas et est plus confortable.

Sans doute est-ce un peu pour cela que Honda est le premier constructeur de motos du monde.

Depuis longtemps.

Et pour longtemps.

HONDA

E. Version
Ecrivez une version anglaise de cette publicité.

F. Retraduction

Sans regarder l'original, traduisez en français votre version anglaise.

Leçon 8 Quand vous aurez votre permis

En France, l'examen du permis de conduire comprend une épreuve de conduite et un examen audio-visuel sur le code de la route.

Même après avoir réussi l'épreuve, le nouveau titulaire[1] du permis de conduire n'est pas autorisé à rouler à plus de 90 kilomètres à l'heure pendant une année. La Prévention Routière donne les conseils suivants aux nouveaux titulaires du permis de conduire :

Explications
1. *holder*
2. instructeur
3. correcte
4. *to take account of*
5. sans appréhension
6. faites attention
7. apporte, offre
8. rendrez moins grands, réduirez
9. *unforeseeable*
10. *hold the winning cards*
11. *relying*

A lire seulement quand vous aurez votre permis

Vous avez choisi avec intelligence les bonnes réponses à l'examen audio-visuel. Grâce aux leçons de votre moniteur[2], vous avez réussi l'épreuve de conduite. Vous voici avec un beau permis tout neuf.

Vous avez appris à conduire. Ce n'est pas fini. Il vous reste à prendre l'habitude de bien conduire.

Ce sera facile parce que vous avez bien appris à conduire. Mais ce n'est pas parce que c'est facile que cela se fera tout seul. Pour prendre l'habitude de bien conduire, il vous suffit de vous poser souvent six questions. Six seulement mais que vous devez connaître par cœur :
1. Ma voiture (ou ma moto) est-elle en bon état ?
2. Suis-je 'en forme' ?
3. Est-ce que je roule à la vitesse convenable[3] ?
4. Est-ce que je suis bien placé sur la chaussée ?
5. Est-ce que je ne risque pas de surprendre un autre conducteur, ou un piéton ?
6. Est-ce que je ne risque pas d'être surpris par un autre conducteur, ou un piéton ?
Si vous faites de votre mieux pour tenir compte[4] de ces six questions, vous allez prendre les habitudes qui font le vrai 'bon conducteur'. Vous conduirez de mieux en mieux, de plus en plus 'décontracté'[5].

Méfiez-vous[6] quand même après quelques milliers de kilomètres, certains débutants commencent à avoir la voiture 'bien en mains' et se 'décontractent' un peu trop tôt. Ne vous laissez pas prendre à ce piège.

En prenant l'habitude de bien conduire, d'une façon intelligente et moderne, vous profiterez mieux de tous les avantages et même du plaisir que procure[7] l'automobile et, surtout, vous diminuerez[8] les risques d'accident. On peut toujours, bien sûr, être victime de circonstances imprévisibles[9] mais ce que chacun peut certainement, c'est mettre le plus possible d'atouts dans son jeu[10] en s'en rapportant[11] aux six aspects dont nous parlions tout à l'heure.

Le Permis de Conduire

A. De quoi s'agit-il?

1. A qui s'adresse l'auteur de l'extrait ci-contre?
2. Quels conseils donne-t-il?

B. Les mots travaillent

1. Trouvez dans le texte un mot ou une phrase qui veut dire:
   a) s'habituer à
   b) tout ce qu'il faut faire
   c) est-ce que je vais bien?
   d) plus tôt/il y a quelques instants.
2. Trouvez dans le texte un mot ou une phrase qui a le sens contraire de:
   a) difficile
   b) d'une manière stupide
   c) les inconvénients
   d) augmenter
3. Expliquez en français le sens des phrases ci-contre (dans l'avant-dernier paragraphe):
   a) quelques milliers
   b) bien en mains
   c) se décontractent
   d) prendre à ce piège

C. Exercice

Le subjonctif.
Après avoir regardé les 'six questions' du texte, complétez les phrases ci-dessous, en imitant la phrase modèle.
1. Il faut que ma voiture soit en bon état.
2. Il faut que je…
3. Il faut que je ne roule pas…
4. Il faut que je…
5. Il ne faut pas qu'on surprenne…
6. Il ne faut pas qu'on soit…

D. Version

1. Traduisez en anglais les trois premiers paragraphes du texte.
2. Ecrivez en style indirect les mêmes paragraphes. Commencez par: L'auteur a dit au lecteur qu'il avait choisi…

E. Avez-vous bien compris?

1. Selon l'auteur, que faut-il faire quand on a réussi à l'épreuve de conduite? *cf. ... une in texte*
2. Comment les 'six questions' devraient-elles être connues?

3. Quel danger y a-t-il pour certains débutants?
4. Comment peut-on diminuer les risques d'accident?
5.* Faites une liste de six conseils supplémentaires que vous donneriez aux nouveaux conducteurs avant qu'ils ne prennent la route.

F. Au jour le jour

Ecoutez, sur la bande magnétique, le reportage: 'Les filles à la moto'. (Voir le vocabulaire à la page 176.) Ensuite, répondez aux questions ci-dessous. Répondez en français.
1. Laquelle attire le plus de monde, une belle voiture ou une belle moto?
2. Quel âge faut-il avoir pour conduire une 'vraie' moto?
3. Qu'est-ce que les conducteurs d'automobile n'aiment pas?
4. A quels moments surtout faut-il se méfier des voitures?
5. Quand faut-il faire attention de ne pas freiner trop brusquement?

G. Sans paroles

1. Trouvez un titre au dessin ci-dessus. Comparez votre titre à ceux de vos camarades de classe.
2. Rédigez quelques lignes de dialogue entre l'homme et la femme au premier plan.

Différents permis de conduire

Vous serez peut-être surpris d'apprendre, en lisant cette page, que vous auriez sans doute le droit de conduire n'importe quel véhicule à deux roues si vous étiez en France. Saviez-vous par exemple qu'à partir de 14 ans les jeunes Français ont le droit de conduire un 'deux roues' à moteur de moins de $50\,cm^3$ sans qu'aucun permis ne soit exigé? Voici quelques renseignements sur la réglementation française: ce qu'un jeune peut faire, à quel âge et avec quels moyens financiers.

Catégorie de permis de conduire	Véhicule	Age minimum	Prix d'achat à partir de ...F
Aucun	vélo	—	350F
Aucun	cyclomoteur vélomoteur moins de $50\,cm^3$	14 ans	1 500F
A1	motocyclette vélomoteur (de 50 à $125\,cm^3$)	16 ans	2 100F
A 'moto'	scooter moto plus de $125\,cm^3$	16 ans	5 500F
B	véhicules de tourisme (voitures, camionnettes de moins de 10 places)	18 ans	18 000F

why not à?

Devinez: Qu'est-ce que c'est?

1. C'est un véhicule à deux roues, équipé d'un moteur de $49\,cm^3$.
2. C'est un véhicule à deux roues, avec un moteur très puissant (plus de $250\,cm^3$) capable de rouler à plus de 150 à l'heure.
3. C'est un 'deux roues' pour la conduite duquel on n'a besoin ni de permis ni d'essence.
4. C'est un 'deux roues' motorisé qu'on peut conduire sans permis à l'âge de 15 ans.

H. Analyse du texte

Faites un compte rendu des informations contenues dans la case ci-contre. Faites aussi la comparaison avec les 'deux roues' en Angleterre. Vous pouvez éventuellement utiliser ces expressions:

En France on a le droit de conduire… à l'âge de… tandis qu'en Angleterre il faut avoir… ans, avant qu'on puisse conduire… Les prix en… sont plus (moins) élevés (bas).

I. Un sondage

Vous allez acheter un 'deux roues'. Vers quel type de 'deux roues' iront vos préférences?

un vélo (une bicyclette)
un cyclomoteur
un vélomoteur
une moto (motocyclette)

Comment allez-vous faire votre choix? Sur quels critères? Dressez-en une liste par ordre d'importance, puis discutez-en avec vos camarades en comparant vos choix et les raisons de ces choix.

couleur
ligne
puissance du moteur
confort
frais d'assurance
consommation d'essence
prix
frais d'entretien
pays d'origine, marque
désirs de vos parents

Analysez les résultats de votre sondage, et donnez-en un compte rendu, suivant le modèle ci-dessous:

Un sondage sur les 'deux-roues'

Nous avons fait un sondage parmi des élèves de première pour découvrir sur quels critères ils choisissent un 'deux-roues'.

Nous avons interviewé douze personnes: sept filles et cinq garçons. Cinq d'entre eux ont considéré que la marque était le critère le plus important.

Trois personnes ont jugé le prix comme l'élément le plus important, mais il est surprenant de constater que pour deux personnes (un lycéen et une lycéenne) le plus important c'était la couleur de leur 'deux-roues'.

Il n'y a pas de différence significative entre les réponses des garçons et celles des filles, à l'exception de l'importance accordée à la puissance du moteur. Quatre sur cinq des garçons l'ont placée en tête de leur liste. Un résultat intéressant est que presque personne n'accorde d'importance aux désirs des parents.

J. Exercices

Le Passif (voir à la page 166)
exemple   Ton frère a été invité à la surboum?
Oui, on l'a invité hier.

1. En imitant les phrases modèles, composez des phrases en employant:

Ton	arrêté	à la manifestation
copain	attaqué	en France
Ta sœur	reconnu	à l'étranger
Tu	envoyé	avec l'équipe
	choisi	pour représenter l'école
	vu	avec une jeune fille

l'année dernière/samedi dernier
la semaine dernière/il y a deux mois

2. Toujours en imitant les phrases modèles (ci-dessus), traduisez en français:
   a) Was your uncle invited to the restaurant?
      Yes, he was invited last night.
   b) Have your cousins been sent to Spain?
      Yes, they were sent a month ago.
   c) My friend was arrested at the demonstration.
   d) I was invited to the concert.
   e) The star (*la vedette*) was recognised and attacked at the match.
   f) Have you been chosen for the team?
      Yes, I was chosen last week.

K. Expression libre

1.* Quels conseils un père donnerait-il à son fils ou sa fille qui vient d'acheter un 'deux-roues'?
2.* Quels sont, d'après vous, les principaux avantages d'un 'deux-roues'? Préféreriez-vous une voiture? Pourquoi?

Leçon 9 L'enseignement de la conduite

Gratuité de l'enseignement de la conduite automobile, suggèrent les patrons d'auto-écoles.

Pourquoi payer de sa poche et prendre sur son temps de loisir les leçons de conduite automobile? Cet enseignement ne relève-t-il pas de la 'formation permanente'? En jetant le bouchon aussi loin, lors de son récent congrès de Bordeaux, le Syndicat patronal des auto-écoles a lancé une idée qui risque d'embarrasser passablement le gouvernement.

On se souvient que cet organisme avait proposé et fait accepter par le directeur du Service national des examens du permis de conduire le principe de l'enseignement global et rapide de la conduite automobile au cours d'un stage continu d'une semaine. L'expérience, pour le permis B (voitures), devrait commencer en septembre prochain. Les nombreuses leçons de conduite étalées sur plusieurs semaines aux heures de liberté des candidats seraient donc remplacées par une disponibilité totale des élèves pendant huit jours pour les leçons pratiques et les cours théoriques. Naturellement, les adeptes de cette formation concentrée devront soustraire la durée du stage de celle de leurs vacances.

Sans doute encouragé par ce premier résultat, le Syndicat des Auto-Ecoles vient donc de lancer l'idée d'assimiler un peu l'enseignement de la conduite à l'éducation primaire. Le Syndicat n'est pas très éloigné de cette conception. Il demande à présent que le prix des leçons de conduite soit prélevé sur les fonds de formation professionnelle continue. Ceux-ci proviennent d'une taxe payée par les employeurs afin que les salariés puissent enrichir professionnellement leurs connaissances.

Il appartient désormais aux ministres respectifs des Finances, du Travail et de l'Equipement de dire si l'apprentissage de la conduite d'un véhicule motorisé doit être considéré comme formation professionnelle continue. En attendant que les étudiants la réclament logiquement au titre de la formation tout court.

Maurice Cazaux, *Le Figaro*

A. Analyse de la langue

Cherchez dans le texte ci-dessus tous les exemples:
1. des prépositions: sur, pour, par. Traduisez les phrases dans lesquelles ces prépositions se trouvent.
2. de l'usage du passif, ou des équivalents.
   exemple   encouragé par ce résultat.
3. de l'usage de l'infinitif du verbe. A noter, les liens de l'infinitif avec les autres mots dans la phrase.
   exemple   qui risque d'embarrasser.

B. Texte enregistré ⊙

'Le permis moto en stage' (voir le vocabulaire à la page 176). Ce texte servira de base pour développer les exercices d'analyse ci-dessus.

Le texte enregistré contient aussi des expressions utiles pour la traduction du texte anglais ci-contre.

C. Exploitation

1. L'emploi du temps. Qu'est-ce que l'on devrait étudier à l'école? Justifiez vos réponses.

A l'école **on** (ne) **devrait** (pas) **étudier**
- la conduite sur route
- la gymnastique
- la musique
- les beaux-arts
- les langues vivantes
- la politique
- la dactylo(graphie)
- les loisirs
- le latin… et quoi encore?

Il faudrait consacrer	…heures par jour	à l'étude de…
On devrait passer au moins	…heures par semaine	à étudier…
On ne devrait pas passer plus de	…jours par mois	à s'entraîner pour…
Si j'étais proviseur on ne perdrait pas son temps	…semaines par an	à apprendre…
		à enseigner…

… **parce que/à cause de**…

2. L'examen écrit pour le permis de conduire.

Il n'y aucun doute que les motos sont dangereuses. Mais elles ne sont peut-être pas plus dangereuses que les voitures, pourvu que l'on se souvienne de certaines choses. Complétez ce test en commençant chaque phrase ci-dessous avec: **pourvu que** ou **pourvu que + ne…pas.**

exemple Les motos ne sont pas dangereuses…
— **pourvu que l'on fasse** attention aux automobilistes.
— **pourvu que l'on ne roule pas** trop vite.

faire attention aux piétons
rouler trop près des véhicules
doubler près des tournants
se souvenir de mettre son casque
oublier de céder la priorité à droite
signaler son intention de tourner à gauche
regarder derrière avant d'exécuter une manœuvre
freiner trop brusquement (surtout quand la route est mouillée)

D. Traduisez en français

Le texte ci-contre et le texte enregistré: 'Le permis moto en stage' pourront vous être utiles.

1. Passing a driving test is a problem for most people. It's quite expensive to take lessons and it's not always easy to fit in one's own free time with the instructor's crowded timetable.

2. The French experiment of intensive driving courses for car and motorcycle licences has been really encouraging. Over eighty per cent of candidates succeed in passing their driving test the first time they take it, after attending one of these courses.

3.* The courses last five days, from eight o'clock on Monday morning until Friday evening. Eight hours a day are spent on the course, split between practice and theory. Provided that the learner can stand such concentrated training, driving will soon become familiar.

Les transports en commun et les transports particuliers

A. Points de départ

A considérer

1. Quels sont les inconvénients des moyens de transport particuliers?
   (voitures, motos, vélomoteurs, etc.)
   —encombrement; pollution; accidents; bruit; dépenses.
2. Quels sont les inconvénients des transports en commun?
   (trains, cars, bus, avions, services de secours, etc.)
   —manque de liberté; encombrement; dépenses; chômage.
3. Quels moyens de transport pourraient remplacer la voiture et la moto?
   —de nos jours? —dans l'avenir?

B. Guide-discussion

Inviting contributions	**Presenting an argument** Qu'est-ce que vous pensez de…? N'est-il pas vrai que…? Je voudrais avoir votre opinion sur…
Asking for support	J'espère vous convaincre que… Ce qui importe, c'est que tout le monde soit d'accord sur… L'essentiel, c'est de travailler ensemble à…
Offering support	**Responding to an argument** Voilà justement ce que j'aurais voulu dire… Pourvu que… je serais (tout à fait) convaincu. J'estime/je trouve que vous avez raison… en disant…
Withholding support	Impossible pour moi d'accepter… Je ne saurais pas admettre que… Pas question de pouvoir tomber d'accord…/de vous soutenir…

C. Pas à pas

1. Pêle-mêle : mettez-vous en groupes pour produire des idées au sujet des questions ci-contre. Prenez des notes sur ce qui vous semble important.
2. Travail à deux : en vous servant de vos notes et des formules dans la case ci-contre, posez des questions à votre partenaire.
3. 'Nos auditeurs nous parlent' (Voir le vocabulaire à la page 176.) Après avoir écouté la bande enregistrée, résumez les points de vue des 'auditeurs'.
4. Discussion en groupes : mettez en commun vos idées et développez-les. Servez-vous de vos notes, si besoin est.
5. Préparez votre plan personnel, en vous inspirant (si vous voulez) des idées exprimées ci-dessous. Ensuite, rédigez la dissertation.

D. Plan de rédaction

Sujet de dissertation : Il vaudrait mieux abolir tous les moyens de transport particuliers. Discutez.

Introduction (premier paragraphe)
— exposé sommaire des problèmes actuels.
Présentation des arguments 'pour' et 'contre' (plusieurs paragraphes)

POUR
moins | de pollution atmosphérique
| d'embouteillages
| d'accidents de la route
| de bruit
| de tension nerveuse
| de dépenses
plus besoin de construire des autoroutes
meilleur pour l'économie du pays
utilisation efficace des ressources rares du pays et du monde
transports publics de meilleure qualité
on aurait plus de contact avec la nature
on prendrait plus d'exercice

CONTRE
trop difficile à organiser
surtout dans les régions rurales
insuffisance de transports publics
des heures de pointe insupportables
contre la liberté de l'individu
que faire le week-end sans voiture?
moins de contact avec la nature
et le plaisir de conduire?
un seul système de transport donnerait trop de pouvoir à ceux qui opèrent ce système — danger de grèves
l'économie du pays souffrirait
aggravation du chômage
solution peu satisfaisante pour les invalides

Conclusion (dernier(s) paragraphe(s))
— Etes-vous pour ou contre?
— Qu'est-ce qui se passera si on ne suit pas vos conseils?
a) Dans cinq ans? b) dans vingt-cinq ans?
— Pensez-vous qu'on va suivre vos conseils?

Pratique 3   Verbes + à

Using verbs with the preposition à

A. These verbs are followed by à before an
infinitive:

apprendre à	learn to
avoir à	have to
commencer à	begin to
continuer à	continue
exceller à	excel in
hésiter à	hesitate to
parvenir à	succeed in
insister à	insist on
persévérer à	persevere in
persister à	persist in
recommencer à	begin again
renoncer à	give up
réussir à	succeed in
songer à	think of

Dans la banlieue de Paris se trouve le complexe
sportif St-Michel, offrant aux habitants la
possibilité de pratiquer tous les sports à des prix
raisonnables. On n'a même pas besoin d'apporter
son matériel personnel; on peut louer tout le
nécessaire au complexe.

Au complexe sportif on peut:

jouer au badminton	faire de l'équitation
tirer à l'arc	faire de l'escrime
faire du karaté	faire de la gymnastique
tirer au pistolet	faire du danse moderne
jouer au tennis	faire de la natation

Depuis un mois le complexe sportif lance une
campagne pour encourager tout le monde à
essayer des sports divers.

Imaginez que vous menez une enquête. Vous
posez des questions à des gens qui sortent du
complexe. Composez une dizaine de réponses, en
vous servant de la liste des sports ci-dessus et de
la case ci-dessous:

> *exemple*   Qu'est-ce que vous avez fait au
> complexe?
> *J'ai appris à tirer à l'arc.*

apprendre à...	exceller à...
hésiter à...	continuer à...
renoncer à...	

Difficultés

---

depuis

1. for a period of time which started in the past
   and *is still* (or *was still*) continuing.
2. used *only* with verbs in the present or imperfect
   tense.
   > *exemples*   *Il est dans l'armée depuis un an.*
   > He has been in the army for a year
   > (and still is).
   > *Ils attendaient depuis une heure.*
   > They had been waiting for an hour
   > (and still were).

depuis + present tense   has/have been ...ing
depuis + imperfect tense   had been ...ing

Traduisez en français:
1. She has been at the hairdresser's for an hour.
2. That car has been there for a month.
3. They have been looking for a house for
   months.
4. I have been waiting for a quarter of an hour.
5. I had been waiting for half an hour.
6. They had lived in Brussels for two months.
7. We had been at home for several hours.
8. She had been working there for a long time.

pendant/pour

1. *pendant* for + time *completed* in the past
   > *exemples*   Pendant six semaines elle alla tous
   > les jours à la piscine.
   > J'étais là pendant une heure.
   > N.B. pendant may be omitted
   > Il attendit dix minutes.
2. *pour* for a period of time to be *completed* in the
   future.
   > *exemples*   Je vais en Italie pour deux mois.
   > Je serai à Rome pour une semaine.
   > N.B. Je suis allé en Italie pour deux
   > mois (i.e. with the intention of
   > staying for two months).

Traduisez en français:
1. The war lasted (for) five years.
2. He stayed at our house for an hour.
3. He will be staying here for a week.
4. She went to Rouen for a month.
5. She stayed in Rouen for a month.
6. The film lasted an hour and a half.
7. For nearly an hour we saw no one.
8. We shall be in Spain for five days.

B. These verbs are followed by '**à**' before an infinitive, when used with an object:

aider	help	inciter	incite
autoriser	authorise	inviter	invite
condamner	condemn	obliger	oblige, make
encourager	encourage	passer (son	
forcer	force	temps)	spend (time)
		provoquer	provoke

exemple Alain a aidé Monique à réparer sa raquette.

N.B. *apprendre* and *enseigner* (both meaning to teach) require an indirect object and the preposition à when followed by an infinitive.

exemple Alain apprend à nager à Monique. ✱

Gilbert est moniteur au complexe sportif.
Voici (ci-dessous) son agenda pour une journée-type.
Qu'est-ce que Gilbert a fait ce jour-là?

10h. aider des débutants à monter à cheval
11h. passer une heure à enseigner la natation
12h. enseigner à Mme Duval à tirer à l'arc
15h. apprendre à un groupe de jeunes à faire de
18h. inviter Sylvie à dîner   l'escrime

C. These reflexive verbs are followed by **à**:

s'adresser à	apply to
s'amuser à	enjoy
s'attendre à	expect
se borner à	confine oneself
s'engager à	undertake to
s'habituer à	be accustomed to
s'intéresser à	be interested in
se mettre à	begin to
s'obstiner à	persist in
s'opposer à	oppose

Gilbert voudrait bien inviter Lucie à sortir avec lui. Qu'est-ce qu'il propose? Lucie ne s'intéresse ni à Gilbert ni à ses propositions. Qu'est-ce qu'elle répond?

—A propos, Lucie. Si on faisait de l'escrime?
—Vous perdez votre temps. Je ne m'intéresse pas du tout à l'escrime.

Je t'invite à…
Tu voudrais…   Tu t'amuses à…
Tu ne veux pas…   Est-ce que tu t'intéresses à…

—Non, non et non! Je ne m'y intéresse pas *du tout*! Compris?

Il lui a enseigné à nager.   *to teach a person = instruire.*

Il l'a enseignée ← il a enseigné la natation.

---

to leave

laisser	to leave (things)
exemple	Il a laissé son casque à la maison..
quitter	to leave (places)
exemple	Elle a quitté l'école.
partir (de)	to leave/go away (from)
exemple	Le vélomoteur est parti à toute vitesse.
sortir (de)	to leave/go out (of)
exemple	Elles sortirent du café en toute hâte.
abandonner	to leave (behind)
exemple	Il abandonna sa moto en panne.

Complétez les phrases:
1. Le train… à dix-sept heures.
2. Elle a ouvert la porte et…
3. J'ai dû… mon porte-feuille au bureau.
4. Il… la chambre dans une grande colère.
5. A quelle heure est-ce que tu…?
6. Je crois qu'il a… quelque chose.

to return

rentrer	to go/come back (home)
exemple	Papa rentre du travail à dix heures.
revenir	to come back
exemple	Au revoir; je reviens dans une heure.
retourner	to go back (again)
exemple	L'année prochaine je retourne en Suisse pour les vacances.
rendre	to give back
exemple	Je vous rends le livre que j'ai emprunté.
renvoyer	to send back
exemple	Je vous renvoie le cadeau.

Complétez les phrases:
1. Quand je… de Paris, je t'achète un cadeau.
2. Il est sorti à 9 heures et il est… à midi.
3. J'ai… le paquet, il n'était pas pour moi.
4. Je vous… l'argent que vous m'avez prêté.
5. Il est… en Italie mais il… demain.
6. Tu vas au marché? A quelle heure tu…?
7. A la fin de l'été les hirondelles… en Afrique.

Dans cette leçon il s'agit d'acheter certaines choses et de savoir se comporter dans un magasin, non seulement pour acheter simplement mais pour obtenir le prix le plus avantageux.

Quelle déveine! Votre montre s'est arrêtée une nouvelle fois. C'est toujours embêtant de ne plus avoir l'heure. Vous parlez avec un ami:

VOUS	Zut! Ma montre ne marche toujours pas. Elle s'est encore arrêtée. Il faut que je me décide à en acheter une autre.
VOTRE AMI	Eh! Tu sais ce que tu dis? Ça coûte cher une montre, non?
VOUS	C'est vrai. Si j'en achetais une autre, je ne pourrais plus m'offrir de disques pendant plusieurs mois.
VOTRE AMI	Alors, fais-la réparer.
VOUS	Inutile. La réparation me coûterait encore plus cher. Et j'ai absolument besoin d'une montre.
VOTRE AMI	Bon. On va chez l'horloger?...

On entre dans le magasin.

LE VENDEUR	Bonjour messieurs-dames. Qu'y a-t-il pour votre service?
VOUS	Je voudrais une montre.
LE VENDEUR	Quel genre de montre cherchez-vous? Avez-vous déjà une idée?
VOUS	Je ne sais pas trop. Il y en a une en devanture qui me plairait bien... Celle-ci.
LE VENDEUR	C'est une belle montre, en effet — ultra-légère et de forme originale, jeune...
VOUS	Elle est en or?
LE VENDEUR	Plaqué or seulement. En or elle serait beaucoup plus chère.
VOUS	Vous n'auriez pas le même modèle en acier inoxydable?
LE VENDEUR	Je crois que si... Voilà... elle est garantie deux ans.
VOUS	Si je paie comptant, vous me ferez un petit rabais?
LE VENDEUR	Non, je regrette vraiment. C'est un article que nous lançons et le rabais est déjà fait dans le prix en promotion. C'est déjà un prix intéressant.
VOUS	Est-ce que vous assurez l'entretien des montres?
LE VENDEUR	Bien sûr. Mais vous savez, avec ce modèle, ça m'étonnerait que vous ayez des problèmes!
VOUS	Alors je la prends — celle-là, celle en inox.

A. Adaptations

1. Si j'achetais

une montre	je ne pourrais plus m'offrir de…	disques
une caméra	je n'aurais plus assez d'argent pour m'offrir des…	vêtements
une calculatrice	je serais trop fauché pour acheter des…	
un magnéto- phone	je serais dans l'impossibilité de me payer des…	
une machine à écrire	il ne me resterait pas assez d'argent pour me payer des…	
des jumelles		

A partir des éléments ci-dessus, faites d'autres phrases en imitant la phrase modèle.

2. Vous n'auriez pas le même modèle en or ? | Je crois que si.
                                                  Non, je regrette.
   Avez-vous le même modèle en or ? | Je crois que oui.
                                                  Je crois que non.

3. Vous n'avez pas de chance ! C'est maintenant votre calculatrice qui ne marche plus. Vous discutez avec votre ami, puis vous allez dans un grand magasin en acheter une autre. La vendeuse vous accueille et vous offre le choix entre deux calculatrices.

   Il y a un modèle à quatre-vingt-neuf francs et un autre à cent trente-deux. Le premier est à piles, le deuxième se branche directement sur le secteur. Ces deux calculatrices peuvent additionner, soustraire, multiplier, et diviser. La moins chère n'a pas de mémoire, mais ses touches sont plus apparentes. Vous voulez savoir s'il y a un rabais pour ceux qui paient comptant et si les calculatrices sont garanties.

   Imaginez la conversation entre vous et la vendeuse.

4. Une semaine après avoir acheté votre montre elle s'arrête. Pas moyen de la faire remarcher. Très déçu, vous allez vous plaindre amèrement chez l'horloger où vous l'avez achetée. Le vendeur n'est pas du tout content de voir la montre cassée et ne veut rien faire pour la réparer.

   Travaillez avec un partenaire. Reconstruisez le dialogue entre vous et le vendeur. Vous pouvez employer, entre autres, les phrases dans la case ci-dessous.

VOUS Je n'ai pas de chance — il y a une semaine — pas moyen de la faire remarcher — traitée avec le plus grand soin — montre garantie — la faire réparer — désire voir le propriétaire du magasin…

LE VENDEUR Je ne m'en souviens pas — vous avez dû laisser tomber la montre — ou trop remontée — en parfait état lorsqu'elle a été vendue — je ne sais pas ce que je peux faire — enfin je la regarderai — mais, vous savez, je ne vous promets rien

---

B. Ecoutez bien 🔊

Ecoutez la conversation: 'Dans un grand magasin'.
Ensuite, répondez aux questions à la page 176.

Enquête sur les montres

Voici le texte d'une enquête sur les montres, conduite par la revue des jeunes *Salut les Copains*.

1. Possédez-vous une montre?... Oui/Non
   depuis quel âge...
   Possédez-vous une deuxième montre? Oui/Non
   depuis quel âge...
2. L'avez-vous achetée vous-même?... Oui/Non
   Vous l'a-t-on offerte?... Oui/Non
   Si on vous l'a offerte, à quelle occasion?
   —première communion   —Noël ou Jour de l'An
   —anniversaire ou fête   —réussite aux examens
   —autre occasion particulière
3. Avez-vous choisi votre montre vous-même?   Oui/Non
   —chez un bijoutier-horloger ....
   —chez un papetier-libraire ....
   —dans un drugstore.............................
   —dans un grand magasin (Printemps, Prisunic, Monoprix).......
   —dans un supermarché ou une grande surface ....
   —dans un débit de tabac.............................
   —dans un catalogue de vente par correspondance................
4. Envisagez-vous d'en acheter une ou de vous la faire offrir avant un an?   Oui/Non
5. Dans le cas où vous désireriez acquérir une montre, achèterez-vous plutôt une montre:
   —sport   —habillée   —mode ou fantaisie
   —à remontage manuel   —automatique   —électrique
6. Cette montre serait-elle plutôt (indiquez un choix par colonne):
   —carrée   —petite   —chromée
   —ronde   —moyenne   —plaquée or
   —rectangulaire   —grande   —en plastique transparent
   —ovale   —en plastique de couleur
7. Achèteriez-vous une montre (indiquez un ou plusieurs choix):
   —avec indication de plongée...........................
   —avec calendrier pour la date ....
   —avec calendrier pour la date et le jour...................
   —avec trotteuse centrale ....
8. Préférez-vous que les heures soient indiquées par:
   —des chiffres classiques   —sans chiffres ni index
   —des chiffres romains   —d'autres motifs
   —des points ou index   —sans aiguille, avec chiffres sautants
9. Quel prix envisageriez-vous de payer l'achat d'une montre?
   —moins de 50F   —de 150F à 199F
   —de 50F à 99F   —plus de 200F
   —de 100F à 149F
10. Quelle qualité vous paraît primordiale: (classer de 1 à 7)
    —la précision   —la matière du boîtier
    —la solidité (antichoc)   —la luminosité de nuit
    —la durée du fonctionnement   —l'étanchéité
    —l'esthétique, la forme

Salut les Copains

C. Avez-vous bien compris?

Répondez en français; (Regardez le questionnaire ci-contre).
1. A quelle occasion peut-on vous offrir une montre?
2. En France, où se vendent les montres?
3. Quels moyens y a-t-il pour acheter une montre à part les magasins?
4. Quelles sont les qualités d'une bonne montre?

D. Exercices

1. Avez-vous une montre? Comment est-elle? Décrivez-la, à l'aide des mots et des phrases du questionnaire ci-contre.
   Si vous n'avez pas de montre, décrivez celle d'un ami ou l'une de celles qui sont présentées ci-contre.
2. Posez à vos amis les questions de l'enquête sur les montres. Analysez les résultats et donnez vos conclusions par écrit.

Vivez à l'heure de votre époque.
Portez une montre moderne,
portez une montre à quartz.

QU'EST-CE QUE LE QUARTZ?

Venez vous documenter, vendredi 1ᵉʳ et samedi 2 avril, place de la Motte, à la FOIRE-EXPOSITION

La bijouterie CHARLES, les montres CITIZEN
y présenteront leurs tout derniers modèles spéciale-ment:

montre quartz à sonnerie
(*qui sonne l'heure de vos rendez-vous*)
montres de plongée
montres de sports

Tous les visiteurs pourront, sans obligation d'achat, participer à une tombola. La bijouterie CHARLES offrant à cette occasion
2 MONTRES ET 2 REVEILS CITIZEN

E. Expression dirigée

1. Imaginez que vous êtes le propriétaire de la bijouterie Charles. Ecrivez une lettre à une cliente importante pour l'inviter à votre exposition. Essayez d'inclure dans votre lettre tous les détails de la publicité ci-dessus.
   Commencez par: Madame,
   et terminez par: Veuillez agréer, Madame, mes hommages respectueux.

2. Qu'en pensez-vous?

| Aimez-vous le blanc?
Ça vous plaît? | Oui, c'est formidable.
Pas tellement.
Je préfère le jaune.
J'aime mieux celui-là.
Oui, oui, oui, mais c'est trop cher.
Non, pas du tout. |

Regarde ces machins-là

| Lequel
Laquelle
Lesquels
Lesquelles | préfères-tu? |

| Moi, | je préfère
j'aime mieux | celui-ci
celle-ci
ceux-ci
celles-là |

Vous allez avec votre ami dans un magasin d'appareils électro-ménagers pour acheter un téléviseur portatif. Ecrivez une courte conversation, au cours de laquelle vous décidez d'acheter un magnétophone à cassettes au lieu du téléviseur. Utilisez les éléments des phrases ci-dessus.
   Au cours de la conversation vous prendrez peut-être en considération:

| la qualité | le prix |
| l'esthétique | la marque |

F. Exercices

1. Une jeune fille économise 35F par mois. Combien de temps lui faudrait-il pour acheter une voiture d'occasion coûtant 1 220F, un tourne-disques à 985F, une robe longue à 239F?
2. Un jeune homme calcule que, s'il va travailler à Paris, il gagnera 3 500F par mois. Ses frais de déplacement s'élèveront à 20F par jour pour 21 jours de travail par mois. Il dépensera 25F par jour pour déjeuner. Par contre, s'il conserve son travail en banlieue, il ne gagnera que 2 750F par mois, mais ses frais de déplacement ne s'élèveront qu'à 3F par jour et il ne payera que 15F par jour pour déjeuner.
   Où fera-t-il le plus d'économies, à Paris ou en banlieue?
3. Transposition
   Que dit le jeune homme en expliquant son problème à son ami?

Leçon 11   Le consommateur, c'est vous

Saviez-vous que, selon une enquête officielle, plus de 55% des achats faits dans les hypermarchés, sont des 'achats spontanés', c'est à dire des achats qu'on n'avait pas l'intention de faire en entrant dans le magasin? Le pourcentage dans les supermarchés et dans les boutiques est plutôt moins élevé mais toujours énorme.

Etes-vous un 'acheteur spontané'? Si oui, lisez ci-contre, les conseils pratiques que vous donne François Lamy, du magazine *Que choisir?*

Vous participerez ainsi à la lutte[1] contre l'inflation.

in a dept. store only.

Explications
1. bataille
2. *increase*
3. normale
4. nécessairement
5. hypermarchés
6. faites attention
7. poudres utilisées pour laver les vêtements
8. objet offert gratuitement à l'acheteur
9. rendre meilleur
10. *subtract*
11. chaque semaine

Des conseils à suivre avant d'acheter   *ct. + du' here.*

La lutte contre l'inflation est, certes, un problème de gouvernement, mais vous aussi vous pouvez participer à la lutte contre la hausse[2] des prix. Nous avons demandé ces quelques conseils à notre confrère François Lamy, rédacteur en chef de la revue *Que Choisir?*

Comparez les prix dans les différents points de distribution pour tous les articles de dépense courante[3] dont vous avez un besoin quotidien. N'oubliez pas que le plus cher n'est pas nécessairement le meilleur, comme le prouvent la plupart des tests réalisés par les journaux de défense du consommateur.

Sachez qu'un magasin moins cher sur un produit ne l'est pas forcément[4] sur les autres. N'achetez pas tous vos produits au même endroit parce que c'est plus pratique. Les grandes surfaces[5] ne sont pas toujours nécessairement meilleur marché que les magasins de quartier.

Méfiez-vous[6] des offres promotionnelles en général, des emballages géants en particulier où le contenu est, à poids égal, parfois plus cher que dans la présentation normale.

Comparez les prix (lessives[7], produits alimentaires, conserves, boissons) non pas en fonction du contenant mais du contenu. Refusez la vente avec primes[8], car c'est généralement vous qui payez. Sachez que le changement d'étiquette et de prix sur un produit en stock est interdit. Sachez discerner les fausses innovations de produits qui ne servent souvent qu'à masquer de simples augmentations de prix sans amélioration[9] réelle du produit.

Soustrayez[10] la dépense d'essence pour aller dans une grande surface éloignée de votre domicile de la somme que vous croyez réellement avoir économisée et voyez si la différence est justifiée.

Evitez d'acheter des produits hors saison, des fraises en décembre ou des endives en août. Ne laissez pas votre vigilance s'endormir en allant toujours dans le même magasin de votre quartier, où vous avez l'habitude de payer la note à la semaine[11]. Faites une liste pour éviter d'acheter au-delà de vos besoins. N'emmenez pas trop souvent vos enfants faire du shopping avec vous: ce sont de grands incitateurs à la dépense.

Paris-Match

A. De quoi s'agit-il?

1. A qui s'adresse l'auteur du texte ci-contre?
2. Si vous suiviez tous ses conseils, quel en serait le résultat?

B. Les mots travaillent

1. Trouvez dans le texte un mot ou une phrase qui veut dire:
   a) nécessairement
   b) moins cher
   c) des choses à manger
   d) ce qu'il y a dedans
2. Trouvez dans le texte un mot ou une phrase qui a le sens contraire de:
   a) la baisse des prix
   b) les innovations réelles
   c) ajoutez
   d) près de votre maison
3. Expliquez en français le sens des expressions ci-dessous, extraites des deux derniers paragraphes du texte:
   a) évitez d'acheter
   b) ne laissez pas votre vigilance s'endormir
   c) au-delà de vos besoins
   d) de grands incitateurs à la dépense
4. Trouvez dans le texte un substantif qui correspond à chaque verbe ci-dessous:

   exemple   distribuer – *la distribution*
   a) lutter   f) boire
   b) dépenser   g) vendre
   c) offrir   h) changer
   d) emballer   i) augmenter
   e) contenir   j) améliorer

C. Exercice

L'impératif. (Voir à la page 167.)
Faites une liste des verbes du texte ci-contre, conjugués à l'impératif — forme affirmative ou forme négative. Ecrivez chacun de ces verbes dans la phrase où il est employé, puis transformez cette phrase en essayant d'exprimer la même idée, d'une autre manière, avec le même verbe, sans utiliser l'impératif.

   exemples
   1. comparez les prix…
      je vous conseille de comparer les prix…
   2. n'oubliez pas que…
      il ne faut pas oublier que…

D. Avez-vous bien compris?

1. Selon l'auteur du texte ci-contre, est-ce que les produits qui sont les plus chers sont les meilleurs?
2. Pourquoi ne faut-il pas acheter tout dans le même magasin?
3. Pourquoi M. Lamy, nous conseille-t-il d'éviter d'acheter des produits avec primes?
4. Qu'est-ce qui est défendu en France?
5. Quelle ruse emploie-t-on souvent pour cacher des augmentations de prix?
6. A part les produits qu'on achète, quelle autre dépense a-t-on d'habitude en faisant ses achats dans un hypermarché?
7. En quelles saisons ne devrait-on pas acheter de fraises et d'endives?
8. Comment peut-on éviter de faire des achats spontanés?
9.* Comment les enfants sont-ils de 'grands incitateurs à la dépense?'
10.* M. Lamy donne une série de conseils aux consommateurs. Combien de conseils donne-t-il?
    a) Dressez-en une liste.
    exemple   Comparez les prix dans les différents magasins.
    b) Traduisez votre liste en anglais.

E. Sans paroles

1. Trouvez un titre au dessin ci-dessus. Comparez votre titre à ceux de vos camarades de classe.
2. Rédigez quelques lignes de dialogue entre le garçon et les clients.

F. Au jour le jour ▼

Après avoir écouté sur la bande magnétique la discussion: 'Et le service!' répondez aux questions à la page 177.

Le client n'a pas toujours raison

L'objet coûtait 3F80. Pendant qu'elle payait, sa compagne dit, soupçonneuse[1] : 'Et la baisse de la T.v.a.? Tu es sûre qu'ils l'ont comptée — Tu as raison, dit-elle, je vais demander.' 'Juste, madame, juste, dit le commerçant. Ce que vous me devez exactement, c'est 3F77 centimes 233 millequelquechose. Vous les avez?

— Quoi?

— Les 233 millequelquechose?

— Non, mais vous pourriez rendre la monnaie, dit la soupçonneuse.

— Et avec quoi?

— Bon, dit la première. Je suis pressée. Ça ne fait rien. Prenez 3F80.

— Pour que vous alliez raconter partout que les commerçants sont des voleurs et qu'on me colle une amende[2], dit le commerçant.

— Moi? dit la première. Je...

— Le fait est, dit la soupçonneuse, que vous pourriez très bien faire payer cet article 3F77 centimes.

— Et faire cadeau de 233 millequelquechose au Trésor[3]? Ça me ferait mal, dit le commerçant. D'autant que si je répète l'opération mille fois, calculez un peu ce que ça me coûtera. 0,00233 multiplié par...

— Viens, dit l'acheteuse, on nous attend...

— Alors, disons, 3F78, dit la soupçonneuse.

— D'accord, dit le commerçant. 3F78 pour madame. Vous avez l'appoint[4]?

— Non, dit l'acheteuse, mais...

— Alors, allez voir ailleurs, dit le commerçant. Des centimes, moi, je n'en ai pas.

— Des centimes, tout de même, cela existe, dit la soupçonneuse.

— Ça existe, oui, dit le commerçant, mais vu que ça coûte 4 centimes, il paraît, pour fabriquer la centime, on n'en fabrique pas. Alors, où voulez-vous que j'en prenne, moi?

— Ça ne fait rien, dit l'acheteuse. Nous sommes vraiment pressées, maintenant. Rendez-moi sur...

— Non et non, dit la soupçonneuse. Je suis sûre qu'à la banque il y a des centimes. Qu'il aille en chercher!

— Et la grève[5] dans les banques, vous avez entendu parler? dit le commerçant.

— Décidément, vous y mettez de la mauvaise volonté, dit la soupçonneuse.

Dans la file patiente de celles qui piétinaient[6], attendant d'être servies, une femme cria:

— Dépêchez-vous un peu... On ne va pas rester là une heure pour les 2 centimes de madame! Tenez!

Elle jeta 5 centimes à la cliente interdite[7], qui ramassa machinalement la petite pièce tandis que la soupçonneuse, furieuse, l'entraînait.

Alors, en montant dans la Citroën noire à cocarde[8] dont le chauffeur tenait porte ouverte, l'acheteuse, songeuse[9], dit à la soupçonneuse: 'Tu sais... Je me demande parfois si les Français comprennent bien tout ce que Valéry[10] fait pour eux...'

Françoise Giroud

G. Exercices

Le subjonctif
Où voulez-vous que j'en prenne?
Que voulez-vous que je fasse?
1. Imitez les phrases modèles en employant:
   Où………aller
   Quand………partir
   Avec qui………venir
   Comment………comprendre
   Pourquoi………être à l'heure
   Que………dire

2. A l'aide des phrases modèles ci-dessus, changez la conversation suivante, en employant vouloir que…
   exemple   Que faire?
               Que veux-tu que je fasse?
               Prends la voiture.
               Je veux que tu prennes la voiture.
   —Que faire?
   —Prends la voiture.
   —Où faut-il aller?
   —Va au commissariat de police.
   —Quand faut-il partir?
   —Pars tout de suite.
   —A qui faut-il parler?
   —Parle au commissaire.
   —Et dire quoi?
   —Dis-lui tout ce qui s'est passé.
   —Et après, il faut revenir?
   —Oui, reviens ici.

3. A l'aide des phrases modèles ci-dessus, traduisez en français:
   a) Where do you want me to go?
   b) When do you want me to come and see you?
   c) I want you to understand.
   d) I want you to be happy.
   e) Would you like me to have this place?
   f) I don't want you to do anything.
   g) What do you want me to take?
   h) I don't want you to know…

4. Le passé simple. (Voir à la page 164.)
   Le verbe *dit* est assez souvent employé dans le texte ci-contre.
   Racontez l'histoire en remplaçant le verbe *dit* par l'un des verbes ci-dessous:

répondit	demanda	affirma
fit	reprit	conseilla
s'exclama	interpella	hurla
répliqua	protesta	continua

H. Avez-vous bien compris?

1. Quel prix était marqué sur l'objet dont il s'agit (dans le texte ci-contre)?
2. Pourquoi la femme soupçonneuse a-t-elle demandé si le vrai prix était plus bas?
3. Pourquoi le commerçant avait-il fixé le prix à 3F80 et non pas à 3F77 ou 3F78?
4. Après sa première objection, l'acheteuse a offert de payer les 3F80. Quelle raison a-t-elle donnée?
5. Après cette première objection de l'acheteuse, pourquoi le commerçant n'a-t-il pas voulu prendre les 3F80?
6. Pourquoi est-ce qu'on ne fabrique plus des pièces d'un centime?
7. Il n'était pas possible d'aller chercher des centimes à la banque ce jour-là. Pourquoi?
8. Comment le problème s'est-il résolu à la fin?
9.* Pourquoi la soupçonneuse était-elle furieuse à la fin?
10.* Imaginez que vous êtes l'acheteuse ou la soupçonneuse ou le commerçant. Dans une lettre à un ami vous racontez cette histoire. Que dites-vous?

I. Déchiffrez ces sigles

C.G.T.	H.L.M.	O.N.U.	O.T.A.N.
	P.D.G.	C.E.S.	
C.R.S.	C.v.	C.E.E.	
S.N.C.F.	P.M.U.	C.A.P.	
T.v.a.	E.N.S.	E.D.F./G.D.F.	

A l'aide des notes suivantes, identifiez chacun des sigles de la case ci-dessus. Donnez ensuite l'équivalent en anglais (s'il existe).

Electricité de France/Gaz de France
Société Nationale des Chemins de Fer Français
Organisation du Traité de l'Atlantique du Nord
Compagnies républicaines de sécurité *Riot police*
Habitation à loyer modéré *Council flat. (Carhaes?)*
Confédération Générale du Travail
Taxe à la valeur ajoutée
Postes et télécommunications
Président-directeur général
Collège d'enseignement secondaire
Cheval vapeur
Ecole Normale Supérieur
Communauté Economique Européenne
Organisation des Nations Unies
Pari Mutuel Urbain *?*
Certificat d'aptitude professionnelle

Leçon 12   L'ère des grandes surfaces

Depuis l'ouverture du premier 'Carrefour', il y a eu une explosion d'hypermarchés en France.

D'après des Études de l'Institut Français de Libre-Service, la présence d'un hypermarché ne nuit pas au petit commerce. De fait, une ménagère ne dispose que rarement d'une voiture dans la journée, et d'un congélateur suffisamment puissant pour y conserver une semaine de produits frais. Elle restera donc le plus souvent fidèle à son commerçant habituel, si celui-ci fait un effort de présentation, de service et de prix. Plus dangereuse pour le petit commerce est la présence dans les centres des villes des supermarchés et des magasins de surface moyenne qui répondent au désir des ménagères d'acheter en toute liberté dans les magasins à proximité.

Le supermarché est un magasin en libre-service, vendant l'ensemble des produits alimentaires avec un assortiment de produits non alimentaires d'achat courant, la surface de vente allant de 400 à 2 500 m².

L'hypermarché est une grande unité de vente au détail, présentant un large assortiment alimentaire et des marchandises générales. La vente en libre-service est généralisée. La surface de vente varie entre 2 500 m² à 20 000 m² et plus.

Le centre commercial est en général construit à une vingtaine de kilomètres de toute agglomération. Il est le plus souvent implanté en bordure d'une voie importante de communication (route nationale, autoroute de liaison, autoroute de dégagement), à quinze ou vingt minutes de la ville. Il comporte des grandes surfaces, mais aussi des petites et moyennes surfaces, des magasins d'appoint (petits artisans, notamment cordonnier, serrurier…), des services publics et des services administratifs…). Les activités de loisirs ne sont pas oubliées; dans le centre commercial, on trouve souvent un ou deux studios de cinéma, un club de bridge, une discothèque…

Le centre commercial veut ainsi recréer l'ambiance d'une ville, avec tous les équipements nécessaires à la vie d'une population qui y vient aussi pour s'y détendre et non pas seulement pour y faire des achats.

Le monde d'aujourd'hui

A. Analyse de la langue

Cherchez dans le texte ci-dessus tous les exemples…
1. de l'usage de la préposition: **en**. Traduisez en anglais les phrases dans lesquelles cette préposition se trouve.
2. des mots qui se terminent par: **-ant**. Indiquez lesquels d'entre ces mots sont des participes présents.
   exemple   puissant (non); présentant (oui).
3. des expressions indiquant une comparaison.
   exemple   un congélateur suffisamment puissant.

B. Texte enregistré ⊕

'Le magasin de l'an 2 000'. (Voir le vocabulaire à la page 177.) Ce texte servira de base pour développer les exercices d'analyse ci-dessus.

Le texte enregistré contient aussi des expressions utiles pour la traduction du texte anglais ci-contre.

C. Exploitation

1. L'an 2 000. Comment envisagez-vous l'avenir?
Qu'est-ce qu'il y aura en l'an 2 000?

sur le plan
quant à
du point de vue

magasins	il y aura	hypermarchés
transports	il n'y aura plus	petit commerçants
urbains	il n'y aura que	vente à crédit
transports	on verra	vente par ordinateur
interurbains	on ne verra plus	scooters volants
enseignement	il ne restera que	taxis automatiques
vêtements		fusées aériennes
téléphone		trains atomiques
		télévision
		écoles
		combinaisons (unisexe)
		avec écran

2. Enquête chez les consommateurs. Répondez à notre sondage en choisissant deux ou trois phrases complètes qui correspondent à votre avis.

Je préfère	faire mes achats	chez les petits commerçants...
J'aime mieux		dans les grandes surfaces

plutôt que	dans un hypermarché
	dans un centre commercial
	au marché

parce que (chez)	celui-là	faire un effort
	ceux-ci	à proximité
		prix
		service
		plus frais
		toujours ouvert

D. Traduisez en français

Le texte ci-contre et le texte enregistré 'Le magasin de l'an 2000' pourront vous être utiles.

1. Going shopping in the future is likely to be rather different from nowadays. Let's imagine that, instead of going to the supermarket by bus or car, we shall be able to hire an automatic taxi, which will carry us along an underground motorway. When we arrive, an escalator will take us up to the sales area. On the way we shall be able to watch animated models displaying the latest fashions—very different from the boiler-suits which both men and women usually wear.

2. We might be surprised at the foodstuffs sold in the shops of tomorrow. Synthetic meat or cans of seaweed will be normal. As for natural foods, they will be distrusted because of the risk to health.

3.* When it comes to paying for one's purchases, money will not be needed. All that we'll need to do is spread out all the goods purchased, so that the automatic cash register can read the prices. When the computer has worked out the total, the purchaser will feed in his bank card, the account number will be transmitted to the bank and the customer will not need to pay any money in the shop.

Les grandes surfaces et les petits commerçants

A. Points de départ

A considérer

1. Quels sont les avantages de la grande surface pour le consommateur?
   - moins cher
   - plus rapide
   - même endroit pour tous le achats
   - plus de choix
   - le choix libre
   - heures d'ouverture plus longues
2. Quels sont les avantages de la grande surface pour le commerçant?
   - moins de personnel
   - montant des achats par client est important
   - nombre de clients servis en même temps est accru
   - frais d'exploitation réduits
3. Quels sont les inconvénients de la grande surface?
   - trop éloigné du domicile
   - absence de contact
   - perte de temps
   - qualité inférieure
   - pas de livraison
   - manque d'accueil

B. Guide-discussion

Offering clarification and further explanation

Presenting an argument

Pour préciser ma position, il me faut ajouter que...
Pour ce qui est de..., je dois expliquer que...
Etant donné que..., il est possible de dire...
Il serait peut-être plus exact de dire que...
Il faut tenir compte de ce que/de ce dont/du fait que...

Responding to an argument

Asking for clarification

Ce que je ne comprends pas sur le plan..., c'est...
Voudriez/pourriez-vous nous préciser ce que vous entendez par...
Serait-il possible d'exprimer ces idées de manière que...
A mon avis, ces idées ne sont pas acceptables/claires du point de vue...
Si je vous ai bien compris, vous voulez dire que..., mais comment expliquez-vous...?

C. Pas à pas

1. Pêle-mêle : mettez-vous en groupes pour produire des idées au sujet des questions ci-contre. Prenez des notes sur ce qui vous semble important.
2. Travail à deux : en vous servant de vos notes et des formules dans la case ci-contre, posez des questions à votre partenaire.
3. 'Petite boutique contre grande surface'. Après avoir écouté la bande enregistrée, répondez aux questions à la page 177.
4. Discussion en groupes : mettez en commun vos idées et développez-les. Servez-vous de vos notes, si besoin est.
5. Préparez votre plan personnel, en vous inspirant (si vous voulez) des idées exprimées ci-dessous. Ensuite, rédigez la dissertation.

Plan de rédaction

Sujet de dissertation : La grande surface ou le petit commerçant : lequel est à préférer ?

Introduction (premier paragraphe)
— exposé sommaire de la situation actuelle comparée à celle d'il y a vingt ans — le petit commerçant va-t-il disparaître ?

Paragraphe deux : les raisons pour la multiplication des supermarchés
— le réfrigérateur/le congélateur — l'urbanisation
— les progrès des produits surgelés — les femmes au travail
— la voiture — l'élévation du niveau de vie

Paragraphe trois : les avantages de la grande surface (pour l'acheteur)
— le choix — les prix — le parking — les heures
— 'tout sous un seul toit' — tout est plus frais

Paragraphe quatre : les avantages de la grande surface (pour le vendeur)
— le personnel — les frais — les heures — le nombre de clients

Paragraphe cinq : les attraits du petit commerçant
— contact — livraison — proximité — qualité — on est connu
— manque de tentation : on n'est pas surveillé par la télévision.

Conclusion (dernier(s) paragraphe(s))
— Et vous ? Etes-vous pour ou contre les hypermarchés ?
— Et dans l'avenir ? Y aura-t-il des grandes surfaces encore plus énormes ? Que deviendront les magasins du quartier ?
Existeront-ils dans 20 ans ? Y aura-t-il des magasins du tout ?
Peut-être ferons-nous tous nos achats sans quitter la maison...

Pratique 4   Le Passé simple (The Past Historic tense)

Grand Prix de France Automobile

Duel passionnant jusqu'au dernier tour

La Martini-Brabham de John Watson franchit la ligne d'arrivée. En tête depuis le troisième tour, le pilote britannique semblait avoir triomphé.

Or le speaker annonça: 'Mario Andretti remporte le Grand Prix de France...'

Que fut la course? Une duel entre les deux pilotes Andretti et Watson, après un départ ultra-rapide de Hunt et de Laffite. Ces pilotes étaient en tête en compagnie de Watson dans les premiers tours, Andretti ayant cette fois raté son départ. Puis Watson passa, Andretti passa, Watson se détacha, Hunt bloqua Andretti. Ensuite, ce dernier dépassa le champion du monde. A neuf kilomètres de la fin de la course, les deux hommes étaient pratiquement roue à roue. Andretti semblait très sûr de lui, mais si l'Américain dépassa John Watson à quelques centaines de mètres de la ligne, c'est parce que le Britannique tomba en panne d'essence.

Ce 63ème Grand Prix de France vit donc une victoire américaine, mais ce fut une très belle épreuve et une grande fête populaire.

D'après *Le Figaro*

Notes

1. The past historic is a narrative tense.
2. It is used to describe single completed events in the past.
3. It is used to describe what happened within a stated time.
4. The past historic is never used in conversation or letters.

A.
1. Lisez l'article ci-dessus, puis faites une liste de tous les verbes qui sont au passé simple.
2. Faites une liste de tous les autres verbes en donnant le temps de chacun.

B. Complétez ces phrases en employant le passé simple des verbes entre parenthèses:
1. Le dîner ce soir (durer) plus de trois heures.
2. Les alpinistes (atteindre) le sommet juste avant midi.
3. La fille (manger) beaucoup plus que sa mère.
4. Monet (vivre) en France pendant le 19ème siècle.
5. Les Arabes (descendre) du taxi et (entrer) dans le foyer du cinéma.

Difficultés

The present participle

—when used as a participle, with an object, or describing an action, it is invariable.
—when used as an adjective, it agrees with the noun it describes.

exemples   Les enfants, quittant leur mère coururent vers le soldat.
Ayant beaucoup d'argent, elle a pu s'offrir un téléviseur portatif.
Elle est absolument charmante.

Traduisez en français:
1. Not being able to see, they felt afraid.
2. He is an amusing person.
3. I saw him going up the hill.
4. What a charming little story that was!
5. Calling his friends he ran towards the door.
6. Being a student she hasn't much money.
7. He held out a trembling hand.
8. I saw him reading the letter.

The gerundive (en + the present participle)

—is invariable
—always has the same subject as the main verb of the sentence
—corresponds to the English 'by', 'in', 'on', 'while' + ...ing.

exemples   Je l'ai vue en sortant du café.
(*I saw her on leaving the café.*)
Elle a trouvé ce sac en faisant ses achats.

Traduisez en anglais:
1. C'est en travaillant dur que tu réussiras.
2. En sortant d'ici, prenez la première à gauche.
3. Il s'est cassé la jambe en faisant du ski.
4. Il s'est trompé en quittant l'école.
5. En achetant cela, tu feras envie à tes amis.
6. L'agent traversa le pont en courant.
7. Elle entra dans la chambre en rampant.
8. Il monta l'escalier en courant.

Accident d'avion en Bourgogne

Atterrissage forcé — un blessé

Vous êtes journaliste. Vous venez d'interviewer à l'hôpital de Dijon le pilote de l'avion qui figure dans la photo ci-dessus. Il vous a parlé de ce qui s'est passé avant l'accident dans lequel il a été blessé au dos. Son passager a eu de la chance. Il n'a pas été gravement blessé.

Voici (ci-contre) les notes que vous avez prises à l'hôpital. Ecrivez l'article pour votre journal, en employant le passé simple.

avion-taxi F-Bunt d'Air Ouest — pilote François Verdun, 45 ans, décollage de Nantes 09h.30 — 1 passager — M. Dazet, à destination de Paris. Vol de 50 minutes. Atterrissage normal au Bourget. M. Dazet descend. Un autre passager monte — M. Gazard de St-Denis, à destination de Dijon. Envol à 10h.30. Passe par des nuages noirs. Monte à une altitude plus haute que d'habitude. Vol sans incident jusqu'à 11h.15. En vue de Dijon. Tombe en panne de carburant ! Hélices cessent de tourner ! Atterrissage forcé dans un champ. Heurte le sommet d'un arbre — avion s'écrase. M. Gazard, légèrement blessé, sort sans aide. Aide pilote. Pilote transporté à l'hôpital à Dijon. M. Gazard continue son voyage dans l'ambulance !

---

faire/rendre (to make)

Les tripes me rendent malade. (adjective)
Les romans policiers me font dormir. (verb)
La guerre a fait de lui un héros. (noun)

Traduisez en français:
1. Travelling by car makes me ill.
2. Travelling by car makes me sleep.
3. The news made me very happy.
4. The news made me cry.
5. That dress makes a woman of her.
6. Wine makes me sleepy.
7. Wine makes me laugh.
8. His death has made us all sad.
9. What you said has made me think.
10. What you said has made me very unhappy.
11. The war has made them very poor.

(se) faire + infinitive

faire + infinitive	to have something done
	to cause to happen
se faire + infinitive	to have something done (to/for oneself)

exemples   faire réparer la machine
　　　　　　to have the machine repaired
faites-le entrer   show him in
se faire coiffer   to have one's hair done

Traduisez en français:
1. Show him up.
2. I'm going to have my hair cut.
3. They're having a swimming pool built.
4. Have her brought here.
5. She's going to have her photograph taken.
6. I'm having the car serviced today.

se faire couper les cheveux	faire monter
se faire photographier	faire venir
faire construire	faire entretenir

Dossier 5 Leçon 13 On se donne rendez-vous

Dans cette leçon il s'agit de s'entendre avec l'autre sexe. On examine comment proposer une rencontre et comment accepter, comment se disputer et se réconcilier et comment refuser poliment ou sèchement une invitation.

A. Roger et Cathy viennent de se rencontrer. Ils font connaissance, ils parlent un peu de leurs goûts… Il est évident qu'ils ont de l'attrait l'un pour l'autre. Comment faire pour se revoir? Chacun hésite à faire le premier pas. C'est Roger qui se décide finalement à proposer une rencontre. Cathy s'empresse d'accepter. Ils discutent pour savoir où ils vont aller…

CATHY   Si on allait au cinéma. Tu n'as pas vu *Le Sauvage*? Il paraît que c'est génial!

ROGER   Non, je ne l'ai pas vu… Il y a aussi le théâtre. Qu'est-ce que tu préfères?

CATHY   Oh, ça m'est égal. J'aime bien les deux.

ROGER   Bon. Allons au ciné ce soir. On pourra aller au théâtre une autre fois.

CATHY   D'accord. A quelle heure on se retrouve? Le film doit commencer à neuf heures.

ROGER   A huit heures et demie devant le cinéma. Ça va? Comme ça, on aura le temps de prendre un café avant la séance.

CATHY   Très bien. A tout à l'heure alors, huit heures et demie.

B. Un peu après huit heures et demie

ROGER   Ah, te voilà enfin!

CATHY   Quoi, je suis en retard?

ROGER   Un peu, oui. Je t'attends depuis une demi-heure.

CATHY   Mais, il n'est que neuf heures moins vingt.

ROGER   Moins le quart. Et je suis arrivé à huit heures et quart.

CATHY   Tant pis pour toi! On avait dit huit heures et demie. J'ai dû attendre l'autobus pendant un quart d'heure.

ROGER   Bref, on n'a plus le temps d'aller prendre un café.

CATHY   Ecoute, ça suffit! Je m'en fiche du café! Ce n'est tout de même pas ma faute!

ROGER   Dis tout de suite que c'est de la mienne! C'est un peu fort! Tu pourrais au moins t'excuser!

CATHY   Est-ce qu'il faut se mettre à genoux?

ROGER   Inutile de discuter!

A. Adaptations

1. Comment proposer une rencontre :

Si on allait	au ciné ou au théâtre ?
Qu'est-ce que tu dirais d'aller	au café ou à une discothèque ?
	à un concert ou au musée ?
Qu'est-ce que tu préfères ?	danser ou boire un pot ?
	faire une promenade ?

2. Comment répondre à une telle proposition :

Bon. Allons au…	J'ai mal à la tête.
D'accord. On y va ?	Je dois me laver les cheveux.
Allons-y !	Je suis trop fatigué.
Je n'aime pas…	J'ai du travail.
J'ai déjà vu…	Je n'ai pas envie de…
Je déteste…	Je dois fêter en famille
J'en ai assez de…	l'anniversaire de mon petit frère.

3. En regardant les annonces dans le journal, les deux amis décident d'aller ailleurs. Imaginez leur conversation. Vous pouvez employer les phrases modèles ci-dessus.

4. Imaginez que vous êtes Cathy et que vous n'avez pas envie de sortir avec Roger. Mais il est tenace ; il insiste.
Qu'est-ce que vous vous dites, l'un à l'autre ?

5. Au lieu de se disputer devant le cinéma et de se séparer, Roger et Cathy se sont finalement réconciliés. Mais qui a dit chacune des phrases suivantes ? Remettez les phrases en ordre pour reconstruire le dialogue entre Roger et Cathy, puis répétez-le avec un partenaire.
— Ah, te voilà enfin !
— Non, quelque chose ne va pas. Ça se voit et ça s'entend.
— Tu n'as pas l'air content.
— Tu crois ? Si, si… ça va très bien.
— Tu sais que je t'attends depuis plus d'une demi-heure ?
— C'est vite dit ! Ça n'a rien d'agréable de rester planté sur le trottoir à attendre quelqu'un.
— Nous y voilà ! Je suis en retard. C'est un fait. Mais on ne va tout de même pas se fâcher et gâcher notre première sortie ?
— Bon, bon, tournons la page ! On y va ?
— Ecoute ! Ne fais pas ton mauvais caractère. Ce n'est pas un drame. Souris !

B. Version

Quand vous aurez écrit en ordre le dialogue ci-dessus, traduisez-le en anglais.

C. Ecoutez bien ☮

Ecoutez la conversation : 'La première rencontre' (voir le vocabulaire à la page 177). Ensuite répondez aux questions à la page 177.

⊘ On se réconcilie

Le lendemain de la dispute, Roger a téléphoné à Cathy.

CATHY   Allô. 731–66–77. J'écoute.

ROGER   Alors, toujours fâchée?

CATHY   Ah, c'est toi!

ROGER   Oui, c'est moi. Tu m'en veux toujours?

CATHY   Je t'en veux! Bien sûr que je t'en veux. Je ne suis pas très satisfaite, évidemment!

ROGER   Oh, écoute, ce n'est pas entièrement de ma faute!

CATHY   Il faut voir comment tu m'as reçue. Je t'ai expliqué que c'était l'autobus.

ROGER   Mets-toi à ma place. Avoue qu'il y avait de quoi. Tu crois que c'est agréable d'attendre indéfiniment?

CATHY   N'exagère pas! Et puis, ça suffit! On ne va pas recommencer.

ROGER   D'accord. J'admets que j'ai été un peu brusque.

CATHY   Oui, moi aussi. Repartons à zéro. Quand est-ce qu'on se revoit?

ROGER   On sort ensemble ce soir?

CATHY   Eh bien, oui, d'accord. Si tu veux…

D. Adaptation

Tout est bien qui finit bien

1. Imaginez que vous êtes Roger. Décrivez la dispute et la réconciliation à un ami. Bien entendu, vous affirmez que tout était de la faute de Cathy.

2. Imaginez que vous êtes Cathy. Vous recevez une lettre de votre amie, à qui vous aviez parlé de Roger et de votre prochain rendez-vous. Votre amie veut tout savoir. Ecrivez une lettre pour lui raconter votre version de l'incident. Vous allez sans doute exagérer la faute de Roger et atténuer vos responsabilités.

E. Travail à deux

A préparer avec un partenaire

1. Quand vous sortez avec un copain ou une copine, qu'est-ce qui vous plaît? Qu'est-ce que vous trouvez amusant de faire?

2. Au contraire, qu'est-ce que vous trouvez ennuyeux?

3. Quand vous sortez avec quelqu'un de l'autre sexe, mettez-vous un point d'honneur à payer chacun sa part? Donnez vos raisons.

F. Exercices

1. Relisez les conversations des pages 66 et 68. Imaginez que vous êtes une amie de Cathy. Vous la rencontrez; vous avez entendu parler de son rendez-vous et de sa dispute. Vous êtes curieuse de tout savoir à ce sujet. Vous l'interrogez. Quelles questions lui posez-vous?
   a) Vous savez qu'elle est allée quelque part, mais vous ne savez pas où.
   b) Vous savez qu'elle était avec quelqu'un, mais vous ne savez pas avec qui.
   c) Vous savez qu'ils avaient rendez-vous, mais vous ne savez pas quand.
   d) Vous savez que quelque chose s'est passé, mais vous ne savez pas quoi.
   e) Vous savez que le jeune homme a dû attendre, mais vous ne savez pas depuis quelle heure.
   f) Vous savez qu'ils se sont disputés, mais vous ne savez pas pourquoi.
   g) Vous voudriez bien savoir s'il y a eu une réconciliation.
Imaginez également les réponses de Cathy aux questions de son amie.

2. Faites une supposition en employant **peut-être** ou **sans doute**   (+ inversion)
   exemples   Cathy n'est pas arrivée.
   Peut-être qu'elle est allée ailleurs.
   Peut-être est-elle allée ailleurs.
   Elle est peut-être allée ailleurs.
   Sans doute qu'elle est allée ailleurs.
   a) On est sans nouvelles de Cathy.
   b) Roger est en retard.
   c) Le film n'a pas encore commencé.
   d) Roger va téléphoner à Cathy.
   e) Cathy a mis une lettre à la poste.
   f) Roger n'est pas chez lui.

3. Qu'est-ce qu'on aurait pu faire?
   exemple   Si Cathy était arrivée à l'heure…
   …ils auraient pu prendre un café.
   a) Si tu étais arrivé à l'heure…
   b) Si Roger n'avait pas parlé brusquement…
   c) Si Cathy n'était pas partie à la hâte…
   d) Si Roger n'avait pas oublié les billets…
   e) Si tu n'étais pas venu me voir…
   f) Si tu avais téléphoné…
   g) Si je n'avais pas attendu la fin du programme…
   h) Si je m'étais levé plus tôt…

4. Imaginez que vous êtes Laure. Vous êtes si populaire que la semaine prochaine vous pourriez sortir tous les soirs. Alors, quand le téléphone sonne, et qu'on vous invite, il faut refuser et faire des excuses. Vous pourrez choisir vos réponses dans l'agenda ci-dessous.

> Le téléphone sonne
>
> LAURE   (*Vous voulez savoir qui est au bout du fil*)
> GERARD   C'est moi, Gérard. Si on allait au club lundi soir?
> LAURE   (*Refuser gentiment*)
> GERARD   Et mardi? On pourrait aller danser…
> LAURE   (*Refuser poliment*)
> GERARD   Que dirais-tu d'aller au concert à la Salle des Fêtes mercredi?
> LAURE   (*Refuser sèchement*)
> GERARD   Ne me dis pas que tu es encore prise samedi soir. Je t'invite au ciné.
> LAURE   (*Refuser net*)
> GERARD   Oh, là, là! Ce n'est pas sympa. Alors, on ne voit plus les copains?
> LAURE   (*Répondez ce que vous voulez*)

lundi	14	cinéma avec R
mardi	15	chez D pour travailler
mercredi	16	concert avec M
jeudi	17	me lave les cheveux
vendredi	18	discothèque avec A

Comment refuser une invitation…

Gentiment	Tu sais, ce n'est pas que je ne veux pas. C'est que je ne peux pas. Tu sais, je ne fais pas ce que je veux.
Poliment	Je regrette, mais j'ai beaucoup de boulot en ce moment. C'est très gentil, mais… une autre fois, peut-être.
Sèchement	Inutile d'insister. C'est impossible. Pas question. Je suis pris(e) toute la semaine.
Catégo-riquement	Merci, non. Tu perds ton temps. Ça suffit! Je ne veux absolument pas sortir avec toi.

G. Expression dirigée

Quand vous aurez construit la conversation, écrivez-la en discours indirect comme si vous racontiez le coup de téléphone à votre amie.

Leçon 14   Un premier amour   Histoire sans fin

Christine a maintenant 23 ans. Elle se rappelle les sentiments qu'elle avait il y a six ans, quand elle a rencontré son 'premier amour'.

Explications
1. à l'université
2. environ
3. *trouble*
4. embarrassée
5. *whatever it was* ??
6. opposée au progrès
7. *realise*
8. pour toujours
9. intéresse ✗

Quand je l'ai connu [got to know him.], j'avais tout juste dix-sept ans. J'étais encore au lycée, et lui était déjà en fac[1]. Il était vraiment le plus grand, le plus beau, le plus fort, le plus intelligent… Tout ce qu'on peut imaginer de mieux! Je le suivais partout. Je passais mon temps à l'attendre. Au café, à la sortie de ses cours, chez moi, partout.

On est sortis ensemble pendant un an à peu près[2]. J'étais assez libre de mes sorties. Tout ce que me disait ma mère, c'était de faire attention de ne pas avoir 'd'ennuis'[3]. Mais elle ne me disait jamais ce que pouvaient être ces ennuis.

J'ai l'impression qu'elle était terriblement gênée[4] pour me parler de ces choses-là. D'ailleurs elle en parlait pour la forme, parce qu'elle savait bien que j'étais beaucoup trop timide pour faire quoi que ce soit[5]. [anything at all.]

Ils ont continué à s'aimer pendant trois ans, mais à l'âge de vingt ans, Christine s'est mise à penser à sa propre personnalité…

Il avait une idée de la femme complètement rétrograde[6]. C'était très bien que je reste à la maison à faire la cuisine pendant que lui voyait des gens toute la journée pour son travail. Quand j'ai commencé à m'en rendre compte[7], j'ai été révoltée. J'ai compris que j'avais besoin d'exister.

On a continué à sortir ensemble pendant encore trois ans. Mais maintenant, Christine commence à se rendre compte du fait que leurs relations ne font plus de progrès…

Il y a eu trop de silence entre nous. Le mieux serait que je le quitte définitivement[8]. Mais je ne me sens pas encore prête.

Il m'a quand même beaucoup apporté. Si j'ai commencé à changer, c'est quand même grâce à lui. Le problème est peut-être que j'ai changé plus qu'il n'aurait voulu.

Petit à petit j'ai l'impression que toutes mes anciennes idées s'en vont. Les principes que j'avais, j'y crois de moins en moins. Je voudrais avoir mon métier, mes responsabilités, être prise au sérieux.

Et je pense que même aujourd'hui, c'est encore plus difficile pour une fille que pour un garçon. En fait, les enfants, la cuisine, ça ne m'attire[9] pas trop.

Finalement, je crois bien que je voudrais vivre seule. Mais par moments, ça me fait encore un petit peu peur…

D'après une interview faite par A. Gallien et R-P Droit

A. De quoi s'agit-il?

1. Qui est Christine?
2. Le 'premier amour' de Christine était plus âgé qu'elle. Vrai ou faux?
3. Aujourd'hui Christine est certaine qu'elle veut se marier. Vrai ou faux?

B. Les mots travaillent

1. Trouvez dans le texte ci-contre un mot ou une phrase qui veut dire:
   a) je n'avais pas assez de courage
   b) à cause de lui
   c) je pense que...
   d) de temps en temps
2. Trouvez dans le texte un mot ou une phrase qui a le sens contraire de:
   a) nulle part
   b) elle me disait toujours
   c) complètement à l'aise
   d) de plus en plus
3. Trouvez dans le texte un verbe qui correspond aux substantifs suivants:
   a) l'existence   d) les sentiments
   b) la connaissance   e) un attrait
   c) l'imagination   f) la vie
4. Trouvez dans le texte un adjectif qui correspond aux substantifs suivants:
   a) la liberté   c) l'intelligence
   b) la timidité   d) la difficulté
5. Trouvez dans le texte un substantif qui correspond aux verbes suivants:
   a) travailler   c) ennuyer
   b) sortir   d) aimer

C. Avez-vous bien compris?

1. Quel âge avait Christine quand elle a rencontré son 'premier amour'?
2. Au début Christine aimait ce garçon à la folie. Comment le sait-on?
3. Quel conseil la mère de Christine a-t-elle donné à sa fille?
4. Pourquoi ce conseil ne valait-il pas grand-chose?
5. Quel reproche Christine a-t-elle fait à son amant au bout de trois ans?
6. Quand est-ce qu'elle s'est rendu compte que ses sentiments pour lui avaient changé?
7. Quels sont les aspects de la vie conjugale que Christine trouve peu attrayants?

8.* Christine voudrait vivre seule. Pourquoi ne décide-t-elle pas de rompre avec son ami?
9.* En quoi Christine et son ami ont-ils changé depuis leur rencontre il y a six ans?
10.* Traduisez en anglais la partie finale du texte, à partir de: 'Il y a eu trop de silence entre nous'.

D. Exercices

Le conditionnel et le subjonctif.
Qu'est-ce que Christine devrait faire maintenant, à votre avis?
exemple:
1. Elle devrait accepter la situation.
2. Il faut qu'elle accepte la situation.
3. Ecoute! Accepte la situation, Christine.
4. Moi, j'accepterais la situation.

En imitant les phrases modèles ci-dessus:
1. Dites ce que Christine devrait faire.
2. Dites ce qu'il faut (ne faut pas) qu'elle fasse.
3. Imaginez que vous lui parlez.
4. Dites ce que vous feriez à sa place.

Vous pouvez éventuellement utiliser les phrases ci-dessous:
   rompre les relations
   ne plus y penser
   recommencer une autre vie
   essayer de rattraper cette situation compromise
   tout dire à son ami
   essayer de lui faire comprendre l'intérêt des femmes dans la société d'aujourd'hui
   quitter son ami définitivement
   essayer de la convaincre qu'elle aussi doit vivre sa vie
   ne pas rester seule et malheureuse

E.* Expression libre

Après avoir écouté tous les conseils ci-dessus, Christine a décidé d'écrire à son ami et de lui dire tout. Qu'est-ce qu'elle écrit?

Voici deux extraits du 'courrier du cœur' d'un célèbre magazine, accompagnés d'un commentaire de Marcelle Ségal, à qui les lettres sont adressées.

Explications
1. apparence
2. *unhealthy*
3. petit bijou porté à l'oreille
4. envers moi
5. criait très fort
6. femme méchante
7. personne qui commet des erreurs
8. une personne révoltante
9. que ce n'est pas de sa faute
10. son langage est vulgaire
11. insupportable
12. habillé
13. j'ai perdu mes illusions
14. artificiel
15. désillusionnée
16. *ruined*
17. cesser de penser à elles
18. tristes

Le jeu de l'amour

J'ai 16 ans. Bruno m'attire malgré son allure[1] inquiétante et malsaine[2], ses cheveux longs mal entretenus, sa boucle d'oreille[3], ses vêtements de bohème. Je ne savais que penser de ses sentiments à mon égard[4] jusqu'au jour où j'ai reçu un coup de téléphone de lui. Il vociférait[5] comme une mégère[6], il m'injuriait. Je l'aime quand même. Est-ce un maladroit[7], un salaud[8], un timide? Je suis désespérée. Dites-moi au moins qu'il n'est pas fautif[9].

Chantal

Soit. Il est seulement mal élevé, mal embouché[10], mal dans sa peau. Et ça ne tourne pas rond dans sa petite tête. Fautif ou pas fautif, ce garçon est invivable[11]. Le mauvais âge, peut-être? D'ici quelques années, vous pouvez espérer le revoir lavé, coiffé, rasé, vêtu[12] sans fantaisie. Et vous rirez ensemble, en vous rappelant l'explosion, au téléphone, de sa… timidité(?)

J'ai 16 ans et assez de tout[13], de la vie, des gens, du monde. Rien ne m'intéresse plus. Tout est insipide, factice[14], faux. Tout le monde est menteur, vil, hypocrite. Les aventures sentimentales m'ont déçue[15]. Les hommes ne recherchent que le plaisir physique. Ces pensées ont gâté[16] ma vie et je n'arrive pas à m'en défaire[17]. Je pense que je ne suis pas faite comme les autres.

Janine

Si, vous l'êtes. Examinez-vous bien. Vous découvrirez que vous êtes, comme tout le monde, tantôt ange, tantôt démon, et tantôt moitié l'un moitié l'autre. On peut ne voir en vous que l'ange ou que le démon, suivant le profil qu'on regarde. Il me semble que vous ne regardez des gens et du monde que le mauvais profil. Si vous vouliez bien changer de point de vue, refusez les pensées moroses[18], le paysage deviendrait différent. Tout le monde il serait bon, tout le monde il serait gentil… les amis seraient fidèles, les amours, idylliques. D'ailleurs, c'est bien connu: aux cœurs purs tout est pur.

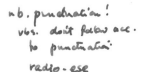

F. Adaptations

1. Chantal a réfléchi aux conseils que lui a donnés Marcelle Ségal. Elle décide de ne plus s'intéresser à Bruno. Ce dernier lui téléphone pour l'inviter à sortir. Qu'est-ce qu'elle lui dit tout en s'excusant? Qu'est-ce que Bruno répond?
Eventuellement, utilisez les phrases ci-dessous:

   c'est impossible, cette fois c'est terminé!
   quoi, tu veux dire que toi et moi…?
   tu me laisses tomber?
   tu m'envoies balader?
   tu en as rencontré un autre?
   ? il n'y a rien de tout ça!
   je m'en fiche!
   des filles comme toi il y en a plein les rues!

2. La mère de Chantal s'inquiète: elle croit que sa fille a toujours envie de sortir avec Bruno. Elle en parle à son mari. Comment décrit-elle Bruno?
Vous pouvez utiliser les phrases ci-dessous:

   je me fais du souci pour Chantal
   elle sort souvent avec un copain
   je suis inquiète
   il a un genre qui ne te plairait pas
   une tenue assez négligée
   l'allure très décontractée
   un langage relâché

3. Le père interdit à Chantal de revoir Bruno. Qu'est-ce qu'il dit à sa fille? Qu'est-ce qu'elle lui répond?
Utilisez les phrases ci-dessous, si vous voulez:

   ce n'est pas un garçon pour toi, tu ne te rends pas compte?
   après ça toute la ville va nous montrer du doigt
   c'est pas un type pour toi!
   il n'est pas riche
   pense à nous
   il ne faut plus que tu revoies ce garçon
   Terminé! Tu m'entends? Tu vas le laisser tomber immédiatement.
   Tu exagères! Si tu le connaissais, tu verrais qu'il est gentil.
   Il ne s'habille pas comme toi — c'est tout.
   Occupe-toi de tes oignons, petit papa!

G. Exercice

Si (contradictoire). Rassurez chacune de ces personnes.
exemple Je ne suis pas faite comme les autres.
   Si, vous l'êtes.
1. Il ne m'aime pas.
2. Je ne serai jamais heureuse.
3. Mes parents ne me comprennent pas.
4. Je ne le verrai plus.
5. Je ne ferai rien si je reste au collège.
6. Je n'attire jamais les regards des filles.

H. Paraphrase

Pour chaque phrase ou chaque expression en italique ci-dessous, écrivez une phrase équivalente, de même sens, en respectant pour certaines les consignes qui vous sont données:—

— *Veux-tu venir avec moi samedi prochain?*[1]
Tu n'as pas peur de la boue, de la misère.
— Arezki, je voudrais *t'accompagner*[2] partout.
— *Nous mangerons*[3] dans le quartier *et nous irons*[4] ensemble à Nanterre. *J'ai des amis à voir*[5]. *Ils m'attendent*[6] et je ne peux pas y manquer. Il me présenta: 'C'est Elise'. *Il était attendu*[7]. On l'embrassait. Et commençaient d'interminables *conversations coupées par l'arrivée*[8] de quelque ami ou voisin. Ils s'embrassaient. 'C'est Elise'. Je serrais la main *tendue*[9], *le nouveau venu*[10] s'asseyait et *la conversation reprenait*[11]. Je ne m'ennuyais pas; je *n'impatientais pas*[12]. J'observais, je réfléchissais. Je ressentais la quiétude que donnent la présence, le son de la *voix aimée*[13].
Claire Etcherelli   *Elise ou la vraie vie*

1. Arezki m'a demandé si…	7. on…
2. …	8. …
3. Il m'a dit que	9. qu'on…
4. avant d'…	10. celui qui…
5. il faut que	11. …
6. je suis	12. …
	13. …

I. Au jour le jour ⊖

Ecoutez, sur la bande magnétique, les deux petites scènes: 'Appartement à louer' (voir le vocabulaire à la page 177). Ensuite, essayez de rédiger la petite annonce que les deux jeunes filles auraient pu insérer dans le journal.

Leçon 15   Les jeunes filles de nos jours

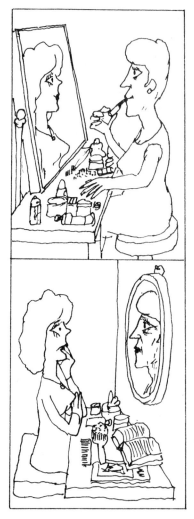

Aujourd'hui, il n'y a plus d'enfants! Y aurait-il encore des jeunes filles? Certains en doutent. L'évolution des mœurs, les amours précoces, les lycées mixtes, la sexualité vécue (et non plus rêvée) et sa déculpabilisation, autant de facteurs qui, ajoutés à la disparition des chaussettes aux genoux, nous font regarder avec un œil neuf ces nouveaux modèles de petites filles dont on dit qu'elles ne rêvent plus. Mais qu'elles se prémunissent. Telle est du moins la thèse véhiculée. Une thèse qui peut devenir aussi dangereuse qu'une publicité abusive si elle conduit les parents à penser que toute éducation — dans ce domaine — est devenue superflue.

C'est vrai, elles sont comme ça, les filles de 14 ans: talons de six centimètres, jeans roulé sur les bottes. Les cahiers d'anglais et d'histoire nichés au fond d'un sac indien. Bien coiffées. Libérées des accoutrements de l'âge ingrat, qui n'existe plus.

Elles n'ont plus à subir cette période délicate où nous marinions si longtemps, hésitant entre les socquettes et les premiers collants. Une période pendant laquelle personne ne s'occupait vraiment de nous. Ni les parents qui attendaient que les choses se passent, ni les garçons, qui nous trouvaient affreuses, ni la société, qui ne songeait pas encore à nous en tant que consommatrices de pocket-food, de disques, de cassettes, de presse spécialisée. Moi, je trouve qu'en un sens on nous laissait tranquilles. On parlait, derrière notre dos, d'éveil à la sexualité, ce qui nous donnait des rires imbéciles, et des idées complètement érronées sur l'amour.

On nous disait adorablement innocentes, et pures, et sérieuses. Ce qui, traduit en langage clair, signifiait que nous étions complètement ignorantes, très mal à l'aise dans notre peau, et prêtes à toutes les sottises.

Education ratée? Education en tout cas nulle au niveau des choses de la vie et des choses de l'amour, ce qui n'est pas pareil si l'on veut bien admettre que l'information amoureuse comporte deux chapitres: l'un, qui doit nous renseigner sur ce que nous sommes en tant qu'êtres sexués, et l'autre, qui doit nous avertir de ce qu'est une relation, sentimentale ou non.

Elle

A. Analyse de la langue

Why does this book insist on taking publicity and vote-catching articles as "real"?

Cherchez dans le texte ci-dessus tous les exemples…
1. d'articles définis ou indéfinis:
   exemples les amours; une publicité abusive.
   Commentez les différences entre l'usage français et l'usage anglais de ces articles.
2. de pronoms relatifs. Remplacez ces pronoms par des noms ou des phrases:
   exemple où nous marinions: nous marinions dans cette période.
3. de l'usage du temps imparfait du verbe:
   exemple on nous laissait tranquilles.

B. Texte enregistré ⊙

'La sexualité des adolescents' (Voir le vocabulaire à la page 178.)
Ce texte servira de base pour développer les exercices d'analyse ci-dessus.
Le texte enregistré contient aussi des expressions utiles pour la traduction du texte anglais ci-contre.

C. Exploitation

1. Parlez de vos espoirs et de vos rêves.

[handwritten: there dreams are just as innocent as those of The pages accused on the opp. p.]

Avez-vous jamais	pensé à	émigrer?
	rêvé de	vous marier?
	voulu	vivre dans une commune?
		devenir professeur (ou quoi)?
		aller sur la lune?
		devenir vedette de cinéma?
		faire le tour du monde?
		créer une grande œuvre d'art?

Non, je n'y ai	jamais pensé	(mais/et)...	je doute que...
			je ne crois pas que...
Oui, j'y ai pensé	une fois		je voudrais...
Oui, j'y pense	quelquefois		il se peut que...
	de temps en temps		
	souvent		

(j'en ai rêvé/j'aurais voulu le faire)

2. On ne devient pas célibataire, on le demeure.

Bien qu'il y ait de bonnes raisons pour rester célibataire, il y en a d'aussi bonnes pour ne pas le rester. Trouvez un avantage et un inconvénient du mariage pour chacun de ces titres:

exemple　argent:　**Bien qu'il y ait** deux fois plus d'argent quand on est marié, **il y a aussi** deux fois plus de dépenses.

solitude　(agréable quelquefois mais pénible toujours)
cuisine　(deux chefs mais deux personnes à nourrir)
logement　(un seul loyer mais appartement plus grand)
liberté　(faire n'importe quoi mais personne pour s'occuper de nous)
famille　(plus de sécurité mais plus de responsabilité)
société　(changements d'attitude mais préjugés persistent) *[handwritten: prejudices for or against what?]*

D. Traduisez en français

Le texte ci-contre et le texte enregistré: 'La sexualité des adolescents' pourront vous être utiles.

1. When the parents of today's adolescents were young themselves, society didn't take much notice of them and they weren't looked on as consumers of the latest fashion in music or clothes, as today's youngsters are. They were left ignorant and uneducated too about their own bodies and sexuality, and about matters of life and love.

2.* The fourteen-year-old girls of today are continually exposed to publicity and to a social climate which tries to turn them into women before it is time. It is assumed that they already know everything, that they have nothing to learn about human relationships, although in reality they still need advice and elementary information.

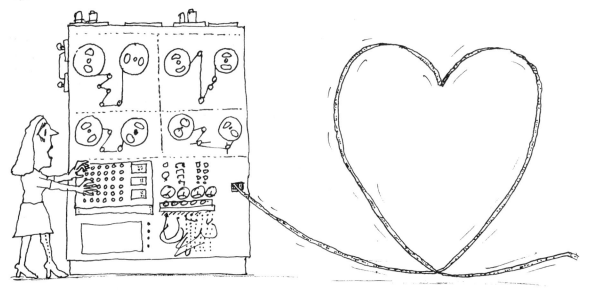

Qu'est-ce que la personnalité?

A. Points de départ

A considérer:

1. Quelles sont les qualités que vous souhaitez rencontrer chez l'autre sexe? Choisissez les dix traits les plus importants et classez-les par ordre d'importance.

l'intelligence	la culture	la politesse
la beauté	la personnalité	la volonté
la force physique	la propreté	la fidélité
l'élégance	la générosité	l'honnêteté
le charme	la gentillesse	l'humour

2. Quels défauts pourraient vous éloigner d'une personne de l'autre sexe?
—la grossièreté —la vantardise —la timidité —le mensonge
—le maquillage —la fumée —la saleté (personnelle ou d'habillement)

B. Guide-discussion

Drawing attention to facts

Presenting an argument

Je vous fais remarquer que…
En pensant à / considérant ce problème, le plus important est de… c'est une question de…
Ce qu'il faut se rappeler / ce dont il faut se souvenir, c'est…
Il est certain qu'il est essentiel / difficile de…

Responding to an argument

Disagreeing with facts

Quant à moi, je ne vois aucun inconvénient à / aucune nécessité de…
Il faut souligner que… bien que…
Je n'attache pas beaucoup d'importance à…
Sur le plan…, je suis persuadé que…
Pas d'accord. Au contraire, j'estime que…
Moi je dirais / j'aurais dit que…

C. Pas à pas

1. Pêle-mêle: mettez-vous en groupes pour analyser vos listes de qualités et de défauts (voir ci-contre). Comparez les listes des garçons avec celles des filles: quelles qualités ont-elles en commun? (Si tous les membres du groupe sont du même sexe, après avoir analysé les résultats, dressez une liste des dix traits de caractère que votre groupe considère les plus importants.)

2. Travail à deux: en vous servant des formules dans la case ci-contre, discutez de votre liste avec un partenaire. Justifiez votre choix de traits de caractère.

3. 'L'agence matrimoniale'. (Voir le vocabulaire à la page 178.) Après avoir écouté la bande enregistrée (plusieurs fois, si besoin est), et ayant pris des notes, travaillez avec un partenaire, en jouant des rôles: l'un d'entre vous essayera de se rappeler les questions posées par le conseiller, l'autre y répondra.

4. Discussion en groupes: qu'est-ce qui attire le plus l'autre sexe? Le physique? les vêtements? le maquillage? le parfum? les cheveux? les goûts? la façon de penser? l'argent? le savoir-vivre? la personnalité? le charme? (Mais qu'est-ce que c'est que le charme?)

5. En vous servant des notes ci-dessous, dressez un questionnaire qui conviendrait à ceux qui veulent trouver un ami (une amie) par ordinateur.

D. Plan du questionnaire

1. D'abord, expliquez comment on doit remplir votre questionnaire.
2. Ensuite, il faut évidemment formuler des questions qui indiqueront:
   — les goûts
   — les qualités (morales et physiques)
   — les traits de caractère:
   a) que le client (la cliente) possède
   b) que le client (la cliente) aimerait trouver chez la partenaire idéale (le partenaire idéal).
3. Enfin, pourquoi ne pas remplir le questionnaire vous-même?

E.* Sujet de dissertation

Pourquoi cherche-t-on un ami (une amie) par ordinateur?
A votre avis, ce moyen offre-t-il plus de chances de succès?

Pratique 5   Degrees of certainty

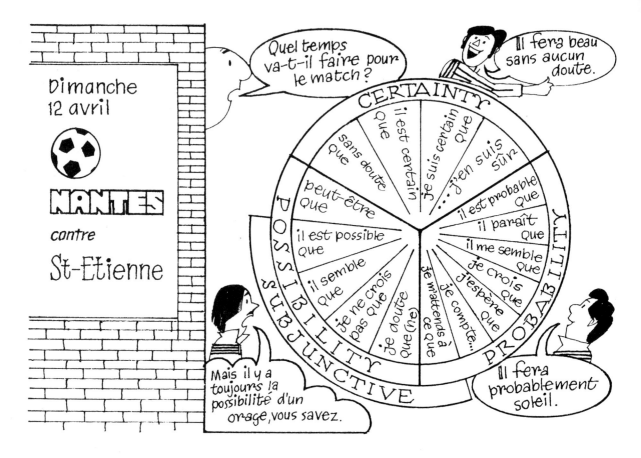

Difficultés

Méfiez-vous des faux-amis

ignorer	not to know	sensible	sensitive
la lecture	reading	rester	to remain
assister	to be present	faillir	to miss narrowly
une expérience	experiment	passer (un examen)	to sit (exam)
expérimenté	experienced	décevoir	to disappoint

Traduisez en anglais :

1. a) Jean n'y habite plus. Tu l'ignorais?
   b) Quel bruit! N'y fais pas attention.
2. a) Nous avons assisté à une conférence.
   b) Elle aime la lecture et la natation.
   c) Nous avons aidé la police.
3. a) On a fait des expériences de chimie.
   b) Jules est un conducteur expérimenté.
4. a) Il est sensible aux malheurs d'autres.
   b) C'est un homme de bon sens.

5. a) Tu dois rester au lit aujourd'hui.
   b) Tu as besoin de te reposer.
6. a) Elle a failli renverser un étalage.
   b) Si tu échoues à ton examen tu pourras te
      présenter dans trois mois.
7. a) Ils passeront le bac l'année prochaine.
   b) Pierre a réussi enfin à son examen.
8. a) Le film ne m'a pas déçu; je l'ai vu trois fois.
   b) Il a trompé tout le monde, même ses amis.

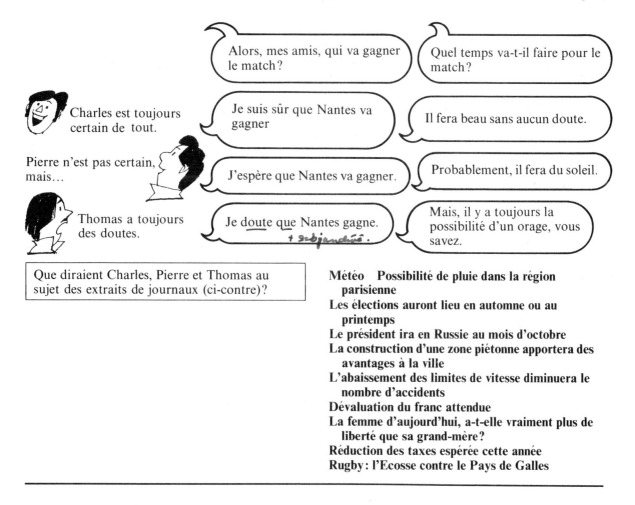

Alors, mes amis, qui va gagner le match?

Quel temps va-t-il faire pour le match?

Charles est toujours certain de tout.

Je suis sûr que Nantes va gagner

Il fera beau sans aucun doute.

Pierre n'est pas certain, mais…

J'espère que Nantes va gagner.

Probablement, il fera du soleil.

Thomas a toujours des doutes.

Je doute que Nantes gagne.
+ subjonctif.

Mais, il y a toujours la possibilité d'un orage, vous savez.

Que diraient Charles, Pierre et Thomas au sujet des extraits de journaux (ci-contre)?

Météo   Possibilité de pluie dans la région parisienne

Les élections auront lieu en automne ou au printemps

Le président ira en Russie au mois d'octobre

La construction d'une zone piétonne apportera des avantages à la ville

L'abaissement des limites de vitesse diminuera le nombre d'accidents

Dévaluation du franc attendue

La femme d'aujourd'hui, a-t-elle vraiment plus de liberté que sa grand-mère?

Réduction des taxes espérée cette année

Rugby: l'Ecosse contre le Pays de Galles

Etre assis — s'asseoir

(*state*)

assis	debout	accoudé	adossé	penché	appuyé	agenouillé	couché

s'asseoir	se lever	s'accouder	s'adosser	se pencher	s'appuyer	s'agenouiller	se coucher
	se tenir	(sur)	(contre)	(en avant)	(contre)		

(*action*)   se mettre debout

Complétez, en traduisant les mots entre parenthèses:

1. La jeune fille (sat) à côté du garçon.
2. Pierre (was already sitting) au coin du feu.
3. Le professeur (leant) en avant sur le pupitre.

4. Le chien (was lying) sous la table où il dormait profondément.
5. (Don't lean) contre la porte. Tu te feras mal.
6. Un homme (was standing) près de l'entrée. Puis un second homme (stood) à côté du premier.

Accident de route

Dans cette leçon il s'agit d'un accident ; comment décrire ce qui s'est passé, comment demander et fournir des détails, et comment décrire la position de quelque chose.

Un accident s'est produit il y a quelques minutes sur la route de Rennes. Un gendarme vient d'arriver sur les lieux de l'accident…

LE GENDARME	Alors, racontez-moi ce qui s'est passé.
L'AUTOMOBILISTE	Vous savez, ce n'est vraiment pas ma faute. Je n'y suis pour rien.
LE GENDARME	On verra ça. Dites-moi.
L'AUTOMOBILISTE	Il est fou, ce gars-la! Vous vous rendez compte! Impossible de l'éviter…
LE GENDARME	Ne vous énervez pas! Eh bien, racontez-moi donc exactement ce qui s'est passé.
L'AUTOMOBILISTE	Mais moi, je n'ai rien à me reprocher. Je roulais doucement…
LE GENDARME	A combien?
L'AUTOMOBILISTE	Oh, pas vite… cinquante, soixante…
LE GENDARME	Et le cycliste a débouché sur votre droite, de ce chemin?
L'AUTOMOBILISTE	Comment de ma droite? Pas du tout! Vous n'y êtes absolument pas! Il est arrivé de là-bas. Je le voyais bien venir. Jusque là, rien d'anormal.
LE GENDARME	Si je comprends bien, il venait donc vers vous. Et après?
L'AUTOMOBILISTE	Au moment où il arrivait à la hauteur du croisement, il a brusquement fait un écart, comme pour traverser, juste devant moi, au ras de la voiture.
LE GENDARME	Il ne vous a pas vu?
L'AUTOMOBILISTE	Allez savoir! Je ne m'y attendais pas, vous pensez. Il a sans doute voulu prendre ce chemin. En tout cas, moi, je n'ai pas eu le temps de freiner. Car ce qu'il faut vous dire, c'est qu'il n'a pas signalé qu'il allait changer de direction.
LE GENDARME	Bon, je vous remercie… Et ce pauvre gars? Il n'a pas encore repris connaissance.
L'AUTOMOBILISTE	Ah, voilà l'ambulance. Ce n'est pas trop tôt.
LE GENDARME	Vite, par ici. Il y a un blessé.

A. Adaptations

1. Racontez-moi | ce qui | s'est passé
   Dites-moi | | est arrivé
   | | a eu lieu
   | | s'est produit

2. D'abord | j'ai | vu le cycliste
   puis | | klaxonné
   aussitôt après | | freiné
   ensuite | | dérapé sur la chaussée
   finalement | | frappé le cycliste

3. Au moment où je l'ai heurté…
   le cycliste arrivait | par ici/de là/par là-bas
   | sur ma droite
   | sur ma gauche/devant moi
   | à la hauteur du croisement
   | au ras de la voiture
   | de l'autre côté de la ligne jaune

VENDREDI 14 MAI 13H45
R·N· 776 A 2 KM DU CENTRE
DE ST-AUBIN EN DIRECTION DE
RENNES
AUTOMOBILISTE MARIN PAUL, 37 ANS,
EMPLOYÉ DE BANQUE · PEUGEOT 504
- 4689 - AM - 77
ADRESSE 25 AV. PETRARQUE
RENNES

4. A l'aide des notes (ci-contre) prises sur les lieux de l'accident, écrivez le compte-rendu établi par le gendarme. Inventez tous les détails qui vous manquent.

   Le vendredi 14 mai, à… (heure)… sur la route nationale 776 en sortant de… (ville)… à… (distance)… du centre, en direction de… (ville)… une automobile de marque… (marque)… plaque d'immatriculation… (numéro)… conduite par… (nom)… demeurant à… (adresse)… a renversé un cycliste… (nom, etc.)… Prévenu par téléphone, j'ai tout de suite… (ambulance)… et je… (se rendre sur les lieux de l'accident)… Arrivé sur les lieux de l'accident… (ce qu'il a vu)… Ensuite, j'ai procédé à l'interrogatoire de l'automobiliste… (ce que l'automobiliste a dit)… L'ambulance… (heure de son arrivée)… (ce qui s'est passé alors)… Le cycliste… (transporté à l'hôpital)… Enfin…

CYCLISTE - AVAIT PERDUE
   CONNAISSANCE
JEUNESSE GUY, 55 ANS, MENU
MENUISIER.
- 75 RUE DE LA FORGE,
ST-AUBIN.

5. Plus tard, à l'hôpital, le cycliste a repris connaissance. Le gendarme vient prendre sa déclaration d'accident. Quelles questions lui pose-t-il? Il demande au cycliste son nom, son adresse, d'où il venait, où il allait, et comment l'accident s'est produit. Imaginez les questions du gendarme et les réponses du cycliste.

B. Transposition

Transposez les faits principaux de la conversation ci-contre en style indirect.
exemple
Le gendarme a demandé à l'automobiliste de lui raconter ce qui s'était passé. L'automobiliste a répondu que ce n'était pas de sa faute…

C. Ecoutez bien ⊙

'La clé du mystère'. A la suite d'un appel lancé par la gendarmerie, deux témoins de l'accident ont téléphoné. Ecoutez les deux conversations sur la bande magnétique. Ensuite, répondez aux questions à la page 178.

Que faire en cas d'accident?

Quelques conseils établis par le Comité Européen des Assurances (C.E.A.)
Quelles qu'en soient les circonstances, conservez votre sang-froid, et restez courtois.
—S'il y a un blessé, même léger: *agrees with blaso?*
Alertez d'abord la Police ou la Gendarmerie.
—S'il n'y a que des dégâts matériels:
1. Présentez spontanément votre attestation d'assurance (ou si vous êtes étranger, votre carte verte) et votre permis de conduire.
2. Remplissez tranquillement et soigneusement, avec l'autre conducteur, un seul et même constat amiable d'accident. (Employez de préférence un stylo à bille et appuyez fort; le double sera plus lisible.)
3. Si l'accident a eu des témoins, écrivez leur nom et adresse, surtout en cas de difficultés avec l'autre conducteur.
4. N'oubliez pas d'établir un croquis de l'accident.
5. Signez et faites signer le constat par l'autre conducteur. Remettez-lui un des exemplaires, conservez l'autre.
6. Transmettez ce document sans retard à votre Assureur.

Verglas sur la route — deux voitures se heurtent

Alors qu'elle revenait de chez ses parents à Nantes, lundi matin, à 9h 30, Mlle Irène Rouyer, 29 ans, laborantine, demeurant place du Marché à St-Aubin, qui roulait sur la N23, a vu sa voiture déraper soudain sur une plaque de verglas alors qu'elle doublait un véhicule.

Sa R5 est alors allée se jeter contre une 504, venant en sens inverse, conduite par M. Roland Bernard, 55 ans, représentant, 21 rue de Verdun à St-Mars. Dans la collision, qui fut particulièrement violente, les deux automobilistes ont été grièvement blessés et transportés à l'hôpital à Rennes par les pompiers, l'état de la jeune fille étant particulièrement alarmant. Le sablage de la chaussée a été réalisé peu après.

D. Résumé

Résumez l'article ci-dessus, à l'aide des notes:
Première victime — détails personnels — ce qui est arrivé — sa voiture — deuxième victime — transportés à l'hôpital — sablage

E. Version

Traduisez les conseils ci-contre en anglais pour votre voisin qui voyage en voiture pour la première fois en France. (Un constat, c'est une déclaration des circonstances d'un accident faite et signée par les deux conducteurs sur les lieux de l'accident.)

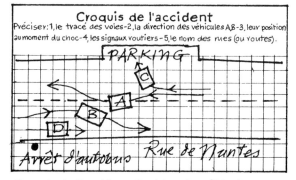

Croquis de l'accident. Position des véhicules.

A. Voiture de Mme Leroy
B. Camion, conduit par M. Castéran
C. Voiture de M. Bernard, s'engageait dans un parking, en clignotant
D. Autobus, conduit par M. Pomme, arrêté pour prendre des passagers

F. Exercices

1. A l'aide du croquis ci-dessus et des mots et phrases ci-dessous, établissez comment l'accident s'est produit. En prenant le rapport ci-contre comme modèle, rédigez un article sur l'accident illustré ci-dessus ou bien sur l'accident décrit dans les conversations des pages précédentes.

s'engager dans un parking	doubler
rouler dans la rue de Rennes	changer de file
	ne pas s'arrêter
virer à gauche	déraper
virer à droite	heurter
ne pas pouvoir s'empêcher	renverser
éviter, écraser	s'enfoncer
faire un écart	en stationnement
rouler dans le même sens	

2. Vous faites une course de ski. En descendant une piste à toute vitesse vous apercevez (trop tard) un groupe de skieurs sur la piste. Vous essayez de les éviter mais c'est impossible. Vous heurtez un des skieurs et vous vous cassez la jambe. Décrivez les circonstances de l'accident pour votre compagnie d'assurances.

Il peut s'en passer des choses!

Au Centre Hospitalier Régional (C.H.R.), la standardiste, Janine Colin, ne cesse pas de recevoir des appels à l'aide et de les brancher sur le service des urgences où Marie-Claire Bolland essaie d'aider patiemment ceux qui téléphonent…

MARIE-CLAIRE	Allô. C.H.R. Service des urgences.
LA FEMME	Allô. Les urgences? Ah, que faire? Je suis désolée. Mon petit fils vient d'avaler une arête!
MARIE-CLAIRE	Vous pouvez l'amener à l'hôpital tout de suite?
LA FEMME	Impossible! Je n'ai pas de voiture. J'ai déjà téléphoné au docteur, mais il n'est pas là.
MARIE-CLAIRE	Alors, il faut téléphoner à un service d'ambulance privé, ou bien aux pompiers, si c'est vraiment très urgent.
LA FEMME	A quel numéro?
MARIE-CLAIRE	Le dix-huit… Tiens, elle a raccroché!

G. Exercices

1. Ecrivez des notes en anglais, pour votre voisin qui voyage en France pour la première fois, sur ce qu'il doit faire en cas d'accident, pour appeler à l'aide.

   Vous pourriez lui fournir, aussi, un mini-lexique de mots et de phrases utiles.

2. Marie-Claire note avec soin chaque arrivée au centre d'urgences:

Heure	Nom	Incident	Blessure
11.02	Jean-Pierre Grosbois	Arête avalée	mal à la gorge
11.09	Jacques Roulin	Explosion d'usine	fracture de la jambe gauche, multiples contusions
11.41	Madeleine Bois Bros	Tentative de suicide	Coma

Qu'est-ce qu'elle aurait écrit dans son registre pour chacun des cas illustrés? Inventez les détails nécessaires. Vous pouvez employer les expressions ci-dessous:

tomber de haut en bas	blessure superficielle
tamponner	contusion
pot de fleurs	coupure
sous le capot	fracture
avalanche	état de choc
briser la corde	brûlure
couler au fond	douleur à la tête
balle de golf	hémorragie

3. Que faisait chacune de ces personnes avant de subir un accident?
4. Comment décriraient-elles ce qui s'est passé à leur compagnie d'assurances?

Leçon 17   La prévention routière

GARDEZ VOS DISTANCES

Explications
1. met le pied sur
2. *safety-belt*
3. personnes tuées
4. *trapped*
5. *what is more*
6. le plus mauvais

not suivre de près?

On ne peut jamais arrêter une voiture 'sur place'. En effet, on n'appuie[1] pas immédiatement sur la pédale de frein quand on voit un obstacle. Il y a toujours un retard : le temps de réaction.

Ensuite, la voiture ne s'arrête pas aussitôt qu'on freine. Plus on va vite, plus il faut de distance pour s'arrêter. Si la route est mouillée, la distance de freinage est encore beaucoup plus longue.

Donc plus on va vite, plus il faut prévoir longtemps à l'avance ce qu'on va faire, et moins on a de temps pour se décider, le risque d'avoir un accident augmente.

Il ne faut pas suivre trop près — il faut rester assez loin de la voiture qu'on suit et regarder attentivement cette voiture.

Attache ta ceinture, papa! Je t'aime

En France, depuis le 1er janvier, 1970, toutes les voitures mises en circulation pour la première fois doivent être équipées de ceintures de sécurité[2] aux places avant. D'abord, les Français se montraient peu disposés à accepter ces ceintures, mais peu à peu ils commencent à se rendre compte de leur utilité. Les statistiques la prouvent : une enquête réalisée en Suède montre qu'il y a plus de morts[3] dans les accidents de la route où on ne porte pas de ceinture de sécurité. Sur 28 780 accidents, concernant 42 813 personnes, 57 ont été tuées, dont 37 n'avaient pas de ceinture. A noter aussi: personne n'a été coincé[4] par sa ceinture!

L'ALCOOL TUE !

Le conducteur qui a bu trop d'alcool, réagit moins vite. En cas de danger, il freinera plus tard. Ses gestes sont plus lents et moins précis. De plus[5], il voit moins bien et moins vite ce qui se passe devant lui et sur les côtés. Les risques sont considérablement augmentés.

Le pire[6], c'est qu'un conducteur ayant bu trop d'alcool ne se rend pas compte qu'il conduit moins bien. Au contraire, il a le sentiment qu'il conduit très bien et il ne voit pas le danger. Il prend alors des risques qu'il n'aurait jamais pris s'il n'avait pas bu d'alcool.

84

A. De quoi s'agit-il?

1. A qui s'adresse-t-on dans les textes ci-contre?
2. De quelles distances s'agit-il dans le premier extrait?
3. L'auteur du second extrait, est-il pour ou contre les ceintures de sécurité?
4. De quel danger s'agit-il dans le troisième extrait?

B. Les mots travaillent

1. Dans le texte intitulé 'Gardez vos distances' trouvez un mot ou une phrase qui veut dire:
   a) un délai
   b) mettre le pied sur
   c) appuyer sur le frein
   d) la distance qu'il faut pour s'arrêter
2. En lisant le premier texte, corrigez les phrases ci-dessous:
   a) Plus on roule vite, plus on a de temps pour se décider.
   b) Il ne faut pas rester trop loin de la voiture qu'on suit.
   c) Quand on appuie sur le frein, on s'arrête tout de suite.
   d) En voyant un obstacle, on freine sans aucun délai.
   e) Si la chaussée est mouillée on s'arrête sur place.
3. Trouvez dans le second texte ci-contre un mot ou une phrase qui a le sens contraire de:
   a) les places arrière
   b) accepter avec enthousiasme
   c) tout d'un coup
   d) une personne vivante
4. En cherchant dans le troisième texte ci-contre, trouvez la paraphrase de:
   a) ses réactions seront plus lentes
   b) quand il voit du danger
   c) il court plus de risques
   d) quand un conducteur a bu trop d'alcool, il…

C. Exercice

Le conditionnel passé
exemple   Il n'aurait jamais pris ces risques s'il n'avait pas bu d'alcool.
En suivant la phrase modèle, composez des phrases en employant:
1. tuer — porter sa ceinture de sécurité
2. suivre — savoir que les freins ne marchaient pas
3. s'arrêter — voir le camion juste derrière lui

4. se montrer si peu favorable aux ceintures — lire les statistiques
5. sortir sans ma ceinture de sécurité — connaître les dangers
6. boire — ne pas laisser la voiture à la maison

D. Avez-vous bien compris?

1. Quand on appuie sur le frein, il y a un retard avant qu'on ne s'arrête. Pourquoi?
2. Pourquoi la distance de freinage est-elle plus longue quand la chaussée est mouillée?
3. Pourquoi faut-il regarder attentivement la voiture qu'on suit?
4. L'enquête suédoise a montré qu'à peu près un tiers des personnes tuées portaient une ceinture de sécurité. Vrai ou faux?
5. Une des idées reçues au sujet des ceintures de sécurité, c'est qu'elles vous coincent. Comment l'auteur essaie-t-il de combattre ce préjugé?
6. Quand un conducteur a trop bu, en quoi réagit-il moins vite?
7. D'après l'auteur, quel est le plus grand danger pour celui qui a bu?

E. Au jour le jour

Ecoutez, sur la bande magnétique, le reportage: 'Les jouets dangereux' (voir le vocabulaire à la page 178). Ensuite, repondez aux questions ci-dessous:
1. Quel est l'objectif principal du ministre de l'Industrie et de la Recherche?
2. Quand est-ce que les nouvelles normes de sécurité entreront en vigueur?
3. Qui a participé à l'élaboration de ces normes?
4. Quelle matière est interdite dans les jouets des moins de trois ans?
5. Le métal est interdit dans quels jouets?
6. Pourquoi le celluloïd est-il interdit?
7. Qu'est-ce qu'on va examiner au cours de l'année?

Au feu!

En France près de mille personnes meurent chaque année à la suite des incendies, sans compter le grand nombre de maisons détruites ou abîmées[1]. Comment ces incendies sont-ils provoqués?

Les causes principales sont l'imprudence et la négligence. Un très grand nombre d'incendies sont provoqués par les fumeurs: ceux qui fument au lit et qui s'endorment avec leur cigarette encore incandescente[2]; ceux qui lancent imprudemment dans la rue ou ailleurs leur bout de cigarette; ceux qui posent leur cigarette sur une table ou autre surface et puis l'oublient, ou qui la laissent dans un cendrier[3], mais sans l'éteindre.

La cuisine aussi est une source importante d'accidents. Il faut éviter de s'absenter en laissant une casserole sur le feu; il faut se méfier, en manipulant une bassine à friture[4] — si elle prend feu, l'éteindre en posant dessus un couvercle[5] sans la changer de place — surtout ne pas jeter de l'eau sur le feu; il ne faut pas installer un poêle à mazout[6] près d'une porte; et il ne faut pas s'absenter sans placer le pare-feu[7] — retirer le linge qui se trouverait à proximité (surtout s'il y a des enfants).

La cause principale d'incendies, cependant, c'est l'électricité. Ce qu'il ne faut pas faire:
— ne faites pas faire les travaux par des amateurs ou des ouvriers non qualifiés,
— pas d'économies non plus sur la qualité du matériel: pas de fil souple[8] le long des murs,
— n'utilisez pas trop d'appareils électro-ménagers[9] à la fois, et surtout pas trop de prises de courant[10] branchées sur une seule fiche[11],
— ne pas s'absenter sans débrancher un fer[12] électrique.

Et dans tous les cas d'incendie, quelle qu'en soit la cause, appelez immédiatement les sapeurs-pompiers, sans vous demander si d'autres personnes l'ont déjà fait.

F. Avez-vous bien compris?

1. Quelles sont les principales causes d'incendie?
2. Quand on a fini de fumer une cigarette que faut-il faire du mégot?
3. Si une bassine à friture prend feu, que faut-il faire? Que faut-il éviter de faire?
4. Qu'est-ce qui cause le plus grand nombre d'incendies en France?
5. Que faut-il faire en cas d'incendie?
6.* Pourquoi faut-il placer le pare-feu avant de s'absenter, s'il y a des enfants?
7.* Pourquoi, selon vous, ne faut-il pas installer de poêle à mazout près d'une porte?

G. Danger!

En regardant le dessin ci-dessus, répondez aux questions suivantes: (les mots et les phrases ci-dessous pourraient éventuellement vous aider).
Une boîte d'allumettes/se brûler/ôter... à l'enfant; un vase à fleurs/le poste de télévision/ mettre ailleurs/l'eau se répandrait; un pare-feu/ s'absenter/placer/se brûler; un mégot de cigarette/éteindre/allumée/un cendrier; appareils électro-ménagers/branchés sur la même ...?

1. Quelles sont les sources de danger possibles?
   exemple   L'enfant joue avec des allumettes.
   Il pourrait se brûler.

2. Dites ce qu'on n'aurait pas dû faire.
   exemple   On n'aurait pas dû laisser les allumettes où l'enfant pouvait les trouver.

3. Qu'est-ce qu'on devrait faire?   *là où?*
   exemple   On devrait mettre les allumettes où l'enfant ne pourrait pas les atteindre.

4. Dites ce que vous feriez et ce que vous ne feriez jamais.
   exemple   J'ôterais les allumettes à l'enfant.
   Je ne permettrais jamais à un enfant de jouer avec des allumettes.

H. Exercices

Le conditionnel

1. Que feriez-vous si un poêle à mazout se renversait et mettait le feu aux rideaux de votre salon?
   (éteindre — un extincteur — arracher les rideaux — emballer — les mettre dans la baignoire)
2. Que feriez-vous si les vêtements d'un enfant prenaient feu?
   (emballer — couverture/tapis — étouffer le feu — rouler par terre — enlever les vêtements — alerter le médecin)
3. Si vous voyiez un incendie dans un couloir d'un immeuble, que feriez-vous?
   (sonner l'alarme — extincteur — fermer les portes de sécurité — quitter l'immeuble — sortie de secours — s'assurer que personne n'est derrière vous — se rassembler devant l'immeuble le plus rapidement possible)
4. Que feriez-vous si une bassine à friture prenait feu dans votre cuisine?

I. Expression dirigée

Vous passez des vacances en Angleterre avec un ami français, qui ne parle pas bien l'anglais.
Affiché à la porte de la chambre de l'hôtel où vous êtes, il y a l'avis ci-dessous.
Traduisez-le en français pour votre ami.

NOTICE

In case of fire:
1. Sound the alarm
2. Leave your room immediately, closing the door behind you
3. Close fire doors
4. There is an emergency exit opposite the door of your room
5. Assemble in front of the hotel

Leçon 18 Conseils de sécurité

En montagne

1. Il faut une bonne condition physique et un entraînement préalable, surtout pour la varappe.
2. L'équipement doit être adapté à la course ou à la randonnée projetée (surtout les chaussures). Le port du casque est conseillé (chute de pierres).
3. Des renseignements doivent être obtenus, avant de partir, sur les conditions météorologiques.
4. Le choix de la course ou de la randonnée doit être établi en fonction de ses possibilités et à la suite d'une étude approfondie de l'itinéraire choisi (cartes, topoguides, plans…)
5. Il ne faut jamais partir seul.
6. Il est impératif de prévenir du lieu et de la durée de la course.
7. Il est nécessaire de faire appel à un guide, en particulier pour les courses difficiles avec escalade.
8. Il faut contracter une assurance pour la responsabilité civile et les frais de secours.

Aux baigneurs

1. Ne jamais se baigner seul et préférer systématiquement les endroits surveillés.
2. Respecter la signalisation:
   — drapeau vert en haut du mât: baignade surveillée,
   — drapeau orange: baignade dangereuse mais surveillée,
   — drapeau rouge: baignade interdite.
3. Renoncer à la baignade si l'eau est trop froide, ou après une exposition prolongée au soleil.
4. Ne jamais entrer brusquement dans l'eau, aspergez-vous abondamment.
5. Tenir compte de la digestion et ne pas se baigner aussitôt après le repas.
6. S'accoûtumer progressivement à la baignade: jamais plus de dix minutes pour le premier bain dans une eau à 18°.
7. Ne jamais se baigner si l'on n'est pas en parfaite santé (attention à la fatigue, au simple rhume ou à la légère grippe).
8. A marée basse, ne pas s'aventurer trop loin de la côte, la montée de la mer peut surprendre.

Direction départementale de la Protection Civile de la Côte-d'Or

A. Analyse de la langue

Cherchez dans le texte ci-dessus tous les exemples…
1. d'expressions contenant le mot **de**. *exemple:* à la suite de.
2. de l'usage du passif. *exemple:* l'équipement doit être adapté.
3. d'expressions d'obligation. *exemple:* …doit être adapté.

B. Texte enregistré ⊛

'Déjà cinq accidents…' (voir le vocabulaire à la page 178).
Ce texte servira de base pour développer les exercices d'analyse ci-dessus. Le texte enregistré contient aussi des expressions utiles pour la traduction du texte anglais ci-contre.

C. Exploitation

1. Pourquoi suivre ces conseils en montagne? Justifiez les conseils qu'on vous donne ci-contre.

exemple   Pourquoi faut-il être en bonne condition physique?

—**Si on n'est pas** en bonne condition physique, **on risque de** devenir fatigué et de perdre pied.

Pourquoi…?

faut-il étudier la carte?   (connaître la route, se perdre)

le port du casque est-il conseillé?   (chute de pierres, protéger)

faut-il se renseigner sur les conditions météorologiques?   (danger de pluie, neige, brouillard, se désorienter)

ne faut-il pas partir seul?   (tomber, se casser la jambe, avertir les secouristes)

faut-il prévenir du lieu de la course?   (savoir où chercher, ne pas revenir)

2. A quoi ça sert?

exemple   un extincteur   —**ça sert à** éteindre un incendie

un pare-feu	un ouvre-boîtes
une porte de sécurité	un pinceau
une sortie de secours	une clef
une échelle	un casque (de
un tourne-vis	motocycliste)
un tire-bouchon	un clignotant

D. Traduisez en français

Le texte ci-contre et le texte enregistré: 'Déjà cinq accidents…' pourront vous être utiles.

1. The first weekend of fine weather always brings several accidents in the mountains. After a period of bad weather, thousands of people take the first opportunity to rush towards the summits, often without taking precautions or obtaining information about conditions.

2. In spite of the warnings which are always given by the local police, there have already been several bad accidents. For example, a group of Italian climbers were carried away by a rockfall caused by the heat, which had melted ice and snow. Other climbers, badly prepared and not in training, have had to be rescued by helicopter when they found themselves in difficulties on the face of the mountain.

3.* Sometimes there is no doubt that an accident is caused by imprudence or lack of proper equipment, sometimes it is probably due to bad luck, when an accident happens which not even the most experienced and careful climber could have foreseen or avoided.

Porter assistance — Pourquoi?

L'article 63 paragraphe 2 du Code Pénal français prévoit des peines d'emprisonnement de trois mois à cinq ans et des amendes de 360 à 1500F 'pour quiconque s'abstient volontairement de porter à une personne en péril l'assistance que, sans risque pour lui ou pour des tiers, il pourrait lui prêter, soit par son action personnelle, soit en provoquant un secours'.

A. Points de départ

A considérer

1. Beaucoup de gens aiment prendre part à des sports dangereux; quels sonts les sports dangereux? (spéléologie, alpinisme, canoë, voile, courses d'auto, vol à voile, ski, aquaplane, planche à roulettes, plongée sous-marine,... et quoi encore?)
2. Pourquoi ces sports sont-ils dangereux? Quels risques court-on en les pratiquant?
3. Quels sont les services de secours? (alerter la police qui fera alerter les secours compétents.)
   — les gardes-côte; le sauvetage aérien en mer; le maître-nageur
   — le canot de sauvetage; l'hélicoptère
   — les équipes de sauvetage; les secouristes; les sauveteurs-alpinistes.
4. Qui devrait faire partie de ces équipes de sauvetage?
   — ceux qui pratiquent le sport (à tour de rôle)?
   — des volontaires? des professionnels?
   — tout le monde (au lieu de faire son service militaire)?

B. Guide-discussion

Modifying your views

Presenting an argument
Quoique j'aie affirmé que..., je dois avouer que...
On doit évidemment tenir compte des idées exprimées...
Je ne saurais/je ne peux nier que j'accepte l'importance de ce que... vient de dire.
Si on n'est pas prêt à changer d'avis, on risque de...
Toutes choses considérées, je suis d'accord...

Commenting on changes of mind

Responding to an argument
Il est quand même/d'ailleurs toujours vrai que...
A quoi bon changer d'avis, si on continue à...
Il me semble qu'il reste bien des choses à disputer/considérer, par exemple...
Malgré (tout) ce que vous venez d'admettre, j'ai (toujours) l'impression que vous continuez de...
A moins que vous ne... nous ne serons pas d'accord.

C. Pas à pas

1. Pêle-mêle: mettez-vous en groupes pour produire des idées au sujet des questions ci-contre. Prenez des notes sur ce qui vous semble important.
2. Travail à deux: en vous servant de vos notes et des formules dans la case ci-contre, posez des questions à votre partenaire.
3. 'Spéléologie: risques à calculer': après avoir écouté la bande enregistrée, répondez aux questions à la page 179.
4. Discussion en groupes: mettez en commun vos idées et développez-les. Servez-vous de vos notes, si besoin est. Chaque membre du groupe se concentrera sur un sport différent, indiquant le matériel recommandé et les précautions qu'il serait prudent de prendre.
5. Préparez votre plan personnel, en vous inspirant (si vous voulez) des idées exprimées ci-dessous. Ensuite, rédigez la dissertation.

D. Plan de rédaction

Sujet de dissertation: Devrait-on permettre à des gens de pratiquer des sports qui pourraient mettre en danger leur vie et la vie des autres?

Introduction (premier paragraphe)
— obligation légale en France de porter assistance, donc plus important de ne pas courir de risques
— si les sports dangereux étaient illégaux, on les pratiquerait quand même
— comment contrôler (âge, stages d'entraînement, surveillance, organisations)

Paragraphe 2: l'individu, que devrait-il faire pour s'assurer qu'il est en état de pratiquer un sport dangereux?
— être en forme   — bien équipé   — ne pas prendre de risques
— entraînement   — membre d'un groupe

Paragraphe 3: l'organisation des secours — qui devrait s'en occuper?
a) les sportifs eux-mêmes? (tous devraient s'entraîner pour pouvoir être secouriste à tour de rôle)
b) les volontaires? les groupes professionnels? les militaires?
c) tous les jeunes (garçons et filles) au lieu de faire leur service militaire?

Paragraphe 4: qui devrait payer ces services de secours?
— ceux qui s'en servent; tous les sportifs; tout le monde

Conclusion (dernier(s) paragraphe(s))
— plus de temps disponible dans l'avenir pour les loisirs
— on pourrait faire plus à l'école pour apprendre aux jeunes:
a) quels sont les plaisirs de ces sports
b) quels sont les dangers et comment les éviter
c) comment s'entraîner aux techniques de sauvetage

Pratique 6   Using verbs with the preposition *de*

A. These verbs are followed by **de** before an infinitive.

s'arrêter	décider	finir
avoir besoin	se dépêcher	menacer
avoir envie	essayer	oublier
cesser	être obligé	se souvenir

Un jeune Français va conduire sa moto en Angleterre pour la première fois. Son père lui donne des conseils. Jouez le rôle du jeune.

exemple   On roule à gauche, tu sais!
(Vous n'oublierez pas…)
Oui, oui, je n'oublierai pas de rouler à gauche.

1. Fais réviser ta moto avant de partir! (Vous avez déjà décidé…)
2. Tu n'as pas obtenu un permis de conduire international! (Vous n'avez pas besoin…)
3. Arrête-toi toujours aux feux! (Vous n'oublierez pas…)
4. Respecte les limites de vitesse! (Vous savez qu'on est obligé…)
5. Repose-toi toujours avant de conduire! (Vous essayerez…)
6. Ne bois pas quand tu conduis! (Vous cesserez…)
7. Mets toujours ton casque! (Vous vous souviendrez…)

Difficultés

So   Quoi? Un mot qui est si court peut causer tant de difficultés?

Traduisez en anglais:
1. Il n'y avait personne là-bas, alors je suis reparti.
2. Il est aussi grand que son frère, mais pas si grand que son père.
3. L'avion coûte si cher, aussi devons-nous prendre le bateau.
4. Mon père n'est pas tellement vieux.
5. J'aime tant les films italiens!
6. Il a toutes sortes d'animaux: des chiens, des chats, des oiseaux et ainsi de suite.
7. Pourquoi riez-vous ainsi?
8. Est-ce qu'on gagnera? Je l'espère bien.
9. Vous êtes en retard. Moi aussi.
10. Il m'a prêté son vélo pour que je puisse t'accompagner.
11. J'ai perdu mon billet de sorte que je n'ai pas pu entrer.
12. Commencez la lettre: 'Monsieur Untel'.
13. Comment joue-t-il? Comme ci, comme ça.

Traduisez en français:
14. You're a fool. So is your friend.
15. We closed the door so that the dog couldn't get out.
16. I do so enjoy champagne!
17. She's so nice, isn't she?
18. The train's coming, so I'll have to go.

B. These verbs are followed by **de** before an infinitive when used with an indirect object.
En regardant les phrases à droite, rapportez ce qu'on a dit. Employez des pronoms où il convient.

commander	demander	pardonner
conseiller	dire	permettre
défendre	ordonner	promettre

exemple 1. Qu'est-ce que le père a défendu à son fils de faire?
         Il lui a défendu de se baigner.
2. Qu'est-ce que les garçons ont promis à leur mère?
3. Qu'est-ce que le professeur a dit aux élèves?
4. Qu'est-ce que la vieille dame a demandé aux jeunes filles?

1. Tu ne te baigneras pas aujourd'hui!

2. Nous reviendrons quand nous pourrons.

3. Taisez-vous!
4. Vous voulez bien m'aider?

C. These verbs are followed by **de** before an infinitive when used with a direct object.
La mère d'Henri et de Guy ne semble pas aimer Jean.
En regardant les phrases à droite, complétez les phrases ci-dessous:

| empêcher | persuader | prier |

exemple 1. Jean a prié…
         Jean a prié Henri de jouer au tennis avec lui.
2. Jean a persuadé…
3. La mère d'Henri a empêché…

4. Jean les a priés…

5. Jean… persuadés…
6. La mère des garçons… empêchés…

1. Henri, joue au tennis avec moi, je t'en prie.

2. D'accord, Jean. On joue au tennis.
3. Non, Henri, tu ne peux pas jouer au tennis. Je ne te permets pas!
4. Guy, Henri, j'ai oublié mon argent. Prêtez-moi 20F, je vous en prie.
5. D'accord, Jean. Voilà…
6. Ah non, mes fils, vous ne prêterez pas d'argent. Je ne le permets pas!

Tell   Hear   Say

The sentences below illustrate various ways of expressing these verbs in French.

Traduisez en anglais:
1. Dites-lui de partir à neuf heures.
2. Je leur ai dit que je n'aime pas les choux.
3. Grand-père a raconté une drôle d'histoire aux enfants.
4. On m'a dit que vous étiez absent.
5. On lui a demandé s'il voulait payer. Il a dit que non. Moi, j'ai dit que si.
6. L'agent a ordonné aux garçons de partir sur le champ.

7. Faites-nous savoir, s'il vous plaît, si vous avez une chambre à louer.
8. Je ne crois pas qu'il dise la vérité.
9. J'ai entendu dire que vous partez bientôt. C'est vrai?
10. Chut! J'ai cru entendre siffler un train.
11. Un cri douloureux se fit entendre.
12. Ah, Pierre Marceau? J'ai entendu parler de lui.

Traduisez en français:
13. I've never heard of him.
14. I can hear a dog barking.
15. Do you think she's telling the truth?

16. He told me he'd never been here.
17. Tell us a true story, please.
18. We were told to ask you.

Dans cette leçon il s'agit de persuader quelqu'un de faire ce qu'il ne veut pas faire et de résister à la persuasion d'autrui.

Madame Rey passe devant le rayon électro-ménager dans un grand magasin.

L'EMPLOYE	Approchez, madame. Ah, ne passez pas sans vous arrêter ici, car c'est ici que vous arrivez après votre long voyage à la recherche du bonheur ménager.
MME REY	Je ne fais que chercher l'escalier mécanique. Vous pouvez m'indiquer où il est?
L'EMPLOYE	Mais oui, madame, mais d'abord permettez-moi de vous faire part de…
MME REY	C'est par là?
L'EMPLOYE	Ah non, madame. La route du bonheur, c'est par ici. Vous voyez ces jolis petits gadgets devant vous. Ils viennent d'arriver directement du producteur et ils feront votre bonheur à un prix ridicule…
MME REY	Je n'en ai pas envie; et comment feront-ils mon bonheur?
L'EMPLOYE	Il suffit de les voir pour avoir envie de s'en servir.
MME REY	La seule chose dont j'ai envie de me servir, c'est de l'escalier mécanique.
L'EMPLOYE	Il suffit de s'en servir une fois pour ne plus pouvoir s'en passer.
MME REY	Jeune homme, dites-moi une fois pour toutes de quoi vous parlez.
L'EMPLOYE	Ah madame, je parle bien entendu du combiné mère Michèle — deux modèles, selon vos besoins.
MME REY	Mon seul besoin est de trouver l'escalier mécanique.
L'EMPLOYE	Oui, oui, oui, mais ce petit robot ménager a un bloc hachoir…
MME REY	J'ai déjà un hachoir qui appartenait à ma grand-mère.
L'EMPLOYE	Alors il est sûrement temps de le remplacer, madame. Et en plus, ce bel appareil a un bloc râpeur…
MME REY	J'ai déjà une grosse sélection de râpes dans ma cuisine.
L'EMPLOYE	Alors, madame, à l'aide de votre combiné mère Michèle, vous pouvez préparer vos jus de fruits, vos biftecks hachés et vos croquettes . . .
MME REY	Vous parlez comme un catalogue. Et vous vous trompez, monsieur. Ce n'est pas encore mon combiné, puisque je ne l'ai pas acheté.
L'EMPLOYE	Pas encore, madame, mais avouez que c'est un prix intéressant.
MME REY	Malheureusement vous avez oublié de m'informer du prix et, à propos, vous ne m'avez toujours pas indiqué où se trouve l'escalier mécanique.
L'EMPLOYE	Ah, le prix, madame, le prix est imbattable… zut, elle est partie!

A. Adaptations

1. Un marchand essaie de vous persuader d'acheter un ensemble stéréo.

A votre place j'achèterais	celui-ci
Pourquoi ne pas acheter	celui-là
Je vous conseille d'acheter	
Si j'étais vous j'achèterais	
Le mieux serait d'acheter	
Il vaudrait mieux acheter	
Je vous recommande	

2. Vous ne voulez pas vous laisser persuader.

Non merci, je n'en veux pas	Je n'ai pas les fonds nécessaires
Je n'ai pas d'argent	Mes fonds sont en baisse
Je regrette, mais	Je suis fauché
C'est dommage, mais	Je suis sans le sou
Vous perdez votre temps	Je n'ai pas de sou — not pl.?
Je ne peux pas l'acheter	Je n'en ai pas besoin

3. Vous entrez dans un grand magasin et vous cherchez l'ascenseur pour monter au quatrième étage. Vous essayez de vous renseigner au rayon des chaînes hi-fi, où le vendeur espère vous vendre le dernier ensemble stéréo. Il est tout nouveau, de lignes modernes et séduisantes; il a 23 transistors, 2×6 watts efficaces, un tourne-disques à 3 vitesses et vous avez le choix des matériaux et du coloris.
   Imaginez la conversation.

4. Vous entrez avec un ami dans un magasin qui vend des instruments de musique, avec l'intention de vous offrir une guitare espagnole. Vous désirez un modèle d'étude, pas trop cher, pour débutant, mais il n'y en a pas dans le magasin. La vendeuse essaie de vous vendre *not à?* un modèle 'pour le solo', de très grande sonorité et beaucoup plus cher. Vous ne pouvez pas acheter ce modèle, puisque vous n'avez pas assez d'argent.
   Imaginez la conversation.

95

A court d'argent

Quelle veine! Depuis longtemps vous avez envie de vous offrir un téléviseur, d'avoir votre propre poste 'à vous', et vous avez maintenant la chance de pouvoir en acheter un à un prix intéressant. Une amie, Sylvie, part à l'étranger et elle voudrait vendre son vieux téléviseur portatif. Malheureusement vous n'avez pas l'argent nécessaire; vous essayez de l'emprunter à votre famille et à vos amis...

1. **VOUS**   Papa, tu veux me prêter l'argent pour acheter un téléviseur portatif? C'est à un prix très avantageux.

    VOTRE PERE   Je regrette, mais je ne peux pas. Je n'ai pas assez d'argent. Et la prochaine fois, je te conseille d'économiser au préalable.

2. **VOUS**   Maman, tu vas m'aider, n'est-ce pas?

    VOTRE MERE   Comment t'aider?

    VOUS   Je voudrais emprunter de l'argent pour acheter une télé.

    VOTRE MERE   Ce n'est pas que je ne veux pas, mais que je ne peux pas. Mes fonds sont en baisse. Pourquoi ne pas demander à ton frère...

3. **VOUS**   Hervé, tu pourrais me prêter un peu d'argent pour acheter une télé?

    VOTRE FRERE   Non. Ce n'est pas que je ne peux pas, c'est que je ne veux pas. Si j'étais toi, je demanderais à l'oncle Bernard...

4. **VOUS**   Oncle Bernard, est-ce qu'il te serait possible de me prêter une petite somme d'argent? Je te le rendrais aussitôt que possible, bien entendu.

    VOTRE ONCLE   Ah, je suis désolé. Je regrette de te refuser, mais je n'ai pas le choix. A ta place, je m'adresserais à tante Henriette. Elle a de quoi payer le loyer... *(cet phrase?)*

5. **VOUS**   Tante Henriette, je suis désolée. Il faut que j'emprunte une somme d'argent avant le week-end et personne ne m'aidera.

    VOTRE TANTE   Oh, là, là, mon enfant! C'est pour quoi faire, cet argent?

    VOUS   C'est pour acheter un téléviseur portatif.

    VOTRE TANTE   Un téléviseur! Ça suffit! Je déteste la télévision. Je n'ai pas de sou. Et je te conseille de ne pas insister. Le mieux serait de t'adonner à tes études.

    VOUS   Oui, oui, tante Henriette... Merci (de rien)...

6. **VOUS**   J'ai essayé de persuader tous les membres de ma famille, et chacun a proposé que je cherche ailleurs.

    VOTRE AMIE   C'est dommage, mais...

    VOUS   Je ne suppose pas que tu puisses m'avancer...

    VOTRE AMIE   Ah non. Inutile de me demander. Je suis complètement fauchée. Mais, as-tu pensé à demander à Guillaume? Le voici qui arrive.

7. **VOUS**   Hé, Guillaume! Comment ça va, mon vieux? Dis, tu ne voudrais pas me prêter de l'argent pour acheter une télé?

    VOTRE AMI   Si, je voudrais bien, mais ça m'est impossible. Je viens d'en acheter une moi-même à Sylvie. Elle va à l'étranger!

B. Adaptation

Votre frère, votre sœur, votre ami et votre amie viennent vous parler l'un après l'autre. Ils veulent tous vous emprunter quelque chose — votre appareil-photo, des disques, une chemise, votre tourne-disques… Que dites-vous pour refuser poliment de leur prêter vos affaires? Imaginez les conversations.

C. Résumé

Faites un résumé, en style indirect, de ce qui s'est passé dans les conversations ci-contre.
Commencez: J'avais besoin d'argent pour acheter un téléviseur. En premier lieu, j'ai abordé mon père…

D. Version

Traduisez en anglais les raisons avancées par tous ceux qui ne vous ont pas prêté d'argent dans les conversations ci-contre.

E. Expression dirigée

Votre mère vient de s'offrir le combiné mère Michèle. Vous le décrivez à votre correspondante française. Voici ce que fait l'appareil. Qu'est-ce que vous écrivez? Servez-vous de la publicité ci-dessous, si besoin est.

The latest in kitchen equipment from
Mère Michèle:
* ✱ Slices potatoes for crisps and onions for onion soup
* ✱ Squeezes fruit for fresh drinks for breakfast
* ✱ Grates cheese to garnish soups and salads
* ✱ Shreds cabbage and carrots for salads
* ✱ Minces beef and onions for hamburgers
* ✱ Makes delicious hamburgers and potato croquettes …

The **mixer-blender** from Mère Michèle

F. Ecoutez bien

Ecoutez sur la bande enregistrée: 'Offre spéciale' (Voir le vocabulaire à la page 179.) Ensuite, décrivez aussi complètement que possible, ce qu'on vous offre, et comment vous pouvez profiter de l'offre spéciale.

G. Le jeu de la montgolfière

1. Trois personnes sont dans la nacelle d'un ballon qui est en train de perdre de l'altitude et risque de tomber en pleine mer. Il faut que l'un des trois occupants se sacrifie et saute par-dessus bord pour que les deux autres survivent. Un ouvrier boulanger, un professeur et un médecin sont dans la nacelle. Lequel, selon vous, devrait sauter. Pourquoi?

2. Avec deux de vos camarades, choisissez chacun l'une de ces professions. Qui doit sauter? Vous devez défendre votre métier, et persuader un jury que c'est vous qui devriez rester dans la nacelle. Pourquoi êtes-vous indispensable à la société? Vous avez une minute pour exposer vos arguments.

   Préparez bien votre discours. Votre vie en dépend! Vous pouvez employer ces expressions:
   Je vous prie de croire que…
   Je suis indispensable à la société parce que…
   Ce qui me rend indispensable, c'est que…
   En plus, n'oubliez pas que…
   Il faut vous dire surtout que…
   Et d'ailleurs, j'ai à vous rappeler que…
   Quant à ces autres messieurs, c'est dommage mais…
   Je vous demande lequel d'entre nous…
   Il faut admettre que moi, je…
   Néanmoins, j'ai toute confiance en vous…
   J'hésite à vous faire savoir que j'ai une femme et huit enfants…
   Je me permets de vous informer que…
   Sans me vanter, je peux dire que…

Leçon 20   La publicité et les jeunes

—Oh, j'adore ce tapis! Il est si doux!

Devant une cheminée, un enfant joue pieds-nus sur le tapis, sous les yeux bienveillants de ses parents et du chat. Vous avez sans doute deviné la réplique suivante:

—Evidemment, chérie, c'est un tapis Luxoret.

Voilà comment se fait la publicité d'aujourd'hui. Pour mieux toucher les grandes personnes, on passe par les enfants. Les parents qui n'ont pas de tapis Luxoret, où leur enfant peut jouer pieds-nus, sont considérés comme des parents indignes![1]

En fait, les faiseurs de publicité s'intéressent aux jeunes pour plusieurs raisons et de plusieurs façons. D'abord, parce qu'ils sont nombreux. Sur les '50 millions de consommateurs' en France, il y en a treize millions de moins de quinze ans et encore cinq millions de seize à vingt ans. Les jeunes ne sont pas seulement nombreux, ils ont aussi de l'argent. Donc la publicité fait appel[2] aux enfants, pour les inciter[3] à dépenser leur argent de poche en bonbons et en jouets; et aux jeunes pour les persuader d'acheter des journaux, des disques, des produits de beauté, des vêtements, des boissons.

Et les jeunes sont non seulement des acheteurs, mais ils poussent également les adultes à acheter. Dans ses conseils au consommateur (voir à la page 56), François Lamy nous avertit[4] du danger d'emmener des enfants quand on fait des achats: 'ce sont de grands incitateurs à la dépense'. Le père ne veut pas priver son enfant de ce que 'tous les autres' possèdent. La mère achète le paquet de lessive conseillé par l'enfant qui y trouvera un cadeau en prime.[5] Et ce ne sont pas seulement les jeunes enfants qui incitent les parents à acheter. Les faiseurs de publicité savent bien que, dans de nombreuses familles, ce sont les adolescents de seize à vingt ans qui influencent le choix d'un tourne-disques, d'une voiture, et qui dictent même à leurs parents la mode à suivre.

Désormais, ce sont les enfants eux-mêmes qui font la publicité, et l'on s'inquiète moins des résultats scolaires d'un gosse que de savoir s'il a déjà tourné dans un flash publicitaire à la télé. Les slogans et les spots publicitaires sont tellement nombreux que la première chanson connue d'un enfant n'est pas, comme on pourrait le penser, une chanson de nourrice[6], mais une ritournelle publicitaire[7].

A. De quoi s'agit-il?

1. A qui la publicité s'intéresse-t-elle aujourd'hui?
2. Quelle distinction l'auteur fait-il entre les 'enfants' et les 'jeunes'?

B. Les mots travaillent

1. Trouvez dans le texte (ci-contre) un mot ou une phrase qui veut dire:
   a) ils persuadent les grandes personnes à acheter
   b) refuser à son enfant la possession de…
   c) jusqu'à présent
   d) on n'est pas si anxieux

2. Trouvez dans le texte un substantif pour compléter chaque phrase ci-dessous:
   a) ceux qui font la publicité sont des… de publicité
   b) ceux qui consomment sont des…
   c) ceux qui incitent sont des…
   d) ceux qui achètent sont des…

3. Trouvez dans le texte un adjectif qui correspond à chaque phrase ci-dessous:
   a) ne portant pas de chaussures
   b) aimable, montrant de l'indulgence
   c) qui est en très grand nombre
   d) relatif à l'école

C. Avez-vous bien compris?

1. Pourquoi l'enfant du premier paragraphe (ci-contre) est-il pieds-nus?
2. Les faiseurs de publicité, comment touchent-ils les adultes?
3. Pour quelles raisons les faiseurs de publicité s'intéressent-ils aux jeunes personnes?
4. Pourquoi ne devrait-on pas emmener des enfants quand on fait des achats?
5. Les jeunes de 16 à 20 ans, qu'est-ce qu'ils aident leurs parents à choisir?
6. Pourquoi, à votre avis, utilise-t-on des enfants pour faire la publicité?

7.* Quelles sortes de publicité à la télévision aimez-vous, et quelles sortes n'aimez-vous pas? Essayez de donner les raisons de vos préférences.

D. Version

La publicité ci-dessous est tirée d'un magazine destiné aux jeunes.

Rédigez ces annonces en anglais de sorte qu'elles attireront de jeunes lecteurs anglais.

---

avec ce
disque
GRATUIT *pos-t rapidement?*

vous apprendrez à jouer rapidement de la Guitare
1ère méthode — guitare moderne
2e méthode — classique et flamenco
Les méthodes sont audio-visuelles avec fiches illustrées et disques.
Découpez le bon ci-dessous et joignez 5 timbres à 0,50F.

Veuillez m'adresser gratuitement la documentation et le disque essai gratuit…

Discolor
La musique en 33 couleurs chez vous

Discolor synchronise le son et la lumière au rythme de vos disques préférés.

Avec **Discolor** l'ambiance devient plus chaude.

Avec **Discolor** la musique est un véritable arc-en-ciel de couleurs qui étonne et éblouit vos invités.
Avec **Discolor** la musique devient encore plus gaie.

se branche sur
votre électrophone
magnétophone
transistor

E. Au jour le jour: 'Concours publicitaire'

 (Voir le vocabulaire à la page 179.)

Vous entendrez sur la bande magnétique de la publicité pour divers produits, dont on a supprimé les noms. Vous devez deviner quels sont les produits.

Se loger à Paris

> **A louer — Invalides
> Studio tt cft asc tél
> chf cent 420F mois**

Explications
1. employée des postes
2. *puzzle, riddle*
3. *what luck!*
4. bureau
5. *flower prints*
6. *packed out*
7. regardent des agendas
8. *hostel*
9. invite
10. agent
11. sans travail
12. chaque mois
13. *bait*
14. *at a good pace*
15. *landing*
16. *skylight*
17. *disgust*
18. *trip*
19. *harmless*
20. à partir de maintenant
21. *bewildered*

Martine, postière[1] a su déchiffrer le rébus[2], car depuis quinze jours elle cherche un logement et elle a maintenant l'habitude des petites annonces. Quelle aubaine![3] Elle téléphone au numéro indiqué. Au bout du fil une agence. Légère déception. Il y aura donc une commission à payer. Qu'importe, 420F, ce n'est pas cher, le petit supplément sera vite amorti.

Martine court au siège[4] de l'agence. Il est 10 heures. La salle d'attente tapissée de fleurs imprimées[5] est surchauffée, enfumée et déjà bondée[6]. Dans le bureau voisin s'agitent six jeunes femmes: elles répondent au téléphone, feuillettent des calepins[7], font patienter les clients.

L'attente est longue. Martine voudrait partir, mais il lui reste trois jours avant de devoir quitter le foyer[8] des P.T.T. où elle a été accueillie provisoirement. Une heure, deux heures s'écoulent. Enfin, après trois heures d'espoir, de crainte et de rêve on la convie[9] à entrer dans le bureau.

'Le studio des Invalides?', demande-t-elle très vite. 'Déjà loué', lui répond-on sèchement. Une des jeunes femmes la prie tout de même de s'asseoir. C'est une courtière[10]. Dix jours auparavant, elle était chômeuse[11]. L'agence l'a engagée en passant une annonce. 'Le travail est facile,' lui avait-on dit. 'Attirés par nos petites annonces, les clients viennent à l'agence. Vous êtes chargée de leur faire visiter les appartements à louer. Lorsque vous faites affaire, vous avez droit à 10% du montant de la commission d'agence. Gain mensuel[12]: de 3 500 à 4 500F.'

'Que cherchez-vous exactement', demande la courtière. Puis, sans attendre la réponse, elle s'empresse d'ajouter que le studio aux Invalides se trouvait au rez-de-chaussée, au fond d'une cour, qu'il était très sombre et très petit, à peine 12 m². En fait, ce fameux studio aux Invalides n'a jamais existé: c'est un appât[13] pour attirer le client.

Il est 13 heures: à présent, les choses vont aller bon train.[14] Prise en main par la courtière, Martine erre d'un immeuble sordide à un logement sinistre. Ici, les W.-C. et la douche sont sur le palier[15]; là, la cage d'escalier dégage des odeurs nauséabondes. Ailleurs, une lucarne[16] tient lieu de fenêtre. Peu à peu, l'écœurement[17] fait place à la soumission. Pendant les parcours[18] en métro, la courtière bavarde, questionne. Le ton semble anodin[19] mais les renseignements qu'elle obtient sont précieux. Elle apprend ainsi que Martine doit se loger au plus tôt, qu'elle ne connaît pas Paris, qu'elle dispose de 3 000F. En un mot, elle connaît désormais[20] le profil de son 'acheteuse'.

Il est 18 heures. Martine est lasse. Apparemment infatigable, l'employée de l'agence lance une nouvelle proposition. Le studio, cette fois, est au troisième étage, il a une fenêtre, il est équipé d'une salle d'eau, sa superficie est raisonnable et la kitchenette est autre chose qu'une table de bois avec un camping-gaz. Mais il coûte 900F par mois. Martine capitule.

Il est 20 heures. La courtière a terminé son travail. Elle a gagné 108F. A la fin du mois, si tout marche bien, elle empochera peut-être 2 000F. Epuisée, elle n'adresse même pas un 'bonsoir' à sa cliente qui, hébétée[21], ne s'en aperçoit d'ailleurs même pas. Toutes les agences ne sont pas comme celle-là, heureusement.

D'après Christine Chambenois, *Le Monde*

F. De quoi s'agit-il?

1. Dans son article (ci-contre) Christine Chambenois parle de la malhonnêteté de certaines agences de location. Vrai ou faux?
2. Pourquoi Martine regarde-t-elle les petites annonces?
3. L'agence n'a pas de studio aux Invalides à 420F. Vrai ou faux?

G. Les mots travaillent

1. Trouvez dans les trois premiers paragraphes ci-contre un mot ou une phrase qui veut dire:
   a) voilà déjà deux semaines qu'elle cherche
   b) elle s'y connaît en petites annonces
   c) ce n'est pas important
   d) il fait trop chaud
   e) il y a trop de monde
   f) deux heures passent
2. Trouvez dans le texte un mot ou une phrase qui veut dire le contraire de:
   a) elle y a été accueillie en permanence
   b) on lui répond chaleureusement
   c) elle avait un emploi
   d) infatigable
3. Complétez les phrases ci-dessous, en employant un substantif (extrait du texte ci-contre).
   a) Elle a été déçue d'apprendre que c'était une agence. Cela lui a causé une légère...
   b) Elle attend longtemps. L'... est longue.
   c) Elle espère trouver un logement. Elle est pleine d'...
   d) Elle gagne 3 500F par mois. Son... mensuel est de 3 500F.
4. Trouvez dans le texte un verbe qui correspond à chaque phrase ci-dessous:
   a) attendre sans irritation b) se dépêcher de
   c) aller par ci par là d) mettre dans la poche

H. Avez-vous bien compris?

1. Pourquoi Martine n'a-t-elle pas eu de difficulté à comprendre la petite annonce?
2. Pourquoi a-t-elle été légèrement déçue en s'apercevant que c'était à une agence qu'elle téléphonait?
3. Qu'est-ce que Martine a trouvé en se rendant à l'agence?
4. Pourquoi devait-elle trouver un logement sans tarder?
5. A votre avis, pourquoi fait-on attendre les gens à l'agence?
6. Depuis combien de temps la courtière travaillait-elle à l'agence?
7. Qu'avait-elle fait auparavant?
8. Si le studio aux Invalides n'a jamais existé, pourquoi avait-on mis une petite annonce?
9. Combien de temps Martine a-t-elle passé en compagnie de la courtière à visiter des logements sordides?
10. Pourquoi, pensez-vous, la courtière a-t-elle emmené Martine dans ces immeubles sordides?
11. Pourquoi la courtière a-t-elle bavardé avec Martine et lui a-t-elle posé tant de questions?
12. Quel est le loyer mensuel du studio qu'a pris Martine à la fin de la journée?
13.* En quoi cette agence s'est-elle montrée malhonnête?
14.* Comment un client pourrait-il se protéger contre des agences comme celle de l'article?

I. Transposition

Recopiez les deux premiers paragraphes du texte comme si vous étiez Martine, et que vous racontiez ce qui s'est passé. Commencez ainsi: J'avais su déchiffrer le rébus, car depuis quinze jours je cherchais un logement...

J. Version

Traduisez en anglais le sixième paragraphe, à partir de: Il est 13 heures...

K. Expression dirigée

Ecrivez en français normal la petite annonce ci-dessous:

Quai de la Loire, Paris 19e. Il reste à vendre au 1er ét. 3 appts. de 3p, cuis. équipée, s. de b., 83m², balc, gar, asc, tél, chf cent, tt cft. Prix à partir de 250 000F. Renseignements sur place ce jour 14h–18h

L. Expression libre

1. Rédigez une petite annonce dans laquelle vous décrivez votre maison ou appartement. Allez-vous être tout à fait honnête? Allez-vous exagérer un peu?
2. Rédigez une annonce pour la maison de vos rêves. Commencez l'annonce: Cherchons...

Leçon 21   L'art de persuader

*Quelques procédés publicitaires

1. Répétition et accumulation

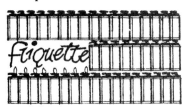

Les publicistes emploient souvent deux procédés voisins mais cependant très différents :
— la répétition : le même produit est représenté plusieurs fois.
— l'accumulation : des produits différents sont présentés dans un désordre relatif.
   La répétition vise souvent à souligner l'originalité du produit.
   L'accumulation, elle, exprime plutôt la profusion, la puissance productive et commerciale du fabricant.

2. La similarité

La comparaison, la similarité sont des procédés photographiques que le message publicitaire emploie volontiers.
   La forme des produits à vendre, leurs couleurs, les situations dans lesquelles on les consomme, peuvent donner lieu à des rapprochements visuels qui permettent à l'annonceur de créer des images originales et spécifiques qui déclenchent des associations visuelles, plastiques ou émotionnelles. On espère qu'ainsi l'annonce sera mieux mémorisée.

3. Le paradoxe

Le paradoxe est une figure de rhétorique que la publicité emploie souvent. Ce procédé a pour but de surprendre, d'obliger le lecteur d'annonces à faire un effort pour rétablir la logique des situations. Ainsi, l'annonce ne passe pas inaperçue et a davantage de chances d'atteindre les premiers de ses buts : attirer l'attention, susciter l'intérêt.
Le paradoxe, en publicité, se combine souvent avec l'humour.

4. La métaphore

La métaphore est un procédé d'expression qui consiste à donner à un mot la valeur d'un autre qui présente avec le premier une analogie (exemple : 'Ces études constituent un tremplin pour l'avenir').
   L'image publicitaire peut avoir recours à ce procédé. On joue très souvent sur le double sens de l'image et du texte. On invite ainsi le lecteur d'annonces à rétablir le sens premier du message, à jouer sur les images et sur les mots.
   Avec ces procédés, la publicité essaie de capter l'attention du lecteur et de l'inviter à rétablir la logique ou la totalité du discours.

A. Analyse de la langue

Cherchez dans le texte ci-dessus tous les exemples…
  1. d'expressions indiquant le but (*purpose*).
     exemple   ce procédé a pour but de…
  2. de l'usage du passif et des verbes pronominaux (*reflexives*). Ensuite, où c'est possible, exprimez le même sens en substituant l'usage du passif à un verbe pronominal, et réciproquement.
     exemples   le produit est représenté —le produit se représente

B. Texte enregistré ⊘

'Consommateurs de tous les pays…' (Voir le vocabulaire à la page 179.) Ce texte servira de base pour développer les exercices d'analyse ci-dessus.

Le texte enregistré contient aussi des expressions utiles pour la traduction du texte anglais ci-dessous.

C. Exploitation

1. La publicité emploie beaucoup de procédés pour nous persuader d'acheter. Quel est le but spécifique de ces techniques?

exemple la répétition: C'est **pour que** le nom du produit **soit** mémorisé.

le publiciste peut	pour/pour que/afin de/afin que
choisir le nom du produit avec soin	créer des associations d'idées
situer la publicité dans un milieu particulier (élégant, rural, etc)	donner l'impression d'originalité
? causer des sentiments de culpabilité	le nom soit mieux mémorisé
exciter l'envie	'prouver' l'efficacité du produit
employer: —la répétition du nom, de mots-clés	suggérer qu'on sera plus heureux (que sa famille sera plus heureuse) en utilisant le produit
—les termes 'scientifiques'	suggérer que les 'experts' utilisent le produit
—l'humour	nous persuader d'émuler les riches, les personnes célèbres, ceux que nous admirons
—les ritournelles publicitaires	
not un personnage: —une personne bien connue	
—la technique 'avant et après'	

2. A vous maintenant. Imaginez que vous devez faire la publicité pour un produit de beauté — une crème qui fait 'disparaître' les rides. Justifiez vos réponses à ces questions:

   a) Quel nom choisirez-vous pour la crème: 'Anti-ride', 'Pêche-d'or', 'My Fair Lady', 'VX79'?

   b) Pour la publicité employerez-vous une jeune fille, un jeune homme, une dame d'une quarantaine d'années, une vieille dame?

   c) Où sera située la publicité? (usine, marché, restaurant, château…)

   d) Comment pourriez-vous employer la technique — 'avant et après'?

   e) Employerez-vous une ritournelle? la répétition?

   f) Employerez-vous une personne bien connue pour la publicité?

   g) Employerez-vous des termes scientifiques? (Votre produit que contient-il? Réagit-il sur l'épiderme de façon à remplacer les huiles naturelles… etc?

   h) Quels mots-clés employerez-vous? (jeune, rajeuni(e), frais, souple…)

D. Traduisez en français

Le texte ci-contre et le texte enregistré: 'Consommateurs de tous les pays', pourront vous être utiles.

1. The Commission of the EEC has just carried out a survey of the attitudes of consumers living in the member countries of the Community. The object of the survey was to discover whether people considered they were sufficiently well-informed in the field of consumer protection, advertising and the functions of political parties.

La publicité, c'est pour quoi faire?

A. Points de départ

A considérer

1. A qui s'adresse la publicité? Quels membres de notre société sont les plus exposés à l'intoxication publicitaire? Qui sont les plus vulnérables? (Soyez prêts à justifier vos réponses).

— les enfants   — les femmes   — les parents
— les adolescents   — les jeunes mariés   — les ouvriers
— les hommes   — les personnes âgées

2. Quels sont les buts de la publicité? Lesquels de ces buts sont utiles à la société?

— faire vendre un produit (un service)
— introduire un produit nouveau sur le marché
— apprendre au consommateur à distinguer un produit parmi d'autres produits concurrents
— informer — augmenter la vente — faire baisser les prix
— encourager la production — faire baisser le chômage

3. Pour combien de produits différents connaissez-vous un slogan ou une ritournelle publicitaire?

B. Guide-discussion

Persuading

Presenting an argument

Il vous faudra, en fin de compte, accepter…, alors pourquoi…
Si vous pouvez admettre que…, pourquoi ne pas accepter…
En effet j'espère/je compte vous démontrer qu'il vaudrait mieux…
Vu que…, n'est-il pas possible que vous changiez d'avis…

Responding to an argument

Warning and advising

Je vous conseille de prendre… au sérieux.
Qu'il s'agisse de… ou de…, je vous recommande…
Je voudrais attirer votre attention sur le fait que…
Vous feriez mieux tout de même de…
Soyez prudent/prenez garde… il est possible que…
Je crois/juge prudent de vous avertir…

C. Pas à pas

1. Pêle-mêle: mettez-vous en groupes pour produire des idées au sujet des questions ci-contre. Prenez des notes sur ce qui vous semble important.
2. Travail à deux: en vous servant de vos notes et des formules dans la case ci-contre, posez des questions à votre partenaire.
3. 'La télévision'. (Voir le vocabulaire à la page 179.) Après avoir écouté la bande enregistrée, et ayant pris des notes, travaillez avec un partenaire, en jouant des rôles: l'un d'entre vous jouera le rôle de Catherine, l'autre celui de son père, André. Ensuite, en vous servant des formules dans la case ci-contre, discutez du sujet de la télévision: quels en sont les avantages et les inconvénients?
4. Discussion en groupes: mettez en commun vos idées et développez-les. Servez-vous de vos notes, si besoin est.
5. Préparez votre plan personnel, en vous inspirant (si vous voulez) des idées exprimées ci-dessous. Ensuite, rédigez la dissertation.

D. Plan de rédaction

Sujet de dissertation: La publicité est nécessaire. Discutez.
Introduction
— tout le monde dit 'je ne regarde/lis jamais de publicité' ou bien 'la publicité n'exerce aucune influence sur moi'
— les producteurs dépensent de vastes sommes d'argent à faire de la publicité
— chacun de nous connaît des slogans et des ritournelles publicitaires
— on n'a qu'à se demander pourquoi on achète tel produit

POUR la publicité
— fournit des renseignements utiles
— souvent amusante et éducative (imaginez des gares sans publicité)
— fait vivre beaucoup de gens
— crée un marché plus vaste
— contribue à la croissance économique de la nation
— diminue le prix des journaux et des émissions de télévision
— encourage la concurrence qui entraîne une hausse de qualité
— les petites annonces rendent service (on peut y trouver un emploi, vendre une maison, trouver un époux)

CONTRE la publicité
— crée une société âpre au gain
— les techniques sont offensives: (répétitives, vous traitant comme un idiot, faisant appel aux craintes, à l'orgueil, à l'avarice)
— crée une demande pour des choses dont on n'a pas besoin
— une industrie parasite qui fait hausser les prix
— les bons produits n'ont pas besoin de publicité
— les ritournelles interrompent les émissions de télévision
— la publicité exagère, trompe le consommateur, persuade au lieu de renseigner

Conclusion

Et vous? Etes-vous pour ou contre la publicité?
Faudrait-il que la publicité soit
   a) honnête (non pas trompeuse)
   b) inoffensive
   c) contrôlée
— Et si l'on fait de la publicité pour des œuvres charitables?
   Est-ce que c'est la même chose?

Pratique 7   Voix passive — voix active

Voix passive – voix active

Gendarme blessé à la jambe

A la suite d'un accident d'automobile sur la R.N.7 le brigadier Drouet de la Brigade de Moulins fut blessé à la jambe quand il fut pris sous les débris de sa voiture.

Avalanches en Haute-Savoie

Deux maisons ont été écrasées près de Chamonix en Haute-Savoie. Elles furent ensevelies sous des tonnes de neige tombée de haute montagne. Trois habitants dont un bébé de six mois ont été sauvés par les services de secours cantonaux.

Caravane volée près de Biarritz

Arrivé à St-Palais, Pyrénées-Atlantiques pour passer une quinzaine dans sa caravane, M. Philippe Bonnard, dentiste de la région parisienne, fut étonné de voir que sa caravane n'était plus là. Elle a été volée depuis son dernier séjour à St-Palais il y a un mois. M. Bonnard a fait savoir que quiconque fournirait des renseignements sur le vol serait généreusement récompensé.

Saying what has happened to you

Gilles Maurier fait un radio-reportage sur les faits divers rapportés dans les articles ci-contre. Comment est-ce qu'il introduit les victimes à ses auditeurs?
1. Quelles questions leur pose-t-il sur leurs mésaventures?
2. Qu'est-ce que les victimes répondent? Employez, si possible, la voix passive dans les questions et les réponses, mais faites attention de ne pas employer le passé simple dans une conversation.
   exemple
   Alors, brigadier, vous avez été blessé à la jambe dans cet accident?
3. Inventez d'autres questions que Gilles aurait pu poser aux victimes. Imaginez aussi leurs réponses.

Difficultés

---

everywhere/nowhere	partout/ne... nulle part
everyone/no-one	tout le monde/ne...
	personne
everything/nothing	tout/ne... rien

Traduisez en anglais:
1. Elle va partout avec son ami.
2. Je l'ai cherchée mais je ne l'ai vue nulle part.
3. Quel beau repas! Je vais essayer un peu de tout.
4. Personne ne l'aime; tout le monde le hait.
5. Rien de ce que tu dis ne m'intéresse.
6. Personne n'a rien vu.

Complétez les phrases en utilisant une des expressions ci-dessus:
1. On trouve ces fleurs... dans le pays.
2. Nous n'avons... dit à...
3. Il écoute... mais il ne révèle...
4. ... n'est arrivé avec le courrier.
5. ... n'est arrivé pour la surboum.
6. ... a essayé de le persuader, mais il ne veut aller...

somewhere/anywhere	quelque part/n'importe où
someone/anyone	quelqu'un(e)/n'importe qui
some (of them)	quelques un(e)s
something/anything	quelque chose/ n'importe quoi

Traduisez en anglais:
1. Y a-t-il quelqu'un?
2. Je suis sûr que je l'ai vue quelque part.
3. Où vas-tu? N'importe où.
4. N'importe qui pourrait le faire.
5. On achète de tout ici — n'importe quoi.
6. Avez-vous quelque chose à déclarer?

Traduisez en français:
1. I think I saw someone in the garden.
2. There were 30 men. Some of them were asleep.
3. Someone knocked at the front door.
4. I don't want that book. Anyone can have it.
5. What do you want to eat? Anything!
6. Have you anything to read?
7. There must be something to read somewhere.

Saying what has been done
Saying what will be done

Dans le bureau de service des expéditions d'un grand magasin, Serge Potin, l'employé préposé à expédier les marchandises aux clients qui les ont achetées ou commandées, est accablé de travail. Le téléphone ne cesse pas de sonner. Ce sont toujours des clients qui veulent savoir où est leur colis, leur réfrigérateur, leur grille-pain, qui disent qu'il faut le livrer d'urgence, et demandent pourquoi il n'a pas été encore livré…

CLIENT(E)	MARCHANDISES	LIVRE
Mme Touren	2 Téléviseurs	✓
M. Thomas	Lave-vaisselle	✓
Mme Hauterive	Fer à repasser	✓
Le Général Peynard	2 Tentes	lundi
Mme Danzat	Aspirateur	mardi
Mme Maloux	Bibliothèque	mardi
M. Lacroix	2 Perceuses électriques	✓
Mme Martinon	3 Tableaux	jeudi

J'ai	acheté commandé payé	… dans le magasin

Pourquoi	il	n'a pas	été livré?
	ils	n'ont pas	été livrés?

Il a été On l'a	livré envoyé expédié	ce matin
Elles seront On les	livrées livrera	jeudi

— J'ai acheté 2 téléviseurs la semaine dernière. Pourquoi ils n'ont pas été livrés?
— Mais ils ont été expédiés ce matin, Madame.
— Vous en êtes sûr? Je ne les ai pas reçus.
— Je vous assure, madame, qu'on les a envoyés ce matin même.
— J'espère bien qu'ils seront livrés avant la fin de la journée.

Imaginez les conversations entre Serge et d'autres clients. Renseignez-vous en regardant son registre d'expéditions ci-contre.

Prepositions following certain verbs

acheter		to buy	
arracher		to snatch	
cacher		to hide	
cueillir		to pick	
échapper	A	to escape	FROM
emprunter		to borrow	
enlever		to take	
louer		to rent, hire	
prendre		to take	
voler		to steal	

exemples   Il acheta un kilo de pommes à la paysanne.
Je ne pouvais pas le cacher à l'agent.
Peux-tu leur emprunter une tente?

boire découper prendre	DANS	to drink to cut out to take	FROM (out of)
parler s'habiller	EN	to speak to dress	AS (A)
prendre ramasser	SUR	to take to pick up	FROM (off)

exemples   Quelle joie de boire de l'eau claire dans une fontaine!
Elle s'est habillée en espion pour le bal masqué.
Il ramassa ses livres sur la table.

Traduisez en français:
1. He was unable to escape from the police.
2. He stole some pears from a shopkeeper.
3. You can hire a boat from a man at the port.
4. We bought these shoes from that salesman.
5. You can't hide the truth from your mother.
6. He took a book from the drawer.
7. Then he took a pen from the table.
8. I'm speaking to you as a friend.
9. Pick your clothes up off the floor!
10. She dresses her children like dolls.
11. I have just cut this article out of the paper.

Dans cette leçon il s'agit de savoir comment se comporter au cours d'une entrevue. On examine aussi comment s'informer sur sa carrière préférée.

Serge Bailly, 18 ans, cherche un poste dans une banque. Le sous-directeur de la banque l'a convoqué pour 10h 15. Serge arrive au bureau du sous-directeur avec un quart d'heure de retard, c'est-à-dire à 10h 30. Il est vêtu d'un blue-jeans et d'une chemise à fleurs, sans cravate. Quand la secrétaire le fait entrer dans le bureau, Serge est en train de fumer une cigarette. Il a les cheveux ébouriffés, les ongles sales… On se demande pourquoi il se comporte d'une manière si bizarre.

Harrap give alternative ← →. (see blue-jeans.)

LE SOUS-DIRECTEUR	Ah, vous voilà enfin, Monsieur Bailly. Je m'appelle Hervé Leroy.
SERGE	Salut. Fait chaud, hein?
LE SOUS-DIRECTEUR	Vous voulez vous ass… ah, je vois que c'est déjà fait. *(Serge se vautre dans un fauteuil.)*
SERGE	Pas mal, hein, celle-là? *(Il cligne de l'œil et indique la secrétaire qui sort.)*
LE SOUS-DIRECTEUR	Hmm… Dans votre lettre vous dites que vous avez réussi récemment au C.A.P. d'employé de banque, mais la personne qui vous a recommandé affirme le contraire.
SERGE	J'ai dit ça? Je crois qu'il y a une erreur.
LE SOUS-DIRECTEUR	Peu importe… A propos, la Banque Commerciale s'écrit avec deux 'm'. Vous n'en avez écrit qu'un.
SERGE	Ah bon? Je n'aurais pas cru…
LE SOUS-DIRECTEUR	Eh bien, je ne pense pas que… *(Serge l'interrompt.)*
SERGE	A propos. Je n'aime pas ce papier peint — c'est moche, non?
LE SOUS-DIRECTEUR	C'est moi qui l'ai choisi. Eh bien, monsieur Bailly, si vous voulez bien ôter vos pieds de cette petite table, je crois que nous avons terminé.
SERGE	Terminé déjà? C'est tout? Quand est-ce que je commence?
LE SOUS-DIRECTEUR	On vous le fera savoir…

A. Adaptations

1. Quelques conseils à l'intention de tous ceux qui sont convoqués pour un emploi.

confirmez le rendez-vous	ne fumez pas
arrivez de bonne heure	ne critiquez pas le décor
asseyez-vous confortablement	ne vous vautrez pas dans le fauteuil
soyez honnête	
parlez distinctement et posément	ne mentez pas
	n'employez pas trop d'argot
montrez-vous curieux de savoir ce que vous ferez	ne soyez pas indiscret
	ne soyez pas impoli
soyez curieux de savoir avec qui vous travaillerez	n'ouvrez pas la porte sans frapper
renseignez-vous sur l'établissement où vous demandez un emploi	ne claquez pas la porte
faites attention à votre tenue vestimentaire	
soyez soigné et propre	

Monsieur,
       J'ai regret de vous faire savoir qu'à la suite de notre entrevue il ne me sera pas possible de donner une suite favorable à votre candidature à un poste d'employé de banque.
       Ce poste a été finalement attribué à une personne possédant le C.A.P. et qui trouvera plus facile de s'adapter au monde plutôt 'formel' de la banque.
       Veuillez agréer, monsieur, l'expression de mes sentiments distingués.
                    Hervé Leroy

2. Evidemment Serge Bailly n'a pas suivi ces conseils.
   a) Dites ce qu'il a fait qu'il ne fallait pas faire.   = il n'aurait pas dû...
   exemple   Il ne fallait pas qu'il critique le papier peint.

   b) Qu'est-ce qu'il n'aurait pas dû faire?
   exemple   Il n'aurait pas dû se vautrer dans le fauteuil.

   c) Qu'est-ce qu'il aurait dû faire?
   exemple   Il aurait dû arriver de bonne heure.

   d) Dites ce que vous auriez fait à sa place.
   *exemples   J'aurais confirmé le rendez-vous.
                Je serais arrivé de bonne heure.*

Vous pouvez employer les conseils ci-dessus.

B. Expression dirigée

Peu de temps après son entrevue, Serge Bailly reçoit une lettre de la Banque Commerciale:

Dans cette lettre M. Leroy ne précise pas pourquoi Serge n'a pas réussi. A l'aide des conseils ci-dessus, rédigez la lettre que M. Leroy aurait pu écrire. Donnez des raisons pour sa décision et des conseils pour l'avenir.

C. Ecoutez bien 🎧

'Aucun espoir'. (Voir le vocabulaire à la page 179.) Serge Bailly raconte l'histoire de son entrevue à une amie. Ecoutez la conversation une ou deux fois en cherchant des phrases pour rendre en français les phrases anglaises ci-dessous:

1. how did you get on?
2. why was that?
3. liked to hear the sound of his own voice
4. then what?
5. no hope of getting the job

Entrevues pour un emploi

 1. Richard Dubois, jeune homme nerveux et timide voudrait un emploi de programmateur:

RICHARD — Bon... bonjour monsieur. Je viens à propos de l'annonce...

LE DIRECTEUR — Ah! Vous seriez intéressé par un emploi de programmateur?

RICHARD — Oui monsieur, oui. Si c'était possible, je... je...

LE DIRECTEUR — Asseyez-vous. Vous avez déjà travaillé?

RICHARD — Non, j'ai simplement fait des stages. Je... je sors de l'université. J'ai un B.T.S. en informatique.

LE DIRECTEUR — Quel âge avez-vous?

RICHARD — Vingt et un ans. Programmateur, ça me plairait beaucoup.

LE DIRECTEUR — Vous êtes tout de même un peu jeune, et surtout inexpérimenté.

RICHARD — Oui, je sais, monsieur, je sais... mais... mais il faut bien commencer un jour.

LE DIRECTEUR — Bon... Je vous prends à l'essai pendant un mois. On verra comment vous vous débrouillerez. Mais il faudra prendre de l'assurance.

RICHARD — Oh, merci monsieur. Vous ne regretterez pas de m'avoir fait confiance. Quand est-ce que je commence?

LE DIRECTEUR — On vous le fera savoir.

2. Marianne Béarn, jeune fille pleine d'assurance, voudrait se faire embaucher comme secrétaire:

MARIANNE — Je sais que vous recherchez une secrétaire. Je l'ai lu tout à l'heure dans le journal. Alors je me suis présentée. *(Elle rit.)*

LE DIRECTEUR — Quels sont vos diplômes et vos références?

MARIANNE — Question diplômes, ça va: un C.A.P. et un brevet de sténo-dactylo. Pour les références, c'est déjà moins bien. Vous savez, moi, je suis franche...

LE DIRECTEUR — Ah bon. Je ne l'aurais pas cru.

MARIANNE — J'ai l'habitude de dire ce que je pense. Alors ça ne plaît pas à tout le monde, vous savez. Je n'ai jamais pu m'entendre plus de six mois avec un patron. J'ai déjà travaillé au secrétariat d'un grand garage, chez un avocat — brr, c'était triste! — au service comptabilité d'un super-marché... là, c'était plus amusant... Après ça...

LE DIRECTEUR — Oui, oui, oui, je vois, je vois. Vous êtes disponible immédiatement?

MARIANNE — Ah, tout de suite, si vous voulez. Je suis libre comme l'air! J'adore taper à la machine et je tape vite. Quand est-ce que je commence?

LE DIRECTEUR — Euh!... On vous le fera savoir.

D. Avez-vous bien compris?

Ecoutez les deux conversations ci-contre.

1. Comment est le jeune homme?
2. Quel genre d'emploi lui plairait?
3. Est-ce qu'il est embauché sans condition?
4. Comment est la jeune fille?
5. A-t-elle des diplômes et des références?
6. A-t-elle déjà travaillé?

E. Travail à deux

Vous cherchez un emploi et vous êtes convoqué pour une entrevue. En vous aidant des deux conversations ci-contre, dressez la liste des questions qu'on pourrait vous poser. Puis, avec un partenaire, imaginez la conversation entre vous et le P.D.G. de l'établissement où vous vous présentez.

F. Expression dirigée

Deux entrevues différentes

1. Vous cherchez du travail et vous êtes convoqué pour deux entrevues le même jour. Lorsque vous pénétrez dans la pièce où a lieu la première entrevue, vous avez une première impression. Le directeur est assis derrière son bureau. Il reste assis quand vous entrez. Le siège qu'il vous offre est à un niveau moins élevé que le sien. Il ne semble pas attentif lorsque vous parlez.
2. Au cours de la deuxième entrevue, le P.D.G. se lève quand vous entrez. Il vous serre la main et vous offre de prendre place à côté de lui, près d'une table basse. Il vous regarde avec intérêt pendant que vous parlez, et à la fin de l'entrevue il promet de vous en faire savoir le résultat le plus tôt possible.
   a) D'après vous, quelle est la signification de la manière de faire de chacun des deux patrons? Pour lequel d'entre eux préféreriez-vous travailler? Pourquoi?
   b) Vous racontez ce qui s'est passé pendant chacune de ces entrevues à un ami. Qu'est-ce que vous lui dites? Commencez par: Je suis entré dans la pièce…

G. Offres d'emploi

SECRETAIRE BILINGUE
Permanent ou à temps partiel. Parlant anglais. Sachant conduire et écrire à la machine. Travail intéressant. Adressez-vous au Bureau d'Enquêtes no. 906 Agence Trouve-Tout, rue St-Honoré, Paris 17e.

A la suite de cette annonce que vous avez lue dans le journal, vous voudriez vous faire embaucher comme secrétaire bilingue. Ecrivez une lettre à ce Bureau d'Enquêtes pour demander des détails supplémentaires sur le genre de travail qui est proposé et pour vanter certaines de vos qualités et de vos capacités. Commencez votre lettre: *Monsieur*, et terminez-la: *Dans l'attente de votre réponse, veuillez agréer, monsieur, l'expression de mes sentiments distingués.*

Les phrases suivantes pourront vous être utiles:
   ayant pris connaissance de votre annonce…
   je vous serais reconnaissant…
   me faire parvenir/m'envoyer…
   serais intéressé à…
   prêt à tout faire…
   accepterais tout emploi…
   très attiré par l'emploi de secrétaire…
   de quel genre de travail s'agit-il…?
   déjà travaillé comme…
   une certaine expérience…
   je suis très disponible…
   diplômes nécessaires? âge d'admission?
   horaires de travail? lieu de travail?
   rémunération?

Leçon 23   Fantaisie et réalité

Beaucoup de jeunes ont, pendant leur jeunesse, l'idée fantaisiste de devenir pilote ou steward ou hôtesse de l'air. Quelques vérités sur ces deux métiers vous ouvriront peut-être les yeux sur les inconvénients et les avantages d'une carrière dans l'aviation !

Explications
1. *training*
2. diplôme
3. fatigants
4. sans interruption
5. changements d'horaire
6. inquiétude
7. qui lui donnent
8. renseignements
9. ligne de vol
10. révision, perfectionnement
11. emprisonnées
12. *snore*
13. personnes de mauvaise humeur
14. trouver et rendre
15. prises de panique
16. libérées, créées
17. *numbing*

1. Pilote de ligne

La formation professionnelle[1] d'un pilote de ligne se déroule en quatre phases : un enseignement théorique dispensé à Toulouse, un an de formation pratique à Montpellier suivi d'une année d'initiation au pilotage sans visibilité à Saint-Yan (Saône-et-Loire) sur le brevet[2] de pilote professionnel de première classe, et, enfin, un stage d'adaptation au travail en ligne d'une durée de six mois à un an.

Un rythme de vie totalement différent de la normale, des horaires de travail fluctuants et parfois très astreignants[3] pouvant aller jusqu'à quatorze heures d'affilée[4], la répétition d'une succession de décalages[5] entraînant peu à peu une dégradation de l'organisme, une ambiance bruyante : tels sont les 'points noirs' du métier de pilote. A cela s'ajoute une angoisse[6] permanente due à des contrôles médicaux et techniques périodiques susceptibles d'entraîner la radiation. Si, durant le vol, le pilote donne parfois une impression d'inactivité, il ne faut pas s'y fier ; il est, en réalité, fort occupé à surveiller une série d'instruments fournissant[7] tous les paramètres[8] de vol (altitude, route, marche des moteurs), et à l'aide de cette synthèse, à assurer la trajectoire[9].

En raison du progrès technique, il est rare qu'un pilote accomplisse toute sa carrière sur un même type d'appareil. Aussi doit-il se livrer fréquemment à une remise à jour[10] des connaissances acquises. La carrière est courte, car la limite d'âge est fixée à soixante ans.

Michaela Bobasch, *Le Monde de l'Education*

2. Steward ou hôtesse de l'air

—et surtout, ne jamais cesser de sourire ! Quand cent, deux cents, quatre cents, personnes dont les intentions et les désirs sont profondément différents, se trouvent coincées[11] pendant plusieurs heures dans une caisse de métal lancée à une vitesse considérable, il est naturel qu'il y ait des frictions. Il y en a qui se mettent les doigts dans le nez, d'autres qui sentent mauvais ; certains qui ronflent[12] et qui ne se réveillent que pour se quereller avec leurs voisins ; il y a les agités, les râleurs[13], ceux qui ont le mal de l'air, ceux qui se plaignent que le moteur fait trop de bruit ou qu'il n'en fait pas, ceux qui trouvent que le pilote parle trop ou que ses explications manquent de clarté... Ou bien il y a trop de lumière, ou pas assez... Il fait trop chaud, trop froid... Enfin, point capital, il y a ceux qui se demandent où diable a bien pu passer ce gin tonic commandé il y a déjà vingt secondes. Il y en a même, de loin en loin, qui sans prévenir, brandissent une arme et se mettent à jouer aux pirates de l'air.

Au nombre des devoirs des stewards et des hôtesses : récupérer[14] les fausses dents tombées dans les sacs de papier destinés aux malheureux dont l'estomac se révulse à chaque trou d'air, nettoyer les enfants qui se sont oubliés, porter secours aux dames affolées[15] par la robinetterie spéciale des toilettes. Il leur faut venir à bout en somme de toutes les situations fâcheuses susceptibles d'être déclenchées[16] par cette étourdissante[17] combinaison d'appréhension, d'alcool et d'ennui.

Et par-dessus le marché, ils ne doivent jamais oublier de sourire.

Sunday Times et Magnum

A. Les mots travaillent

1. Trouvez dans le premier texte ci-contre un mot ou une phrase qui veut dire :
   a) on ne travaille pas aux mêmes heures tous les jours
   b) quelquefois il semble n'avoir rien à faire
   c) vous ne devez pas y faire attention
   d) pendant que l'avion est dans l'air
2. Dans le premier texte trouvez un mot ou une phrase qui a le sens contraire de :
   a) l'enseignement théorique
   b) une atmosphère tranquille
   c) les avantages de la profession de pilote
   d) d'habitude les pilotes ne changent pas de type d'avion
3. Trouvez dans le second texte ci-contre un mot ou une phrase qui veut dire :
   a) les personnes qui sont assises à côté d'eux
   b) très rarement
   c) les choses qu'on doit faire
   d) des bandits armés qui s'emparent d'un avion
4. Dans le second texte trouvez un mot ou une phrase qui a le sens contraire de :
   a) les désirs sont tout à fait les mêmes
   b) les personnes sont libres de partir
   c) ceux qui restent calmes
   d) il explique très clairement

B. Avez-vous bien compris?

1. Après son enseignement théorique à Toulouse, le pilote de ligne passe à Montpellier. Pour combien de temps et pour quoi faire?
2. De quel diplôme le pilote doit-il être muni, avant de pouvoir commencer son stage d'adaptation au travail en ligne?
3. En quoi la vie d'un pilote de ligne est-elle différente de la normale?
4. Qu'est-ce qui est à l'origine de l'inquiétude du pilote?
5. Pourquoi est-il rare qu'un pilote travaille tout le temps sur le même type d'avion?
6. Comment est-ce que le steward ou l'hôtesse de l'air doit se comporter malgré toutes les difficultés?
7. Certains passagers se plaignent du pilote, du moteur, du service. Expliquez comment.
8. Que ferait un 'pirate de l'air' s'il voulait s'emparer d'un avion?
9.* Pourquoi, à votre avis, la limite d'âge pour un pilote de ligne est-elle fixée à 60 ans?
10.* Relevez dans les textes les inconvénients que présentent le métier de pilote et celui de steward ou hôtesse de l'air.
11.* A votre avis, quelles sont les qualités nécessaires pour devenir:
   a) pilote de ligne   b) steward ou hôtesse de l'air?

C. Version

Traduisez en anglais à partir de: Il y en a qui se mettent le doigt... jusqu'à: jouer aux pirates de l'air.

D. Au jour le jour ⊘

Ecoutez, sur la bande magnétique, le reportage: 'La chance de Marie-Claude'. Ensuite, répondez aux questions à la page 180.

Offres d'emploi

Henri Flottes vient de quitter le lycée. Chaque jour il étudie les offres d'emploi dans tous les journaux.

Il ne sait pas vraiment ce qu'il voudrait faire, mais de temps en temps, il répond à une annonce par curiosité…

Châteaubriand
ou
Château Latour?

… si vous connaissez la différence **contactez-nous**. Contrairement au marché des vins en France, saturé, l'Angleterre consomme de jour en jour des quantités croissantes de notre jus de Bacchus. Aidez-nous dans notre conquête du marché britannique de manière à ce que le vin remplace le thé en tant que boisson No. 1. Vous ne devez pas faire un travail de pionnier mais avec de la volonté et de l'ambition continuer à accroître une clientèle déjà existante. Vous aurez le privilège de pouvoir compter sur le support d'une des plus importantes maisons de vins européennes et d'avoir un emploi assuré. Si vous pensez pouvoir remplir nos conditions et avoir l'esprit de notre équipe, venez nous rejoindre. Indiquez dans votre candidature qui vous êtes et ce que vous avez fait jusqu'à ce jour. Nous vous répondrons rapidement et nous vous ferons parvenir nos propositions.

Vendeuse (parlant anglais) libre de suite:
Tél: 225–59–29–Urgent

Importante Société d'Appareils Electroménagers Paris-la Défense recherche un Traducteur langue anglaise

Au sein de notre direction commerciale, il ou elle sera chargé(e), en collaboration avec deux personnes, de la traduction de textes techniques pour offres d'ensembles industriels à l'exportation. La préférence ira à une personne de langue maternelle anglaise, ayant, si possible, une première expérience de traducteur dans une industrie semblable.

SOLOPRIX

recherche pour ses magasins un inspecteur (ou une inspectrice) pour contrôler et limiter les vols à l'étalage. Situation prévue à Dijon après une formation spécifique de plusieurs mois à Paris.
Le candidat bénéficera
- d'un salaire qui sera fonction de son expérience passée
- d'un restaurant d'entreprise
- d'avantages sociaux nombreux dans un cadre de travail agréable

Il travaillera 5 jours par semaine avec un samedi sur 2 de libre.
Envoyer lettre manuscrite et curriculum vitae, photo et références à Direction du Personnel.

**Pétrofrance
recherche
DACTYLO
Poste stable 5 x 8 h.
Vacances assurées**

No. 1. DANS SA PROFESSION **recherche**
REPRESENTANTS REPRESENTANTES
même débutants — libre de suite
Nous vous DEMANDONS: **une excellente présentation**
Nous vous OFFRONS: **de vendre des articles réputés de 1ᵉʳᵉ qualité et de consommation permanente —**
si VOTRE CANDIDATURE EST ACCEPTEE, VOUS AUREZ
— formation assurée   — avantages sociaux
— salaire élevé et primes —
— possibilités d'avancement — 5 semaines de congés payés

*Se présenter: lundi ou mardi de 9h — 12h, Mme Bernié,
Hôtel Babylone, bd. Raspail.*

I.P.M.

Nous recherchons pour notre usine de Paris	*Nous offrons:*	
des	— des postes bien rémunérés	— installations sportives
Peintres	— une formation permanente	— restaurant d'entreprise (repas 5F)
Mécaniciens	— des possibilités de promotion	— vêtements de travail fournis
Electriciens	— transports particuliers depuis centre ville	— vacances août — 1 mois

---

DEVENEZ DETECTIVE
En 6 mois, L'ECOLE INTERNATIONALE DE DETECTIVES-EXPERTS **(Organisme d'enseignement à distance) vous prépare à cette brillante carrière. La plus importante et la plus ancienne école de police privée fondée en 1937. Formation complète pour détective privé et préparation aux carrières de la police. Certificat et carte professionnelle en fin d'études. Gagnez largement votre vie avec une situation** BIEN A VOUS. N'HESITEZ PAS. **Demandez notre brochure gratuite.**

Importante société
industrielle
recherche
pour PARIS *et proche banlieue*

JEUNES GENS

munis de permis de conduire
Ils seront formés comme AUXILIAIRES DE SECURITE
Horaires: 20h de présence suivies de 48h de repos
Ces postes peuvent déboucher sur une évolution rapide de carrière pour des candidats de valeur

E. Avez-vous bien compris?

En cherchant dans les annonces ci-contre dites:
1. Combien d'offres d'emploi proposent une formation professionnelle?
2. Pour quels emplois, pensez-vous, n'a-t-on pas besoin d'expérience?
3. Quel emploi est à prendre d'urgence?
4. Quels sont les horaires de travail de l'emploi de dactylo?
5. Combien de temps faut-il pour devenir détective privé?
6. Quelle profession donne droit à cinq semaines de vacances?
7. Dans l'une des annonces, on demande une personne de langue anglaise pour un travail de traduction. Cherche-t-on un homme ou une femme? *cf. no. 10.*
8. Pour deux autres postes une connaissance de l'anglais serait utile. Lesquels?
9. Qui complètera sa formation à Paris avant d'aller travailler ailleurs?
10. Une des annonces ne contient pas d'offre d'emploi. Laquelle? Qu'est-ce qu'elle offre? *-?*
11. Qu'est-ce qui se vend de plus en plus en Angleterre?
12.* Quel genre de travail fait un 'représentant'?
13.* Pourquoi I.P.M. fournit-il des vêtements de travail?
14.* A votre avis, quelle annonce est la mieux composée, la plus frappante? Justifiez votre réponse.

F. Expression dirigée

Voici (ci-dessous) la lettre qu'Henri Flottes a envoyée en réponse à une des annonces. Il a joint à sa lettre son curriculum vitae (voir ci-contre).

```
                              Châteaubriant, le 17 avril
Monsieur,
        En réponse à votre annonce parue aujourd'hui
dans le Monde, j'ai l'honneur de poser ma candidature
au poste de traducteur.
        Comme vous le verrez dans mon curriculum vitae
(ci-joint) j'ai 18 ans et ayant une mère anglaise, je
connais à la perfection l'anglais. J'ai passé de
nombreuses vacances en Angleterre. Vous verrez aussi
que j'ai passé mon baccalauréat (section
Mathématiques et Technique); je me crois donc
qualifié pour occuper le poste que vous offrez.
        Dans l'attente d'une réponse favorable, je vous
prie d'agréer,Monsieur, mes respectueuses
salutations,
```

Henri Flottes

G. Expression libre

1. Choisissez l'une des offres d'emploi (ci-contre). Ecrivez une lettre demandant des détails supplémentaires sur l'emploi. Commencez la lettre:
   Monsieur (ne pas employer — cher). Demandez des renseignements sur ce que vous jugez utile et important de savoir et qui ne sont pas donnés sur l'annonce. (Je voudrais bien savoir… Je vous serais reconnaissant de bien vouloir me signaler… me faire part de… Votre annonce n'a pas précisé…) Terminez la lettre par: Je vous prie d'agréer, Monsieur, l'expression de mes sentiments distingués. Et signez (nom et prénom).

2. Ecrivez votre curriculum vitae. Vous direz qui vous êtes; vous donnerez tous les détails sur vos études et sur votre éducation; vous direz quels sont vos goûts et vos intérêts, si vous avez fait des stages, si vous avez déjà travaillé, même à temps partiel, etc.

```
Curriculum vitae
Nom FLOTTES
Prénom Henri
Age 18 ans            Célibataire
Né à Cannes de nationalité française
Education - Lycée R. Schumann à Châteaubriant
             Baccalauréat (E)
Emplois antérieurs:
fixes       -         nul
temporaire - (i)  moniteur dans une colonie de
                    vacances (2 années de suite)
             (ii)  guide interprète (pendant 2 mois)
Connaissance des langues:
anglais     parlé et écrit - parfaite
allemand    parlé - assez bonne
            écrit - moins bonne
Autres informations:
            Muni du permis de conduire
            Bonne présentation
            Esprit ouvert
            Santé excellente
            Mère anglaise
Pour références s'adresser à:
            Mme. A. Aulnette,
            Lycée R. Schumann, 44110 Châteaubriant.
ou à:       M.P. Ferlin,
            Agence Sunway, Place du Marché,
            44110 Châteaubriant.
```

Leçon 24 La formation professionnelle

La formation professionnelle continue

La Formation Professionnelle Continue fait partie de l'Education permanente. Elle a pour objet de permettre l'adaptation des travailleurs au changement des techniques et des conditions de travail, de favoriser leur promotion sociale par l'accès aux différents niveaux de la culture et de la qualification professionnelle et par leur contribution au développement culturel, économique et social. Tous les salariés, qu'ils soient employés dans l'agriculture, l'industrie ou le commerce, ont le droit de s'absenter pendant leurs heures de travail pour suivre un cours ou un stage de formation dont la durée ne peut pas dépasser un an s'il s'agit d'une formation à temps plein, 1 200 heures s'il s'agit d'une formation à temps partiel. Les salariés doivent avoir plus de deux ans d'ancienneté, être à plus de cinq ans de la retraite et ne pas avoir bénéficié d'un congé de formation pendant un 'délai de franchise' qui n'est jamais inférieur à un an.

Les employeurs doivent de leur côté consacrer chaque année un certain pourcentage des salaires versés dans l'année pour financer des actions de formation au bénéfice de leur personnel. A défaut, ils devront verser cette somme au Trésor.

Si c'est l'employeur qui envoie un de ses salariés en stage, il doit lui garantir le maintien intégral de son salaire et la prise en charge de tous les frais de formation.

Si c'est le salarié qui demande à suivre une formation, la rémunération n'est maintenue que pour les salariés victimes d'un licenciement collectif et ceux qui suivent certaines formations. L'Etat, quant à lui, rémunère les stagiaires qui ne sont pas salariés, les travailleurs licenciés qui se préparent à un nouvel emploi, les mères de famille désirant trouver un emploi. Cette aide varie d'une à cinq fois le S.M.I.G. (le salaire minimum).

Les jeunes de seize à dix-huit ans qui n'ont pas d'emploi reçoivent une aide égale à environ 1/3 du S.M.I.G.

France (*Documentation Française*)

A. Analyse de la langue

Cherchez dans le texte ci-dessus tous les exemples…
1. de l'usage des prépositions : **à, pour, par, pendant, dans.** Ensuite, traduisez en anglais les phrases dans lesquelles ces expressions se trouvent.
2. d'expressions indiquant une comparaison.
   exemple   à plus de cinq ans de la retraite
3. de l'usage de l'infinitif.
   exemple   le droit de s'absenter

B. Texte enregistré ⊗

'La menace de l'usine'. (Voir le vocabulaire à la page 180.)
Ce texte servira de base pour développer les exercices d'analyse ci-dessus.
Le texte enregistré contient aussi des expressions utiles pour la traduction du texte anglais ci-contre.

C. Exploitation

1. Avant de se lancer dans une carrière professionnelle, il faut peser le pour et le contre de cette profession. Quels sont les éléments que vous prendriez en considération avant d'effectuer votre choix?

ce que	j'aimerais	**c'est**	bon salaire (de départ)
ce qui	je n'aimerais pas		beaucoup de liberté
	aurait la plus grande influence sur moi		sécurité de l'emploi
	n'a qu'une faible importance pour moi		possibilité de voyager
	j'estime indispensable		travailler près de chez moi
	je considère essentiel		possibilité d'avancement
			avoir des responsabilités
			horaires de travail raisonnables
			longs congés/pension de retraite
			contacts humains
			restaurant d'entreprise

2. a) Quelles sont les qualités qui vous semblent nécessaires pour exercer les différentes professions?

exemple **Il faut qu'**un médecin **ait** de la patience; **qu'il soit** pratique.

il faut qu'	(un/une)	soit	gentil(le)
il est nécessaire qu'	agent de police	ait	poli(e)
	architecte	veuille	pratique
	assistant(e) social(e)		sévère
	infirmier(-ère)		sociable
	journaliste		sympathique
	marchand(e)		flexibilité
	médecin		imagination
	professeur		patience
	représentant(e)		tempérament d'artiste
	secrétaire		aider/conseiller/créer/résoudre

b) Cherchez un avantage et un inconvénient pour chacun de ces métiers.

exemples **Quoiqu'**un médecin **ait** la satisfaction d'aider les malades, ses horaires sont longs.

ou Il a la satisfaction d'aider les malades, **bien que** ses horaires **soient** longs.

D. Traduisez en français

Le texte ci-contre et le texte enregistré: 'La menace de l'usine' pourront vous être utiles.

1. It must be very difficult to get up early every morning five days a week, forty-eight weeks a year, to begin another day of work in a factory amid deafening noise. No-one could find it pleasant to be at the mercy of the merciless conveyor belt, having to make the same endlessly repeated movements, so many times a minute for eight hours a day. It's not surprising, then, that many of those who have boring jobs in cold and noisy factories would like to change their working conditions.

2.* Since 1971 all wage-earners in France have had the right to improve their position by taking a training course. Their salaries are guaranteed while they are taking the courses, to which all employers have to contribute a certain sum each year. That's the way in which many workers have escaped from boring jobs and have won higher professional status or even acquired a completely new trade.

La vie (in)active

A. Points de départ

A considérer

1. Quels sont les motifs de contentement dans son travail?
   — utilité à la société — emplacement — conditions — horaires
   — personnel — poste de responsabilité — faire ce qu'on aime faire...

2. Si vous cherchiez un emploi pour les vacances, quelle sorte d'emploi préféreriez-vous? Chercheriez-vous un travail:
   — dangereux ou en toute sécurité   — manuel ou cérébral
   — sédentaire ou mobile   — avec des horaires précis ou flexibles
   — dans un grand établissement ou à votre compte

3. Quels sont les avantages et les inconvénients des métiers de: professeur, secrétaire, ouvrier d'usine, P.D.G., dentiste? Quel est le métier que vous aimeriez suivre, si vous aviez le choix? Quels sont les attraits et les inconvénients de ce metier?

B. Guide-discussion

Summarising a case

Presenting an argument

De toute façon, on peut dire...
En somme/bref, il faut considérer...
Je n'ai pas la moindre doute que... soit nécessaire/indispensable
Résumons tous les avantages et les inconvénients de...
Reprenons tout ce qu'il y de plus important... en —ant...

Responding to an argument

Comparing arguments

D'une part, je dirais que..., mais d'autre part...
Il reste beaucoup de différences entre... et...
Pour ce qui est de..., ces différences sont trop importantes pour...

Evaluating a case

En ce qui concerne/dans le domaine de... je reste de l'avis que...
Jusqu'à un certain point, je trouve possible d'être en accord avec...
Examinons de près ce qu'a dit... au sujet de...

C. Pas à pas

1. Pêle-mêle : mettez-vous en groupes pour produire des idées au sujet des questions ci-contre. Prenez des notes sur ce qui vous semble important.
2. Travail à deux : en vous servant de vos notes et des formules dans la case ci-contre, posez des questions à votre partenaire.
3. 'L'ouvrier d'aujourd'hui'. (Voir le vocabulaire à la page 180.) Après avoir écouté la bande enregistrée (plusieurs fois si besoin est), et ayant pris des notes, travaillez avec un partenaire, en jouant des rôles : l'un d'entre vous essayera de se rappeler les questions posées par l'interviewer, l'autre y répondra.
4. Discussion en groupes : mettez en commun vos idées et développez-les. Servez-vous de vos notes, si besoin est.
5. Préparez votre plan personnel, en vous inspirant (si vous voulez) des idées exprimées ci-dessous. Ensuite, rédigez la dissertation.

D. Plan de rédaction

Sujet de dissertation : Comment organiser le monde du travail de demain ?

Introduction (premier paragraphe)
— avec les ordinateurs, les moyens de communication, les machines modernes, on aura de moins en moins besoin du travailleur humain
— plus question d'heures supplémentaires ; problème à résoudre pour la main d'œuvre, les salariés, les cadres également
— comment organiser la vie active ? — résumé des solutions possibles

Paragraphe 2 : besoin de formation professionnelle
— variété de la journée de travail — formation permanente (continue)
— comment mieux organiser cette formation ? (une quinzaine par an, un jour par semaine, quelques heures par jour ?)

Paragraphe 3, 4 (et 5) : étant donné l'augmentation du chômage, comment mieux partager le travail ?
a) emploi à temps complet pour quelques-uns — devraient faire vivre le reste *(= les autres ?)*
b) emploi à temps partiel pour tout le monde
c) prendre la retraite obligatoirement à l'âge de 35 ans
d) enseignement et service militaire (ou non-militaire) obligatoire jusqu'à l'âge de 25 ans
e) raccourcir la semaine de travail (2 jours de travail, 5 jours de loisirs)
f) deux personnes partager un emploi (des inconnus, des amis, un homme et sa femme), chacun travaillant des horaires qui lui conviennent — 'le flexitemps'

Conclusion (dernier(s) paragraphe(s))
— solution idéale ? mélange des solutions ci-dessus ?
— un souci : qui va faire les travaux les moins agréables ?
          chacun à son tour ? une classe sociale inférieure ?
          ceux qui font leur service 'militaire' ? les étrangers ?
— comment organiser le monde des loisirs ? (besoin de formation à l'école aujourd'hui)… c'est le sujet d'une autre dissertation

Pratique 8 The imperfect and the future tenses

L'imparfait

Describing life as it used to be

A. Serge Bailly interroge ses grands-parents sur les conditions de vie il y a cinquante ans, quand ils étaient jeunes.
1. Qu'est-ce que Serge demande? Que répondent grand-père et grand-mère?

exemples
Vous alliez à quelle école quand vous étiez jeunes?
Grandpère:
Moi, j'allais au Lycée de Garçons de Grenoble.
Grandmère:
Et moi, j'étais élève de l'Ecole de Filles de Quimperlé.

Serge	quelle école?	à quelle heure les cours commençaient?	matières préférées?	à l'école jusqu'à quel âge?	sports à l'école?	passetemps?	à manger?	emploi à l'âge de 20 ans?
grand-père	lycée de garçons, Grenoble	à 8h.	français, mathéma-tique, sciences, latin	14 ans	athlétisme	pas beaucoup de loisirs — échecs	produits frais produits laitiers	armée
grand-mère	école de filles, Quimperlé	ne s'en souvient pas peut-être à 8h.30	anglais, français, arts ménagers	13 ans	aucun	piano tricot	beaucoup de légumes pas beaucoup de viande	infirmière

2. Que dirait Serge Bailly en racontant la vie de ses grands-parents à son ami? Employez autant que possible l'imparfait dans votre récit.
3. A bien des égards, les conditions de la vie de nos jours sont très différentes de celles d'il y a cent ans. Faites une liste de toutes les différences qui vous viennent à l'esprit en dix minutes.

exemple Aujourd'hui il y a beaucoup de voitures. Il y a cent ans il y en avait très peu.

Difficultés

---

good   well   better   best
bon(ne) meilleur(e) le meilleur <adjectif
                      la meilleure
                      etc.
bien   mieux   le mieux <adverbe
  N.B. The adjectives **bon, meilleur,** etc., describe nouns.
  The adverbs **bien, mieux,** etc., usually describe verbs or adjectives.
exemples Janine est ma meilleure amie.
  Il joue bien de la guitare.
  Je suis bien content de mon cadeau.
Complétez les phrases en employant la forme convenable de **bon, bien,** etc.
1. C'est un pianiste; il joue...
2. Ma note n'est pas très..., mais elle est... que l'année dernière.
3. Il joue... au rugby; beaucoup... que son frère.
4. Tu as... fait de me prévenir.
5. De toutes les filles c'est Sylvie qui chante...

bad   badly   worse   worst
mauvais(e) plus le plus mauvais <adjectif
            mauvais(e) la plus mauvaise
            (pire) etc.
mal   plus mal le plus mal <adverbe
       (pis)
  N.B. **Mauvais(e),** etc., describes nouns.
  Mal, etc., describes verbs and adjectives.
exemples C'est une très mauvaise pièce.
  L'équipe de rugby a joué très mal.
Complétez les phrases en employant la forme convenable de **mauvais, mal,** etc.
6. C'est une... chanteuse; elle chante...
7. Il a joué très...; en effet il n'aurait pas pu jouer...
8. C'est... film que j'ai jamais vu.
9. Non seulement sa deuxième pièce est-elle..., elle est... que sa première.
10. En orthographe vous êtes... que votre sœur.
11. La table a été très... faite.

Logical tenses

Looking to the future

VOTEZ BAILLY
POUR améliorer vos conditions
de vie
supprimer les abus
réformer le conseil
municipal
PARTI SOCIALISTE REFORMISTE

Le père de Serge Bailly est candidat aux élections municipales qui auront lieu bientôt dans la commune de Villeneuve.

Un mois avant les élections Monsieur Bailly s'adresse aux électeurs de la commune, en sollicitant leurs votes.
Si je suis élu, je...
—supprimerai les abus dans l'administration municipale
—proposerai des réformes sociales
—m'opposerai au parti nationaliste
—réformerai le stationnement dans le centre-ville
—proposerai l'abolition des taxes locales
—examinerai la possibilité de faire construire un boulevard périphérique

Trois semaines plus tard Monsieur Bailly devient de plus en plus sûr d'être élu.
Il croit que les électeurs de la commune ont confiance en lui et qu'ils vont l'élire conseiller municipal.
1. Que fera M. Bailly s'il est élu conseiller?
2. Que fera-t-il quand il sera élu?
   Le rêve de monsieur Bailly
   Si je suis élu conseiller...
   Quand je serai élu...
   Quand je serai maire...
   Quand j'aurai été maire...
   Quand je serai député...
   Quand j'aurai fait cela...
   Quand je serai ministre...
   Quand j'aurai été ministre...
   Quand je serai premier ministre...
   Si jamais je suis Président de la République...
3. Monsieur Bailly, candidat réformiste aux élections municipales de la commune de Villeneuve, fait des projets pour la réforme de sa propre vie politique. Imaginez que vous êtes Serge Bailly et que vous interrogez votre père sur ses projets pour l'avenir. Inventez les détails nécessaires.
   Que feras-tu si...
   Que feras-tu quand...

Different meanings of some verbs

penser à	to think of, reflect about
penser de	to think of, have an opinion about
penser + infinitive	to intend to do something
sentir	to smell
(se) sentir	to feel
regretter	(i) to regret (ii) to miss
causer	(i) to cause (ii) to chat
douter	to doubt
se douter (de)	to suspect (so)
apprendre	to learn
apprendre à	to teach
manquer	(i) to miss (ii) to be absent
manquer de	to lack
manquer à	to fail

Traduisez en anglais:
1. A quoi pensez-vous?
2. Je pense à toi toujours.
3. Que pensez-vous de ma nouvelle moto?
4. Qu'est-ce que vous pensez faire?
5. Ce fromage-là sent un peu fort.
6. Je ne me sens pas très bien aujourd'hui.
7. Elle sentit la chaleur du soleil sur son dos.
8. Je regrette beaucoup ma jeunesse passée.
9. Je regrette de ne pas t'avoir écrit plus tôt.
10. Je regrette de vous avoir causé des ennuis.
11. Je doute qu'il vienne.
12. Je me doutais qu'il viendrait.
13. Le voilà qui arrive; je m'en doutais.
14. Je suis en train d'apprendre l'italien.
15. Elle est en train d'apprendre à sa fille à compter.
16. Il vient de manquer le train.
17. Cet après-midi on a manqué l'école.
18. Il ne manque pas d'argent, ce gars-là!
19. Les mots me manquent.

Deux contraventions en un jour!

Dans cette leçon il s'agit d'examiner quelques aspects de la vie urbaine et de décrire ce qui se passe et ce qui s'est passé.

Michel Lafitte, représentant de commerce, vient de passer une journée dure dans la région de Dijon. Il rentre très en retard chez lui. Sa femme Mireille est en colère.

MIREILLE	Quand je pense que tu m'avais promis de rentrer de bonne heure… On ne peut jamais compter sur toi! Regarde le dîner, tout est froid. Tant pis pour toi!
MICHEL	Ecoute chérie, cette fois ce n'est vraiment pas ma faute. J'ai passé une journée terrible. Non seulement j'ai eu un travail énorme mais, en plus, j'ai récolté deux contraventions.
MIREILLE	Quoi! Deux contraventions? Qu'est-ce que tu as fait? Explique-toi!
MICHEL	Ce matin, à Dijon, je me suis garé sur un parcmètre. J'ai mis un franc dans l'appareil…
MIREILLE	Ça, je m'en doute. Et alors?
MICHEL	Je me suis absenté plus d'une heure et, à mon retour, j'ai trouvé près de la bagnole un type en uniforme en train de me faire un procès.
MIREILLE	Et voilà! Toujours et partout tu es en retard! On ne te changera jamais.
MICHEL	Ah écoute, j'étais sur une affaire avec un client et je ne pouvais pas le laisser tomber. Le boulot, c'est le boulot!
MIREILLE	Tu n'as pas parlé à ce contractuel?
MICHEL	Bien sûr que si, mais il n'a rien voulu savoir. Têtu comme une mule! J'étais furieux. J'ai démarré en trombe et je suis parti.
MIREILLE	A toute vitesse, j'imagine.
MICHEL	Oui, tellement vite que j'ai grillé un feu rouge sans m'en apercevoir.
MIREILLE	Ah! J'ai bien raison de m'inquiéter quand tu es seul sur la route.
MICHEL	Attends la suite… Un coup de sifflet m'a ramené à la réalité; il y avait un agent au carrefour. Pas de chance! Deuxième contravention.
MIREILLE	Excellente journée! Tu aurais mieux fait de rester à la maison.
MICHEL	Ce n'est pas fini! A Beaune, j'ai perdu plus d'une heure dans un embouteillage. Et pour couronner le tout, j'ai voulu m'arrêter dans une zone bleue à Mâcon pour t'acheter un petit cadeau mais… impossible de trouver mon disque de stationnement. Je n'ai pas osé laisser la voiture sans disque, tu comprends pourquoi… Résultat, je n'ai pas de cadeau! Je t'en supplie, chérie, épargne-moi ta colère ce soir…

A. Adaptations

1. Je m'excuse | de | rentrer en retard
   Excusez-moi | | vous avoir dérangé
   Je regrette | | ne pas être à l'heure

2. Qu'est-ce que | je dois | faire? | Vous devez...
   | je devrais | | Vous devriez...
   | j'aurais dû | | Vous auriez dû...

3. Que faire?

   Dans les phrases suivantes une personne vous fait part de ses ennuis et sollicite votre avis à l'aide de la question: Qu'est-ce que je dois/devrais/aurais dû faire? Vous lui répondez en cherchant dans les modèles ci-dessus le conseil approprié.

   exemple   J'ai été pris dans un embouteillage.
   Qu'est-ce que j'aurais dû faire?
   Vous auriez dû prendre le Métro.

   a) Je voulais stationner à ce parcmètre... | ... aller au bureau des objets trouvés.
   b) Je souffre beaucoup de la vie urbaine, à cause du bruit... | ... réserver votre place dans une agence.
   c) Je voudrais me plaindre de l'état de la route nationale N7... | ... habiter à la campagne.
   d) J'attendais tranquillement à un feu rouge et un chauffard m'a heurté... | ... partir plus tôt le matin ou avancer votre montre de 10 minutes.
   e) J'ai laissé mon parapluie dans l'autobus... | ... téléphoner ou envoyer un mot d'excuses.
   f) Je veux prendre un wagon-lit pour aller à Nice... | ... introduire une pièce d'un franc dans la fente de l'appareil.
   g) J'aurais préféré ne pas aller à la surprise-party... | ... vous arrêter au feu rouge.
   h) J'ai été arrêté par un agent de police... | ... regarder le plan du quartier avant de partir.
   i) Je voudrais réussir à arriver à l'heure au bureau... | ... vous adresser aux Ponts et Chaussées.
   j) Je me suis retrouvé dans une voie sans issue... | ... porter plainte au commissariat de police.

4. Mireille a écouté le récit de son mari. Elle téléphone à sa mère pour lui raconter l'histoire. Qu'est-ce qu'elle lui dit?

B. Expression dirigée

1. Vous êtes journaliste et vous écrivez un article humoristique pour votre journal, racontant la journée d'un représentant de commerce qui a reçu deux contraventions le même jour dans la même ville.
   Qu'est-ce que vous écrivez? Vous pourriez écrire au passé simple.

2. Imaginez le dialogue entre Michel et l'agent qui l'a arrêté quand il a grillé le feu rouge.

Marie-Claire, son mari Jean-Pierre et leurs deux enfants viennent de s'installer dans un grand ensemble près du secteur[1] de la Défense à Paris, où Jean-Pierre travaille dans un bureau. Marie-Claire écrit à une amie pour lui décrire sa nouvelle vie. Voici un extrait de sa lettre…

Lettre d'un grand ensemble

Il faut que je te raconte notre vie à Paris depuis notre arrivée il y a trois mois.

J'ai d'abord vécu[2] avec les enfants chez ma belle-sœur, 'jusqu'à ce que la situation s'éclaircisse', et ensuite nous avons cherché un 'petit coin de paradis'… Ce n'est pas facile à trouver!

Etant donné que Jean-Pierre est susceptible[3] de rentrer très tard le soir, nous avons dû chercher tout près de son travail. Aussi depuis le 12 décembre nous habitons un appartement au 12ème étage!! (Le bureau de Jean-Pierre est situé dans une tour au 38ème étage.) C'est un '3 pièces tout confort dans un immeuble grand standing' (disait le Figaro!) qui se trouve à 5 minutes à pied du travail de Jean-Pierre. Le quartier dans l'ensemble est tout neuf. Il est situé sur la commune de Courbevoie, mais nous sommes à 1/4 h., en R.E.R.[4] de l'Opéra. Du salon nous avons une vue magnifique sur Paris — il n'y a que la tour Eiffel qui manque — l'une des grandes tours doit la cacher.

Tout à côté nous avons un centre commercial tout étincelant[5] de lumières, mais dont les prix sont plus que fracassants![6] J'aime ce coin de l'ensemble qui est très vivant[7] mais j'en apprécie moins les habitants qui sont extrêmement sophistiqués. On ne voit pas un blue-jeans à 100 mètres à la ronde (sauf le mien). Tous les jours sans exception dès 8 h 30 du matin ces dames sont maquillées[8] et pomponnées.[9] C'est vraiment incroyable!

Les enfants ont commencé l'école tous les deux. Cela fait donc environ un mois que tous les jours je vois les mêmes mamans qui attendent les mêmes enfants aux mêmes heures aux mêmes endroits… J'ai osé faire un sourire… Mon Dieu! Qu'avais-je fait? On ne m'y reprendra plus![10]

Mon moral n'est donc pas très brillant, et je vais me mettre à chercher un travail pour m'occuper l'esprit…

Explications
1. quartier
2. habité
3. *likely*
4. Réseau Express Régional
5. *sparkling*
6. *shattering*
7. *alive*
8. *made-up*
9. *elegantly dressed*
10. *I shan't be caught doing that again!*

C. Vous avez bien compris?

Lisez la lettre ci-contre et répondez aux questions suivantes:
1. Où se trouve le nouvel appartement de Marie-Claire?
2. Pourquoi ne peut-on voir la tour Eiffel?
3. Est-ce que Marie-Claire est satisfaite du quartier où elle habite?
4. Est-elle contente de la vie qu'elle mène?
5. Qu'est-ce qu'elle trouve ennuyeux?

D. Exercices

1. On se renseigne.
Peu après s'être installée dans son nouvel appartement, Marie-Claire veut savoir où se trouve la pharmacie, l'arrêt d'autobus le plus proche, l'église et la Maison de la Culture. Elle va se renseigner chez sa voisine, Madame Cornille. Celle-ci lui fait savoir que la pharmacie est au coin de la rue, aux feux. Le bus no. 12 qui dessert le centre de la ville s'arrête à deux cents mètres de l'immeuble. On aperçoit le clocher d'une église moderne derrière l'hôpital et la Maison de la Culture se trouve à côté de l'église. Imaginez le dialogue entre Marie-Claire et Madame Cornille.

2. Avant le déménagement
Marie-Claire voulait que le déménagement s'effectue dans les meilleures conditions possibles. Dans cette perspective, elle a dressé la liste de ce qu'il faudrait faire avant de s'installer dans l'appartement. Qu'est-ce qu'elle se dit en vérifiant si elle a tout fait?
exemples   *Bon, j'ai fait installer le téléphone.*
               Ah zut! Je n'ai pas fait brancher le gaz.

faire installer le téléphone ✓
faire livrer un téléviseur ✗
faire brancher le gaz ✗
             l'électricité ✓
             l'eau ✓
faire relever les compteurs ✗
faire vérifier toutes les clés ✓
emprunter un aspirateur ✗
trouver de l'aide pour emménager ✓
me faire indiquer l'emplacement des dépendances
                      (cave ✓ parking ✗)

E. Travail à deux

Le mari de Marie-Claire trouve la liste de ce qu'il faut faire, et veut savoir si sa femme a tout fait. Qu'est-ce qu'il lui demande? Que répond-elle?

F. Résumé

Résumez en style indirect la lettre de Marie-Claire. Les notes ci-dessous peuvent vous aider.
elle habite chez sa belle-sœur — la recherche de l'appartement — situation — description de l'appartement — situation du quartier — le centre commercial — les habitants — ce que font les femmes — le moral de Marie-Claire.

G. Expression dirigée

Vous êtes l'amie de Marie-Claire et vous répondez à sa lettre. Imaginez que vous avez 23 ans, que vous habitez un grand ensemble dans la banlieue de Lyon et que vous connaissez bien les problèmes que pose la vie dans un grand ensemble. Vous comprenez son point de vue à l'égard des dames pomponnées et des prix pratiqués par le centre commercial, puisque c'est pareil là où vous habitez. Faites quelques suggestions à Marie-Claire pour lui remonter le moral: visiter les musées de Paris — travail à temps partiel, peut-être — organiser des rencontres entre les jeunes ménagères du quartier — décorer l'appartement — inviter sa belle-mère — et quoi encore?

H. Ecoutez bien 🔊

'Les nouveaux locataires'. (Voir le vocabulaire à la page 180).
Madame Renard habite une H.L.M. dans la banlieue de Paris. De nouveaux locataires vont emménager dans l'appartement voisin. La scène se passe dans le quartier de la Ville-aux-Roses, rue de Sarcelles, immeuble C, escalier B, appartement 32. Mme Renard ne tarde pas à faire la connaissance de sa future voisine, Madame Vautel, et elle lui donne des renseignements sur le quartier.

Vrai ou Faux?

Ecoutez la bande, puis dites si les phrases ci-dessous sont vraies ou fausses. Corrigez celles qui sont fausses.
1. Madame Renard va emménager dans un nouvel appartement.
2. Il y a un bon dentiste dans le quartier.
3. Le médecin se trouve à cinq minutes à pied.
4. L'hôpital est juste à côté.
5. Il y a beaucoup de circulation dans le quartier.
6. L'école maternelle est à côté de l'hôpital.
7. Madame Vautel a un fils de quatorze ans.

Leçon 26   Le toit

Les Dossiers de l'Etudiant
donnent des conseils qui seront
utiles à tout étudiant qui
cherche un logement, à Paris ou
bien ailleurs.

Explications
1. celui qui entretient les routes
2. des meubles
3. abîmé
4. Centre régional des œuvres
   universitaires et scolaires
5. évitez
6. *fees*
7. *subscription*

La chambre est à l'étudiant ce que le manche de pelle est au can-tonnier[1] : à la fois un outil de travail et un instrument indispensable pour se reposer. Alors, pour cette recherche du toit, prenez toutes les précautions et du temps : l'équilibre de votre vie d'étudiant pourrait en dépendre.

D'abord, il faut définir ce à quoi vous tenez le plus (confort, proxi-mité du centre de la ville ou de la fac, calme, possibilité de relations, de distractions.) Discutez-en avec d'autres. Puis, muni d'un plan de la ville, faites le tour des possibilités de logement par ordre de pré-férence.

Les résidences universitaires

Cette formule permet une certaine indépendance, généralement sans être trop isolé, et offre un certain nombre d'avantages (activités cul-turelles et sportives, proximité du restaurant universitaire et parfois des lieux de cours). Un inconvénient pour certains : c'est le ghetto étu-diant, souvent éloigné du centre de la ville. Les chambres ont un mobilier[2] simple (parfois assez amoché :[3]) lit, bureau, lavabo, chaise, placard et étagères. A chaque étage un bloc sanitaire comprend douche et w.c., parfois une pièce équipée permet de faire un peu de cuisine où se préparer des petits déjeuners. Le ménage est fait une fois par semaine (en principe) par du personnel rémunéré par le CROUS.[4]

Il est fort instructif de visiter les résidences dont la localisation vous intéresse en premier, et d'interviewer leurs résidents pour savoir à quoi vous en tenir exactement.

La chambre chez l'habitant

Une chambre en ville, ce peut être un choix (indépendance, environne-ment). C'est le plus souvent une nécessité (manque de places dans les résidences). La recherche d'une chambre 'tout confort' est facilitée si vous vous y prenez tôt (dès les grandes vacances) et si vous esquivez[5] quelques pièges.

Le premier conseil est d'éviter si possible les agences. On vous pro-posera une boîte à sardines au sixième étage sans ascenseur avec eau sur le palier pour 600F par mois ; et vous aurez à payer des honoraires[6] d'agence.

Un autre piège : les soi-disant 'associations de propriétaires' qui, contre un 'abonnement[7] annuel' de 200 F ou plus, s'engagent à vous communiquer des adresses de logements vacants : on ne vous enverra que des adresses que vous auriez pu trouver vous-même dans les petites annonces de votre journal.

L'appartement à partager

Si vous n'aimez pas trop l'ambiance des cités universitaires, et que la solitude d'une chambre en ville vous fasse hésiter, vous avez encore la possibilité de louer un appartement à plusieurs. Deux catégories de logements ont en principe des loyers moins chers : les logements anciens et les logements sociaux type HLM.

Les Dossiers de l'Etudiant

A. De quoi s'agit-il?

1. A qui les conseils ci-contre sont-ils donnés?
2. Quelles sont les trois formules de logement discutées dans le texte?

B. Les mots travaillent

1. Trouvez dans le texte ci-contre un mot ou une phrase qui veut dire:
   a) il est nécessaire de déterminer ce qui vous intéresse le plus
   b) considérez l'une après l'autre
   c) qui prétend être
   d) des habitations qui ne sont pas occupées
2. Expliquez en français
   a) une pelle   b) un manche
   c) une étagère   d) un piège
   e) un abonnement annuel
   f) une HLM
3. Trouvez dans le texte des substantifs formés des verbes ci-dessous:
   a) chercher   b) distraire
   c) préférer   d) choisir
   e) manquer   f) louer

C. Avez-vous bien compris?

1. Selon le texte ci-contre, pourquoi la chambre est-elle si importante à l'étudiant?
2. Que faut-il faire avant de commencer à chercher un logement?
3. Quels sont les avantages et les inconvénients des résidences universitaires?
4. Quel conseil vous donne-t-on si vous tenez à habiter une résidence universitaire?
5. Pour quelles raisons peut-on décider de chercher une chambre en ville?
6. Quand faut-il commencer à chercher une chambre?
7. Quels pièges faut-il éviter?
8. Selon le texte, pour quelles raisons déciderait-on de partager un appartement?
9.* A votre avis, quels seraient les pour et les contre de louer un appartement à plusieurs?
10.* Imaginez que vous allez à l'université et que vous cherchez un logement. Que prendrez-vous de préférence? Justifiez votre réponse.

D. Expression libre

Regardez la photo ci-dessous. En travaillant avec un partenaire, rédigez une liste des mots et des phrases que vous inspire la photo.

Ensuite, comparez votre liste avec celles de vos camarades de classe. Y a-t-il des mots qui se trouvent dans toutes les listes? Y en a-t-il qui ne se trouvent que dans une seule?

L'une des résidences universitaires à La Source, Orléans

Belleville, autrefois et aujourd'hui

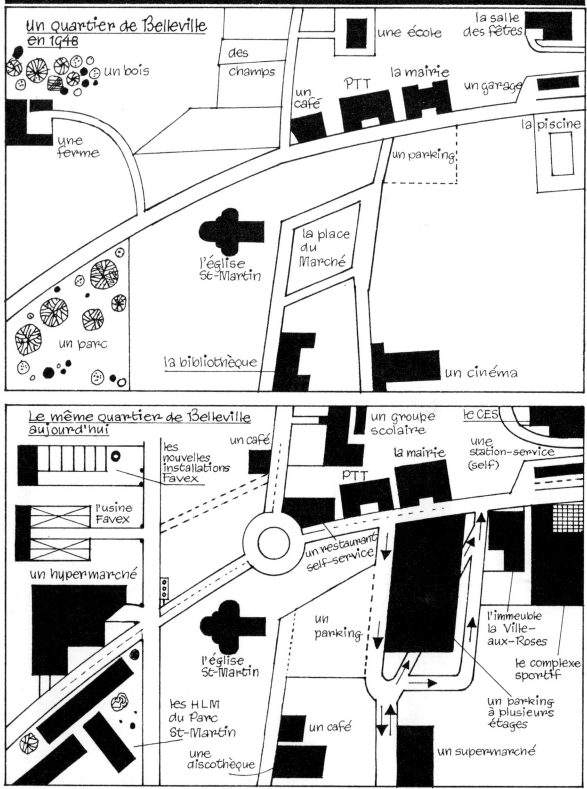

Un quartier de Belleville en 1948

un bois

des champs

une école

la salle des fêtes

un café

PTT

la mairie

un garage

la piscine

une ferme

un parking

l'église St-Martin

la place du Marché

un parc

la bibliothèque

un cinéma

Le même quartier de Belleville aujourd'hui

un café

un groupe scolaire

le CES

les nouvelles installations Favex

la mairie

une station-service (self)

PTT

l'usine Favex

un restaurant self-service

un hypermarché

un parking

l'immeuble la Ville-aux-Roses

l'église St-Martin

le complexe sportif

les HLM du Parc St-Martin

un parking à plusieurs étages

un café

une discothèque

un supermarché

Belleville a changé de visage
depuis la seconde guerre
mondiale. Voici, ci-dessous,
quelques changements qui ont
eu lieu:

DATE	CHANGEMENTS	STATISTIQUES
1950	Agrandissement de l'école	60 élèves supplémentaires
1951	Construction de l'usine Favex	120 employés
1952	Construction de l'immeuble, la Ville-aux-Roses	32 appartements
1954	Annexe à la Mairie	20 fonctionnaires sup.
1955	Elargissement des rues principales	
1956	Ouverture d'un restaurant self-service	
1957	Des feux rouges installés au carrefour	
1958	2ème annexe à la Mairie	12 fonctionnaires sup.
1960	Agrandissement de l'école	50 élèves sup.
1961	Ouverture d'un nouveau supermarché	
1962	Fermeture du marché	
1964	Agrandissement de l'usine Favex	75 employés sup.
1965	Construction des H.L.M. du Parc St-Martin	220 appartements
1966	Les feux rouges remplacés par un rond-point	
1968	Des feux rouges installés près des H.L.M.	
1970	Construction d'un C.E.S.	
1972	Construction d'un complexe sportif	
1973	Ouverture d'une station-service (self)	5 employés de moins
1975	Ouverture d'une discothèque	
1976	Construction d'un hypermarché	66 employés
1978	Construction d'un parking à plusieurs étages et d'une nouvelle rue à sens unique	parking pour 680 voitures

[annotation manuscrite: we wa. use verbs in all there headings, or past participles.]

E. Exercices

Regardez les plans ci-contre:
1. Décrivez ce qu'il y a sur chacun des deux plans. Faites une liste des bâtiments qui y figurent.
2. Ces deux plans représentent le même quartier à quelques années d'intervalle. Quels changements ont eu lieu?
   exemple   Il y avait un champ là où se trouve actuellement un café.

F. Au jour le jour ☨

'La ville a changé'. (Voir le vocabulaire à la page 180.)
   Vous entendrez, sur la bande magnétique, deux habitants de Belleville qui parlent des changements qui ont eu lieu dans leur quartier. Mais leur mémoire n'est pas toujours exacte. En vous servant des plans ci-contre et des informations ci-dessus, indiquez si les affirmations des habitants sont vraies ou fausses.

G. Expression libre

1.* Vous voulez faire un dépliant a) sur Belleville, b) sur votre ville, une sorte de guide utile au visiteur (touriste, homme d'affaires, nouvel arrivant...) Quels renseignements, quelles informations allez-vous faire figurer dans ce guide?
2.* Ecrivez en quelques lignes l'histoire de la ville où vous habitez, ou d'une ville voisine.
3.* Rédigez un paragraphe décrivant votre ville il y a quarante ans.

Leçon 27   Paris, capitale quatre étoiles?

vid. Hamep̄
p. 691

Le Paris de l'an 2 000? Des bureaux, des rocades et, perdus dans ce désert, quelques vestiges monumentaux du passé, des quartiers musées, une population exclusivement aisée, des hôtels, des commerces et des distractions de luxe. Tout ce que souhaite le cadre supérieur à la fin d'une journée de travail. Bref, une capitale quatre étoiles.

Mais pas une ville. Une ville, comme tout organisme vivant, est une diversité de fonctions entre-tissées. La grandeur des villes — et éminemment celle de Paris — a été de permettre aux hommes de travailler et d'habiter, de faire place au souvenir et à l'avenir, de marier dimension économique et dimension humaine. Séparer géographiquement les fonctions (travail, logement, loisirs...), empêcher les mélanges humains conduit à stériliser la ville et à condamner à la tristesse les citadins.

Veut-on vraiment cela?

Certains, oui. Paraphrasant une maxime célèbre, ils croient que ce qui est bon pour l'automobile est bon pour la France. De plus en plus nombreux, toutefois, sont les hommes d'affaires et les grands commis conscients des dangers d'un choix fondamental qui sacrifie délibérément la dimension humaine à la dimension économique. Mais que faire? La dynamique des affaires (concentration urbaine, etc.) n'est-elle pas irrésistible?

C'est vrai. Mais la dynamique du malheur ne l'est pas moins! Nul ne prétend que la synthèse des deux est facile à réaliser. Le scandale, le suicide, c'est de ne pas essayer de le faire. Pour cela, il faudrait que les nécessités humaines puissent s'exprimer (comme le font les nécessités économiques), se constituer, elles aussi, en groupes de pression.

Mais, pour parler, il faut connaître le langage. Ce qu'on est convenu d'appeler 'urbanisme' devrait s'enseigner dès l'école maternelle. La télévision, avec son formidable pouvoir de donner à voir, devrait prolonger cet enseignement. La municipalité devrait coordonner la rumeur des citadins.

Au lieu d'œuvrer dans ce sens, on s'applique à étouffer cette voix qu'on sait gênante. Les Parisiens sont rarement informés, encore moins consultés sur leur avenir. Et, quand ils le sont, c'est un simulacre. Les décisions ont déjà été prises ailleurs.

Pierre Schneider, *L'Express*

A. Analyse de la langue

Cherchez dans le texte tous les exemples...
1. de mots-liens (*link words*).   *exemple*   bref
2. d'expressions négatives.   *exemple*   ... ne l'est pas moins
3. de l'usage de l'infinitif.   *exemple*   conduit à stériliser
4. d'expressions indiquant la volition (*wishing*) ou l'interdiction (*forbidding*).   *exemple*   tout ce que souhaite le cadre

B. Texte enregistré ⊗

'Maisons et villes de l'avenir'. (Voir le vocabulaire à la page 180.) Ce texte servira de base pour développer les exercices d'analyse ci-dessus.

Le texte enregistré contient aussi des expressions utiles pour la traduction du texte anglais ci-contre.

C. Exploitation

1. Préférez-vous Londres ou Paris? Choisissez une réplique convenant aux remarques ci-dessous:

exemple Paris est bruyant.

—**Si** bruyant **qu'il soit**, il est **moins** bruyant que Londres.

ou —**Voilà ce qui** me plaît/déplaît—le bruit.

L'air de Paris est pollué. — Les rues de Paris sont encombrées. — Les rues parisiennes sont sales. — Les restaurants parisiens sont chers. — Le stationnement à Paris est presque impossible. — La pénurie du logement à Paris est un problème énorme.

2. Etes-vous pessimiste ou optimiste? Comment voyez-vous le monde de demain?

du point de vue sur le plan quant à…	population travail racisme pollution ordinateurs guerre	je ne trouve guère surprenant que… (subjonctif) à mon avis… il faut faire face au fait que… on (n')est (pas) obligé de croire/d'avouer que…
population mondiale augmente — villes surpeuplées — manque de nourriture — des millions meurent de faim		villes sous la mer et dans des tours hautes de 2 kms usines automatiques donnent à manger — exploitation de la mer
robots — machines — peu d'emplois sauf pour les hommes de science		plus besoin de travail — le temps de se détendre, d'avoir des loisirs
conflit continu entre les pays riches et les pays pauvres		on ne peut survivre que grâce à la coopération — les riches aident les pauvres
l'air, la mer, la terre — pollués — animaux et plantes disparaissent		plus besoin de travailler, donc l'homme s'occupe de la préservation de la nature
on est surveillé; notre vie est reglée par les ordinateurs — on n'a plus de liberté		l'ordinateur donne plus de loisirs — travaille pour l'homme — on est plus libre
bombes atomiques utilisées dans une guerre mondiale — radio-activité		communications s'améliorent, conflits diminuent — la paix — gouvernement mondial

D. Traduisez en français

Le texte ci-contre et le texte enregistré: 'Maisons et villes de l'avenir' pourront vous être utiles.

1. Which is the true picture of the future, the dream of science-fiction writers and idealistic architects, or the nightmare which is feared by those looking at the problems of today's overcrowded cities?

If the dream comes true, by the time our grandchildren have grown up, the cities we know today may no longer exist. Instead, new cities amidst peaceful gardens will have been developed. All industry and traffic will be buried under the ground. The air will be pure and the inhabitants of these cities of the future will be protected from climatic changes.

2. *The pessimists, on the other hand, believe that the problems of traffic and pollution will have increased. The majority of those who work in town will be condemned either to a subterranean existence, if they wish to live in the city, or to long daily journeys to and from distant suburbs. Only the rich will live in the heart of town.

La vie en milieu urbain

A. Points de départ

A considérer

1. Quels sont les inconvénients d'habiter au centre d'une grande ville?
   —le bruit —la circulation —l'air pollué (par les voitures, les usines) — la saleté des rues — de vieux appartements trop petits — des loyers très élevés — le crime, le vandalisme — les embouteillages permanents

2. Quels sont les inconvénients des grands ensembles et des villes nouvelles?
   —tous les H.L.M. se ressemblent —difficultés de déplacement
   —isolement dans un monde de béton — manque de distractions
   —manque d'amis — absence de coutumes et de traditions
   —loin du marché et des grands magasins
   —appartements mal conçus et sonores

3. Qu'y a-t-il de bon dans les grandes villes?
   Les agréments —magasins, théâtres, cinémas, musées, concerts, bals, discothèques, bibliothèques, choix d'écoles, piscines, complexes sportifs, cafés, restaurants

---

B. Guide-discussion

Suggesting a compromise

Presenting an argument

Je propose… pour rapprocher les deux opinions.

Je vois des avantages, mais aussi des inconvénients…

Peut-être n'est-il pas nécessaire de présenter… comme (complètement) opposé(s) l'un à l'autre.

Tâchons de trouver ce qu'il y a de commun dans toutes les opinions exprimées…

Responding to an argument

Rejecting a compromise

Pour moi, il est nullement possible d'être d'accord, si… qu'il soit.

Je ne vois pas de rapprochement possible; je tiens à…

Je ne saurais changer d'avis, puisque c'est une question de… (principe morale etc.)

Malgré… je m'oppose quand même/tout de même à…

C. Pas à pas

1. Pêle-mêle : mettez-vous en groupes pour produire des idées au sujet des questions ci-contre. Prenez des notes sur ce qui vous semble important.
2. Travail à deux : en vous servant de vos notes et des formules dans la case ci-contre, posez des questions à votre partenaire.
3. 'Médecin d'H.L.M.' : après avoir écouté la bande enregistrée, répondez aux questions à la page 181.
4. Discussion en groupes : mettez en commun vos idées et développez-les. Servez-vous de vos notes, si besoin est.
5. Préparez votre plan personnel, en vous inspirant (si vous voulez) des idées exprimées ci-dessous. Ensuite, rédigez la dissertation.

D. Plan de rédaction

Sujet de dissertation : La vie en milieu urbain — problèmes et agréments.

Introduction (premier paragraphe)
— le terrain disponible est limité, donc conflits au sujet de la façon de s'en servir : logement, bureaux, usines, magasins, routes, loisirs
— résumé des problèmes du milieu urbain (voir ci-contre)

Paragraphe 2 : Le rêve de beaucoup est d'habiter à la campagne.
— les attraits de la vie rurale : l'air frais, tranquillité, faible tension nerveuse, proximité de la nature, sports au grand air : chasse, pêche, équitation
— impossible pour tout le monde d'y habiter, alors lesquelles de ces qualités pourrait-on faire entrer dans la ville ?

Paragraphe 3 : Les agréments de la vie urbaine (voir ci-contre)

Paragraphe 4 : Les quartiers morts des grandes villes
— le vandalisme, les voies de fait
— possibilité de réconstruction
— la grande ville idéale de l'avenir : mélange de ce qu'il y a de mieux dans les grandes villes historiques et les nouvelles villes.

Conclusion (dernier(s) paragraphe(s))
— Et vous ? Préféreriez-vous habiter une grande ville ou une ville moins importante ? Justifiez votre choix.
— Le logement n'y a-t-il pas d'autres possibilités que les maisons individuelles et les grands immeubles ? (des maisons assez grandes pour plusieurs générations ou pour plusieurs familles ?)

Pratique 9   Expressing emotions

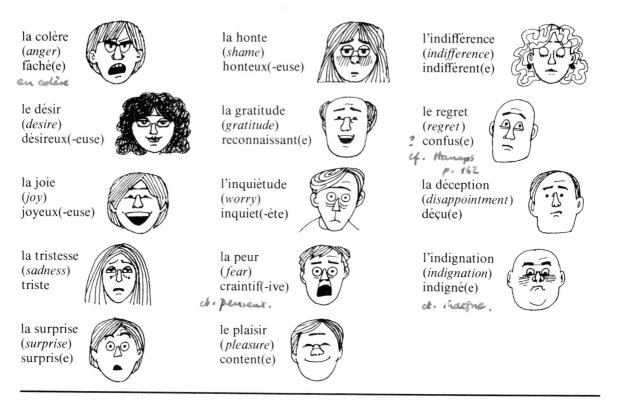

la colère
(*anger*)
fâché(e)
en colère

le désir
(*desire*)
désireux(-euse)

la joie
(*joy*)
joyeux(-euse)

la tristesse
(*sadness*)
triste

la surprise
(*surprise*)
surpris(e)

la honte
(*shame*)
honteux(-euse)

la gratitude
(*gratitude*)
reconnaissant(e)

l'inquiétude
(*worry*)
inquiet(-ète)

la peur
(*fear*)
craintif(-ive)
cf. peureux.

le plaisir
(*pleasure*)
content(e)

l'indifférence
(*indifference*)
indifférent(e)

le regret
(*regret*)
? confus(e)
cf. Harraps
p. 162

la déception
(*disappointment*)
déçu(e)

l'indignation
(*indignation*)
indigné(e)
cf. indigne.

Difficultés

The position of adjectives

Some adjectives change their meaning according
to their position in the sentence:
un certain homme (*particular*)
une chose certaine (*definite*)

un mauvais calcul (*mistaken*)
un homme mauvais (*evil*)

le pauvre homme (*to be pitied*)
un homme pauvre (*not rich*)

la dernière semaine du mois (*last in order*)
la semaine dernière (*previous*)

son propre carnet (*own*)
les mains propres (*clean*)

le même homme (*same*)
l'homme même (*himself*)
N.B. (adverbe) même l'homme (*even*)

Traduisez en français:
1. We have made definite progress this year.
2. Certain pupils find translation difficult.
3. He took the wrong road, coming out of town.
4. She broke her leg. The poor girl!
5. I finished the last book last Friday.

6. She's brought her own towel, but it's not clean.
7. 'The same again?' asked the waiter.
   (*The same thing?*)
8. Even the children helped them; the old people
   themselves were delighted.

A. Faites des paires, en combinant une exclamation (à gauche) avec celui des substantifs qui, à votre avis, caractérise le mieux l'exclamation.

exemple

Quel malheur!   *la tristesse*

1. Sans blague!   a) l'indignation
2. Fais attention!   b) le désir
3. Je m'en fiche!   c) le plaisir
4. C'est dommage!   d) la surprise
5. Ça me fait envie!   e) l'inquiétude
6. Quel déshonneur!   f) la crainte
7. Oh, je suis outré!   g) l'indifférence
8. Très bien!   h) la colère
9. Ça me fait peur!   i) la reconnaissance
10. Merci mille fois!   j) la déception
11. Ça me rend furieux!   k) la joie
12. Quelle déception!   l) la honte
13. Vive les vacances!   m) le regret

B. Les phrases inachevées (ci-dessous) correspondent aux substantifs ci-contre. Complétez les phrases en y mettant un verbe au subjonctif.

exemple

Je suis désolé... *que vous soyez malade.*

Je m'indigne que...

Je voudrais que...

Je suis content que...

Ça m'étonne que...

Je m'inquiète de ce que...

J'ai peur que... (ne)

Ça m'est égal que...

Je suis fâché que...

Je suis heureux que...

Je suis tellement déçu que...

Je suis fort ravi que...

J'ai honte que nous...

Je regrette que...

Before and After

Prépositions (et adverbes): avant   après

     avant de + infinitif   après + infinitif passé

Conjonctions: avant que (ne) + subjonctif   après que + indicatif (le passé surcomposé)

Traduisez en anglais:

1. Pierre est arrivé avant toi.
2. J'ai vu Hélène avant le dîner.
3. Avant d'agir, réfléchissez longtemps.
4. Il s'est reposé un peu, avant de se mettre en route.
5. Je te téléphonerai avant ton départ.
6. Vous devez rentrer avant qu'il ne pleuve.
7. Vous auriez dû téléphoner avant que je me sois couché.
8. Je lui ai dit merci avant qu'elle ait fait la vaisselle.

Traduisez en français:

9. Take care before you cross.
10. I saw the film before you did.
11. I'd like to see him before he sets off.

12. Pierre est arrivé après moi.
13. Après le dîner, on ira au café.
14. Vingt minutes après, il commença à pleuvoir.
15. Après son départ, on aura du temps libre.
16. Après avoir fermé la porte à clé, il est allé au lit.
17. Elle s'est remise en route, après s'être reposée un instant.
18. Après qu'il a eu dîné, on lui a parlé.
19. Je lui téléphonerai, après qu'il aura parlé au P.D.G.

20. It was still raining two hours after.
21. Add the milk after breaking the eggs.
22. After he had spoken, we had dinner.

Dossier 10 Leçon 28 Vive les vacs!

Dans cette leçon il s'agit des grandes vacances, de ce que certains gens décident de faire, et d'exprimer ce que vous voulez (ou ne voulez pas) faire.

1. Interviews au sujet des vacances.

LE REPORTER	Bonjour monsieur. Comment vous appelez-vous et quel âge avez-vous?
JEAN-LUC	Je m'appelle Jean-Luc et j'ai dix-sept ans.
LE REPORTER	Comment passez-vous vos vacances?
JEAN-LUC	Moi, je les passe en famille et je suis très content. Je viens de passer un mois avec mes parents et ma sœur à Port-Grimaud. On a bien rigolé. De temps en temps on allait se balader à Saint-Tropez le soir et on dînait au restau ou dans une crêperie… c'était formidable!
LE REPORTER	Mademoiselle, comment vous appelez-vous et qu'est-ce que vous en pensez?
YVETTE	Je m'appelle Yvette. J'ai dix-huit ans, et je ne suis pas du tout d'accord avec Jean-Luc. L'année dernière j'ai passé une quinzaine à la Baule avec mes parents. Rien de passionnant. Ils se couchaient tôt après le dîner, alors que moi, j'aurais préféré sortir un peu — voir la Baule 'by-night'. Etre en famille, ce n'est pas être en vacances!
LE REPORTER	Et qu'avez-vous envie de faire cet été?
YVETTE.	Je ne sais pas encore, mais je voudrais bien que ça change.

Peu après cette interview, Yvette entre dans une agence de voyages.

L'EMPLOYE	Bonjour mademoiselle. Qu'y a-t-il pour votre service?
YVETTE	Bonjour monsieur. Je souhaiterais passer des vacances en milieu rural et, si possible, m'initier à l'artisanat. Pourriez-vous me donner quelques renseignements à ce sujet?
L'EMPLOYE	Oui, mademoiselle… Voilà plusieurs brochures. Vous vous intéressez à quelle spécialité?
YVETTE	A la poterie, surtout.
L'EMPLOYE	Oui, alors, j'ai un tas de choses à vous proposer. Dans quelle région pensiez-vous aller?
YVETTE	Je ne me suis pas encore décidée — dans le Midi… en Provence, peut-être.
L'EMPLOYE	Très bien, et vous comptiez partir quand?
YVETTE	Le quatorze juillet.

A. Adaptations

1. | Je souhaiterais | passer des vacances en Provence
   | J'aimerais | prendre ces brochures
   | Je voudrais | partir le 14 juillet
   | Je désire | visiter La Baule
   | J'ai envie de | me rendre à Saint-Tropez

2. | Quand | comptez-vous | y | aller?
   | | pensez-vous | | monter?
   | | | | partir?
   | | | en | revenir?
   | | | | rentrer?

3. Imaginez d'autres conversations:
   a) Notre reporter interviewe un jeune homme, Roger Moreau, âgé de 18 ans, qui souhaiterait passer ses vacances à bord d'une péniche sur les canaux du Midi en compagnie de deux ou trois jeunes filles aimant faire la cuisine et les travaux ménagers.
   b) Il interviewe en suite deux jumeaux. L'un, Richard, voudrait passer ses vacances en famille en Bretagne, tandis que l'autre, André, désirerait soit aller en Angleterre avec les copains en autostop, soit visiter Bruxelles à l'occasion d'une importante exposition d'art moderne.
   c) A l'agence de voyages
   Une jeune fille, Nicole, a envie de passer ses vacances en montagne. On lui montre quelques brochures sur les sports d'hiver. Elle voudrait surtout faire du ski en Haute-Savoie, et elle pense y aller fin mars.
   d) Un étudiant anglais cherche à s'inscrire à un stage linguistique afin de perfectionner son français. Il préférerait aller en Bourgogne. Il n'a qu'une quinzaine à consacrer à ce stage; la plupart des stages existants sont plus longs, à l'exception de l'un d'entre eux qui se déroule à Paris. Il décide finalement de s'y inscrire.

[handwritten note in margin: Qui aiment! No need for couvrant en g/this finalistic Shetland.]

B. Expression dirigée

3k Chamonix, 1200m, maison partic, gd stand, 5/6 pers, tt cft, 2 ch, w.c. cuis, bns, séj, forêts, nomb excur. été, ski hiv, 1ère quinz août, 300F par pers., écr. Bascou, 36 av. de la Résistance 7440 Chamonix.

1. Une amie anglaise qui veut louer un chalet en Haute-Savoie vous apporte l'annonce ci-contre, qu'elle ne comprend pas. Essayez de l'aider. Lisez l'annonce avec attention. Quels renseignements pouvez-vous lui donner (description et situation de la maison)?

2. Une agence immobilière qui est chargée de la vente de la maison, propose aux acheteurs éventuels une brochure qui met en valeur cette maison. Confectionnez ce dépliant.

C. Ecoutez bien ⊗

[handwritten note: not perdus?]

'C'est papa qui paie!' (Voir le vocabulaire à la page 181.)
La famille Lemière est en train de discuter des prochaines vacances. Jusqu'à présent, les vacances ont toujours été prises en famille, mais cette année René, qui a 16 ans et sa sœur Rosine, 17 ans, ont leurs propres projets.

Ecoutez la bande, puis dites si ces phrases sont vraies ou fausses. Corrigez celles qui sont fausses.
1. Monsieur Lemière veut retourner à Carnac.
2. La plage y est splendide pour les enfants.
3. Rosine préférerait partir en vacances en famille.
4. Rosine s'intéresse beaucoup au cinéma.
5. Monsieur Lemière ne veut pas payer les vacances des enfants.
6. On organise des safaris au Parc de la Vanoise.

Des vacances insolites

Voulez-vous partir en vacances? En avez-vous assez de la routine des vacances habituelles — l'hôtel, la plage, les restaurants?

Cherchez-vous des vacances avec quelque chose en plus? Vous trouverez peut-être ici une formule qui répondra à vos besoins:

1. randonnées à pied
seul ou en groupe; prenez les sentiers de grande randonnée à travers les parcs régionaux.
Renseignez-vous: Offices de Tourisme locaux.

5. à la ferme
adressez-vous à la Fédération Française des Gîtes Ruraux de France. Louez à la semaine ou à la nuit avec petit déjeuner compris.

2. en roulotte
en principe les roulottes sont munies de couchettes pour quatre personnes. Equipement — réchaud, évier, table pliante. Location à partir de 1000F la semaine.

6. en bateau
soit en house-boat, soit en péniche, dans le Midi, en Bretagne, en Bourgogne ou sur la Dordogne, pour un week-end ou une semaine. Location à partir de 1500F la semaine.

3. à bicyclette   *à = a initignas*
on peut louer des bicyclettes dans plus de 30 gares. Pour les voyageurs S.N.C.F. c'est une solution économique. La Fédération Française de Cyclotourisme organise également des randonnées en groupe.

4. en camping-car   *Rabelais, 'l'Abbée Thélème*
'fais ce que voudras' au volant d'un camping-car. Loue un camping-car à l'aéroport d'Ajaccio, et sillonne en toute liberté les routes pittoresques de Corse et de Sardaigne. A partir de 1500F la semaine — kilométrage illimité.

7. en faisant des fouilles archéologiques
ou en aidant à restaurer des châteaux ou des églises.
Renseignez-vous auprès du Comité du Tourisme de Bourgogne à Dijon.

D. Travail à deux

Un client fantaisiste entre dans une agence de voyages sans vraiment savoir où il veut aller en vacances, ni ce qu'il veut y faire.

Odette Chevalier, employée de l'agence, le conseille en s'aidant des différentes formules de vacances proposées à la page ci-contre. Travaillez avec un partenaire. L'un d'entre vous joue le rôle d'Odette, l'autre celui du client.

LE CLIENT   Je souhaiterais partir en vacances le plus tôt possible.

ODETTE   (Demandez-lui où il veut aller.)

LE CLIENT   Je ne sais pas exactement. Je voudrais que vous me conseilliez.

ODETTE   (A quoi s'intéresse-t-il?)

LE CLIENT   Je n'ai pas d'idées précises.

ODETTE   (Voir s'il est attiré par les voyages en roulotte.)

LE CLIENT   (Demandez des précisions.)

ODETTE   (Fournissez des détails.)

LE CLIENT   (Cela ne vous intéresse pas du tout.)

ODETTE   (Lui proposer les promenades à bicyclette.)

LE CLIENT   (Vous vous inquiétez du prix.)

ODETTE   (Rassurez-le; ça ne coûte pas cher.)

LE CLIENT   (Toute réflexion faite, vous n'êtes pas emballé.)

ODETTE   (Un camping-car, peut-être?)

LE CLIENT   (Vous voulez en savoir davantage.)

ODETTE   (Donnez-lui les renseignements complémentaires.)

LE CLIENT   (Demandez s'il existe autre chose.)

ODETTE   (Dites-lui, patiemment, ce qu'il y a.)

LE CLIENT   (Vous décidez qu'après tout il n'y a rien qui vous intéresse. Vous remerciez l'employée.)

ODETTE   (Poliment, vous remerciez le client de vous avoir consultée.)

LE CLIENT   (Avouez à l'employée que vous êtes inspecteur du tourisme et qu'elle fait très bien son métier.)

E. Transposition

1. Imaginez que vous êtes Odette. Le soir vous racontez à votre mari la visite de l'inspecteur. Qu'est-ce que vous lui dites?
2. Imaginez que vous êtes l'inspecteur. Rédigez un rapport pour le bureau régional du tourisme à la suite de votre visite à l'agence. Vous recommandez Odette pour sa patience, son sérieux, son amabilité et sa conscience professionnelle.

PETITES ANNONCES
Travail

J'ai 16 ans. Aimerais garder enfants pendant les vacances scolaires, de préférence au mois de juillet. Laure Renaud, 53 rue de la Paix, 71640 Givry

F. Exercices

nb.

Ecrivez des petites annonces sur ces sujets:

1. Jean-Claude Théolier, lycéen, âgé de 17 ans, voudrait trouver un emploi comme garçon de café ou plongeur au Maroc ou en Tunisie pendant les grandes vacances. Au cas où ce ne serait pas possible, il aimerait bien travailler dans un bar ou un restaurant en France, ou dans une discothèque. Il habite 9 rue de la Poste, 78000 Versailles.

2. Une amie anglaise, Ann Parfitt, cherche n'importe quel emploi en France pour améliorer son français, langue qu'elle ne parle pas très bien. Elle a rédigé en anglais ce qu'elle voudrait mettre sur son annonce, mais elle désire que vous écriviez en français le texte de sa petite annonce:

Anne Parfitt – 18 years old – still at school – any job in France – in summer holidays – July and August – speaks a bit of French – can drive and type – anywhere in France, but prefer South – likes children and animals – kind and friendly. Address for reply: 33 Gloucester Square, Melksham, England

G. Expression dirigée

1. Imaginez que vous êtes Mme Dumont, habitant 1 rue Victor-Cousin, 75005 Paris. Ecrivez, en français, à Ann Parfitt. Vous cherchez à l'embaucher pour six semaines pendant l'été. Vous lui donnez des renseignements sur votre famille (5 enfants, âgés de 1 à 15 ans), sur votre maison (assez petite) et sur vos projets de vacances. Vous voulez savoir comment elle compte venir en France, la date de son arrivée (si possible au début de juillet), etc.

2. Ecrivez une lettre à Laure Renaud pour lui proposer de travailler dans une agence de baby-sitters. Qu'est-ce qu'elle fera exactement? Combien gagnera-t-elle? etc.

Leçon 29   Les grands départs

Explications
1. *climax*
2. *invaders*
3. se lancer, se précipiter
4. villes au bord de la mer
5. *cater*
6. maisons de commerce et d'industrie
7. *connected*
8. *turnover*

Environ la moitié de la population française part en vacances entre le 1er juillet et le 15 août. Cet exode atteint son point culminant[1] le 1er août, date des plus gros départs. Tels des envahisseurs[2] en manque d'oxygène et d'air pur, les Français — auxquels se joignent 16 millions de touristes étrangers — se ruent[3] vers les côtes, les montagnes, les villes d'eau, les stations balnéaires[4], par le train, en voiture, en vélo, en avion… en n'importe quoi ! Pour la majorité d'entre eux c'est le retour à la nature qu'ils recherchent : ils veulent redevenir primitifs, vivre comme des sauvages pendant un mois (des sauvages civilisés !), camper, explorer, pêcher, chasser, se promener à demi nus sur le sable, se baigner et prendre d'interminables bains de soleil afin de rentrer bronzés, ce qui est la preuve irréfutable de vacances réussies…

Pendant ce temps la capitale est presque un désert. Seuls restent ceux qui ne peuvent pas faire autrement et qui pourvoient[5] aux besoins des touristes. Touristes qui arrivent dans une ville vidée de ses habitants ; boutiques et magasins sont fermés puisque les propriétaires, eux aussi, ont déserté pour se joindre aux vacanciers.

Encore plus de boutiques fermées en août

Si vous restez à Paris au mois d'août, vous aurez encore plus de difficultés que l'an dernier à trouver une boucherie, une boulangerie ou un garage ouvert. Les petites et moyennes entreprises[6] ont décidé, dans leur grande majorité de prendre, elles aussi, leurs vacances en même temps que l'ensemble des Français.

Ainsi, au mois d'août prochain, un plus grand nombre de boutiques parisiennes fermeront leurs portes, à l'exception toutefois de celles dont l'activité est liée[7] au tourisme. Mais le touriste à lui seul ne permet pas de réaliser un chiffre d'affaires[8] convenable dans la plupart des cas. De très nombreux commerçants ont donc décidé de fermer boutique en août.

D'après François Bernamonti, *France Soir*

A. De quoi s'agit-il?

1. Dans le texte ci-contre on parle des 'grands départs'. Mais qui est-ce qui part? Et où va-t-on?
2. Pourquoi un grand nombre de boutiques à Paris sont-elles fermées au mois d'août?

B. Les mots travaillent

1. Trouvez dans le texte ci-contre un mot ou une phrase qui veut dire:
   a) ce départ des vacanciers bat des records
   b) semblables à des armées conquérantes
   c) ce qui prouve, sans discussion possible, qu'ils ont passé de bonnes vacances
   d) ceux qui n'ont pas le choix
2. Trouvez dans le texte un mot ou une phrase qui a le sens contraire de:
   a) ils se dirigent lentement vers les côtes
   b) pour une minorité d'entre eux
   c) il vous serait moins difficile
   d) très peu de marchands
3. Trouvez dans le texte un substantif qui correspond à chacun des verbes suivants:
   a) envahir   c) prouver
   b) retourner   d) déserter
4. Trouvez dans le texte un adjectif qui correspond à chacun des verbes suivants:
   a) culminer   c) ouvrir
   b) réussir   d) convenir

C. Avez-vous bien compris?

1. Quel est le pourcentage approximatif des Français qui partent en vacances entre le 1er juillet et le 15 août?
2. Les habitants des grandes villes, que leur manque-t-il?
3. Combien de touristes étrangers envahissent la France en été?
4. Comment la plupart des vacanciers aiment-ils passer leurs vacances?
5. Pourquoi ces vacanciers veulent-ils se faire bronzer?
6. Qui reste à Paris au mois d'août?
7. Comparativement à l'année dernière, il y a eu cette année plus de magasins fermés pendant l'été. Vrai ou faux?
8.* A votre avis, quels inconvénients y a-t-il à prendre ses vacances en même temps que la plupart des gens?
9.* Serait-il possible, d'après vous, d'étaler (*stagger*) les départs en vacances? Comment faire pour persuader les gens?
10.* Pourquoi beaucoup de gens veulent-ils vivre sans contraintes, comme des primitifs, pendant leurs vacances?

D. Sans paroles

1. Trouvez un titre au dessin ci-dessus. Comparez votre titre à ceux de vos camarades de classe.
2. Rédigez quelques lignes de dialogue entre les membres de la famille.

E. Au jour le jour

'Emplois d'été en France'
Ecoutez la discussion sur la bande magnétique. Ensuite, répondez aux questions à la page 181.

Leçon 30 La prison des vacances

Déjà, il faut penser aux prochaines vacances d'été et, curieusement, on s'engouffre dans ce désir d'évasion comme dans une prison. Car, on croit généralement que les onze mois de travail sont un bagne dont on s'échappe enfin pour un mois de liberté. Quelle erreur! Quel miroir aux alouettes! Les alouettes que nous sommes dans ce cas se laissent volontiers fasciner, au plus noir de l'hiver, par des rêves de déserts, de palmiers et de plages. On compose ainsi mentalement la parfaite carte postale, ce symbole de béatitude et de réussite que l'on enverra aux amis. A se demander si l'on ne part pas en vacances uniquement pour accabler les copains par l'envoi de cette fameuse carte postale...

L'avant-vacance est donc commencé. Qui en dira les méfaits? L'avant-vacance rend avare, grippe-sou, puisque chaque sou agrippé est promesse d'un moment de soleil supplémentaire. On calcule, on se prive. Un manteau en moins et c'est une semaine de plus là-bas. Pour le prix d'un repas au restaurant, on achète là-bas les trésors d'Aladin.

Après avoir compté son argent, on compte les jours. Un jour qui passe rapproche de la plage et de la colline. Il est vrai que, sans ce mirage de plage ou de colline, les habitants des villes ne supporteraient pas une minute de plus leur enfer quotidien. Quelle illusion pourtant de sacrifier le reste de l'année à cette promesse de paradis!

Faut-il détruire la prison des vacances? Je n'irai pas jusque-là. Il faudrait seulement songer à apprivoiser ce phénomène tout récent dont l'ampleur nous dépasse et dont la violence risque de nous détruire. Il faudrait cesser d'être ce prisonnier qui tourne inlassablement dans cet espace lointain et dans ce temps béni comme dans une cage dorée. Cage dorée par le soleil, oui, mais cage quand même.

Comme celui qui imaginait de transporter les villes à la campagne, on pourrait imaginer de transporter les vacances en plein travail. Je sais bien que les congés du week-end existent déjà et que nos loisirs sont importants. Seulement voilà, les loisirs, les petits loisirs hebdomadaires n'ont qu'une vague ressemblance avec ces vacances tellement grandes qu'on finit par les croire éternelles et qui sont certainement la plus belle utopie inventée par l'homme du vingtième siècle.

Jean Chalon, *Le Figaro*

A. Analyse de la langue

Cherchez dans le texte ci-dessus tous les exemples...
1. de pronoms relatifs. Remplacez ces pronoms par des noms ou des phrases.
   exemple dont on s'échappe: on s'échappe de ce bagne
2. d'expressions indiquant la comparaison.
   exemple un moment de soleil supplémentaire
3. de l'usage des différents temps des verbes. Notez aussi les phrases qui ne contiennent pas de verbe à un mode fini (*finite verb*).
   exemple Quel miroir aux alouttes!

B. Texte enregistré 🕟

'Pour fuir la foule'. (Voir le vocabulaire à la page 181.)
   Ce texte servira de base pour développer les exercices d'analyse ci-dessus.
   Le texte enregistré contient aussi des expressions utiles pour la traduction du texte anglais ci-contre.

C. Exploitation

1. Quels sont les avantages et les inconvénients des voyages organisés (*package tours*)?

   exemple   **Quoique** l'organisateur **fasse** tout le nécessaire, on est **quand même** obligé de voyager à des dates fixes.

quoique	facilité de voyager	quand même	dates de vacances fixes
bien que	bon marché, prix bas	pourtant	obligé de payer repas
malgré	possibilité de se faire des amis	toujours est-il que	repas à des horaires fixes
	pas besoin de connaître la langue		repas de qualité inférieure
	accompagnateur à l'hôtel pour vous aider		plages, hôtels, avions bondés
	possibilité de visiter des pays lointains		impossible de parler la langue (même si l'on veut)
			tout est trop organisé
			pays (région) est vite exploité(e)

2. Un reporter vous interviewe au sujet des vacances. Dites ce qu'il vous a demandé et ce que vous avez répondu.

   exemples

   — Le reporteur m'a demandé quel âge j'avais. Je lui ai répondu que j'avais… ans.

   — Il a voulu savoir ce que j'aimais faire. Je lui ai dit que j'aimais faire des stages d'artisanat.

   a) Quel âge avez-vous?

   b) Où avez-vous passé vos vacances l'année dernière?

   c) Combien de temps y avez-vous passé?

   d) Quand êtes-vous parti?

   e) Comment allez-vous passer les grandes vacances cette année?

   f) Est-ce que vous partirez aujourd'hui, demain ou la semaine prochaine?

   g) Qu'avez-vous envie de faire pendant vos vacances?

   h) Vous avez l'intention de partir seul ou avec quelqu'un?

   i) Quelles sont les meilleures vacances que vous ayez jamais passées?

   j) Avez-vous jamais participé à un voyage organisé?

D. Traduisez en français

Le texte ci-contre et le texte enregistré. 'Pour fuir la foule', pourront vous être utiles.

1. For the French, holidays are a dream time, a dream which never ceases all through the rest of the year. Many French people take a month in the summer and for the most fortunate there may be a fortnight's winter holiday as well.

2. From Spring on, there are preparations to be made and holidays quickly become the most important subject of conversation. Many people will deprive themselves of luxuries and perhaps even of some necessities, growing miserly to earn another moment in the sun.

3.* It is perhaps only the thought of holidays to come and the memory of those already spent which help people to put up with their dreary everyday lives. The French love their holidays, but they work very hard for the rest of the year. They feel the need to get away from it all, to make new friends, to discover new places, to build up their strength and energy again after the long months at work and, above all, to impress their friends with their post-cards.

A quoi bon les vacances?

A. Points de départ

A considérer

1. Jusqu'ici on a discuté des formules de vacances; maintenant considérons la question: A quoi bon les vacances? Pourquoi les étudiants ont-ils de longues vacances? Désir de:
   — se détendre, se dépayser — développer sa créativité personnelle — perfectionner la connaissance d'une langue — faire de la culture physique — rencontrer la jeunesse étrangère — se cultiver — gagner de l'argent pour payer des études

2. Quels emplois peut-on trouver en France pendant les grandes vacances? Lesquels aimeriez-vous avoir?
   a) organiser un groupe de jeunes pour:
      — jouer des pièces de théâtre (en plein air) — donner des concerts de jazz ou de chants folkloriques (on peut au moins faire la quête) — donner des spectacles à la plage
      — vendre des produits artisanaux (poterie, bijoux, tableaux de scènes locales)
   b) trouver un emploi comme:
      — maître-nageur, membre de l'équipage d'un yacht, moniteur (de sports)
      — femme de chambre, bonne à tout faire, plongeur (dans un restaurant), guide-interprète, jardinier, moissonneur, accompagnateur de voyages organisés
      — animateur (dans un stage linguistique), moniteur (dans une colonie de vacances)

B. Guide-discussion

Reviewing a discussion

Presenting an argument

Il faut d'abord résumer les arguments; le pour et le contre...
Nous avons considéré d'abord... puis... ensuite... à la fin...
Réfléchissons maintenant... d'un côté... d'un autre...
Il faut tenir compte... d'une part... d'autre part...
Récapitulons sur les problèmes et les avantages...

Responding to an argument

Reaching conclusions

En fin de compte, je suis persuadé/convaincu que/de...
J'ai été presque convaincu..., mais...
Après avoir examiné de près..., je trouve/crois...
Tout compte fait, je suis de l'opinion de/que...
... a réussi à me convaincre de/que...
Toute réflexion faite, je dois conclure...

C. Pas à pas

1. Pêle-mêle : mettez-vous en groupes pour produire des idées au sujet des questions ci-contre.
2. Travail à deux : en vous servant de vos notes et des formules dans la case ci-contre, posez des questions à votre partenaire.
3. 'Les vacances les plus agréables' : après avoir écouté la bande enregistrée, répondez aux questions à la page 181.
4. Discussion en groupes : mettez en commun vos idées.
5. Préparez votre plan personnel. Ensuite, rédigez la dissertation.

D. Plan de rédaction

Sujet de dissertation : Les vacances idéales.
Introduction (premier paragraphe)
— pourquoi a-t-on besoin de vacances ? Qu'est-ce qu'on devrait faire ?
— qu'est-ce qui me ferait du bien ? Qu'est-ce que je voudrais faire ?
— mélange de toutes sortes de vacances ? Est-ce possible pour les étudiants de passer de telles vacances ?
Paragraphes 2 et 3 : différentes sortes de vacances
— vacances créatives — faire le tour d'un pays — rester sur place
— fainéant à la plage — travail volontaire — en tournée avec une équipe sportive — pratiquer des sports en plein air (spéléo, alpinisme, etc.) — cours d'études — vacances culturelles — gagner de l'argent
Paragraphe 4 : aller avec qui ?
— groupe, famille, seul, avec un ami, voyage organisé, échange
Paragraphe 5 : aller où ?
— son pays natal, à l'étranger, dans les pays francophones/anglophones, en Europe (la Grèce), encore plus loin (les Etats-Unis)
Paragraphe 6 : comment voyager ? où séjourner ?
— hôtel, villa, appartement, club-vacances, camping, caravane, camping-car, moto, vélo, train, bateau, avion, voiture, à pied, auto-stop, en bateau ou avion affrété
Paragraphe 7 : où trouver les moyens financiers ?
— allocations : les étudiants devraient être subventionnés par l'Etat
— trouver un emploi d'abord, ensuite partir en vacances
— travailler le week-end ou partir en vacances tous les deux ans
— joindre le travail aux vacances
Conclusion : (dernier(s) paragraphe(s))
— quel mélange vous conviendrait le mieux ? quelles seraient les vacances idéales pour vous ?
— voilà pour l'idéal et la réalité ? où allez-vous cette année ?

Pratique 10   Using the infinitive

Some verbs in French are followed by **à** before an infinitive (see page 50), some by **de** before an infinitive (see page 92) and others by an infinitive with no preposition.

Les Smith font des projets de vacances

A.   Voici (ci-dessous) l'histoire des vacances d'une famille anglaise, les Smith, qui sont allés en France l'année dernière. Avant leur départ ils font des projets.

1. Recopiez l'histoire en ajoutant **à** ou **de**, seulement où c'est nécessaire.
2. Imaginez la conversation chez les Smith quand ils font leurs projets de vacances.

M. Smith a besoin... se détendre. Il aime beaucoup... jouer au golf. Donc il a décidé... jouer une partie de golf chaque jour. Il aimerait... trouver un petit hôtel près d'un terrain de golf. Comme ça, il n'aurait pas besoin... prendre la voiture. Il n'a pas jugé nécessaire... retenir des chambres à l'avance.

Mme Smith aussi a envie... se détendre. Elle espère... trouver un petit hôtel près de la plage où elle pourrait... commander au garçon... lui apporter des consommations. A la maison elle n'a pas le temps... se reposer. En outre, elle tient beaucoup... visiter des musées; elle pense... étudier l'histoire de la région où elle passe ses vacances.

Mary s'attend... rencontrer de beaux garçons. Elle cherche... perfectionner son français. Il lui faut donc... essayer... parler avec des Français! Elle a l'intention aussi... se baigner et... se bronzer au soleil.

Peter n'aime pas du tout... visiter les musées. Il a envie... jouer au tennis. Il voudrait aussi... apprendre... jouer au volley-ball. Il a l'intention... demander aux Français... le laisser... jouer avec eux. Il a une autre passion : le babyfoot. Sa mère a beau... le prier... ne pas perdre son temps... jouer au babyfoot ; il ne peut s'empêcher... y jouer.

B.   Voici (ci-dessus) la carte postale que les Smith ont envoyée à des amis français. Mais, s'ils avaient dit la vérité, qu'est-ce qu'ils auraient écrit? Imaginez que vous êtes Mme Smith. De retour en Angleterre vous écrivez une lettre aux Tellier dans laquelle vous parlez de vos projets (ci-contre) et de ce qui s'est passé en réalité:

En arrivant en France les Smith se sont dirigés vers la côte bretonne. Mais, partout où ils allaient c'était la même histoire. Pas de chambres ou bien pas de golf. Pas de plage ou bien pas d'hôtels.

Enfin, ils ont été obligés de louer des chambres dans un petit hôtel à deux kilomètres de la plage et à quarante-cinq kilomètres d'un terrain de golf. Et la pluie! Pendant plusieurs jours de suite, il n'a pas cessé de pleuvoir.

Le jour de leur arrivée en France on a volé les clubs de golf de M. Smith. Il a dû donc louer des clubs. Mais il n'a pas réussi à s'y habituer et il a joué très mal.

Mme Smith n'a pas pu se reposer sur la plage, à cause de la pluie. Et puis elle a découvert que le musée régional qu'elle comptait visiter était fermé au mois d'août.

Mary a vu un garçon français qui avait l'air très sympathique. Au début elle n'a pas osé lui parler. Enfin il a parlé à Mary et l'a invitée à aller avec lui à une discothèque ce soir-là. Mais, il n'est pas venu la chercher.

A cause de la pluie, il n'y avait presque personne à la plage; Peter n'a pas pu jouer au tennis, ni apprendre à jouer au volley-ball. Et pour comble de malheur, le seul babyfoot dans son hôtel était cassé!

Vive les vacances!

C.   Faites une liste de tous les verbes (ci-dessus et ci-contre) qui sont suivis d'un infinitif. Classez-les selon qu'ils sont suivis de **à**, **de** ou de l'infinitif sans préposition.

Grammar summary

This summary is not intended to be complete. It is designed to clarify some common difficulties met by students beginning the advanced study of French.

The most useful reference grammar is one you have collected yourself. It is far more useful to make your own notes and to learn examples of usage which you have met while reading or listening to French than it is to try to learn countless complicated rules. We suggest therefore that you keep a looseleaf folder divided into sections corresponding to the sections of this summary in which you record examples of usage.

In this summary the symbol ⚠ is intended to draw your attention to a particular point of difficulty.

Sections of the Grammar Summary

(*See also Index of Grammar and Practice p. 192*)

A. Articles and determinatives
B. Adjectives
C. Negative expressions
D. Pronouns
E. Asking questions
F. Nouns
G. Prepositions
H. Adverbials
Verb Sections:
I. Talking about the future
J. Talking about the present
K. Talking about the past
L. The present participle
M. The passive voice
N. Using the conditional
O. The infinitive
P. Giving instructions
Q. Using the subjunctive
R. Reporting what was said
S. Auxiliaries
Verb tables

A. Articles and determinatives

1. Article agrees with its noun, indicating its number (singular or plural) and, in the singular, its gender (masc. or fem.)

un garçon, une fille, des hommes
le livre, la table, les tasses

2. Definite article **le, la, l', les** used with:

▸ particular persons or objects

C'est le livre que j'ai acheté ce matin.
Les enfants du village sont malades.

▸ a class of things (all the things of a kind) or an abstract noun, when English usually has no article

Les lions sont dangereux.
J'aime la musique.

▸ titles
▸ adjectives with proper nouns
▸ languages

le roi Louis Quatorze
le vieux Jacques
J'apprends le français.
[*But* Il parle français en ce moment.]

▸ days of the week (to mean *every Saturday* etc.)

Je vais au cinéma le samedi.
[*But* Je suis allé au théâtre jeudi (passé).
[Je viendrai samedi.]

▸ seasons

Je déteste l'automne.
[*But* un jour d'automne]

▸ parts of the body

Il a ouvert la bouche.
Elle a les yeux gris.
Il se lavait les mains.

(Note also the use of the indirect object pronoun)

Je lui ai coupé les cheveux.
Elle leur a serré la main.

▸ some expressions of manner

Il marchait les mains dans la poche et la pipe à la bouche.

▸ some expressions of time

le soir (*in the evening*), le lendemain, le jour de Noël
Venez la semaine prochaine.

▸ titles (when addressing people)
▸ ranks + proper name
▸ expressions of speed, price
▸ bodily attributes, ailments

Bonjour, monsieur le maire.
le capitaine Dupont
cinq francs le kilo
J'ai la grippe.
J'ai mal à la tête.

▸ festivals and Saints' Days except **Pâques** and (usually) **Noël**
▸ continents, countries, provinces, etc.

à la Toussaint, à Noël

J'adore la France.
la carte de l'Europe

3. à + le = au
à + les = aux

Nous allons au cinéma ce soir.
J'ai donné du chocolat aux enfants.

4. de + le = du
de + les = des

Je suis sorti du magasin.
J'ai rencontré la mère des enfants.

5. Indefinite article **un, une, des** used when no particular person or thing is indicated

Je voudrais une tasse de café.
Je vais en vacances avec des amis.

6. Indefinite article usually omitted:
▸ with nationalities, religions
▸ with professions
But not after **c'est** and not with an adjective

▸ with nouns in apposition
▸ after **sans** or **ni... ni...** (unless noun is particularized)

▸ with expressions of frequency
▸ after **quel**
▸ after **comme**

Elle est française. Il est catholique.
M. Lebrun est professeur.
[C'est un professeur.]
[M. Lebrun est un professeur stricte.]
Louis Lumière, chimiste de Lyon
Il est sans amis.
Je n'ai ni frère ni sœur.
[But Il est arrivé sans l'argent qu'il avait trouvé.]
cinq fois par semaine
Quel dommage! Quelle femme!
Il travaille comme boucher.

7. Omit the article also:
▸ in adverbial phrases
▸ in verbal phrases

▸ before a noun to form an adjectival expression

avec patience, en prison, en France, par terre
Tu as raison. J'ai faim.
Elle a perdu connaissance.
les fromages de France (*French cheese*)
une leçon de français (*a French lesson*)
un jour d'automne (*an autumn day*)

8. Partitive article **du, de la, de l', des** (*some, any*), often used when English uses no article. Used in the singular with nouns referring to substances.

Il a des abeilles dans son jardin.
J'ai du vin dans mon verre.

9. de or **d'** used alone:
▸ after negative expression

▸ with an adjective before a plural noun
But **des** is also found, when noun and adjective form a single idea
▸ with **avoir besoin** unless noun is particularized
▸ with expressions of quantity
⚠ But **bien des encore des la plupart des la plus grande partie des**

Tu as des frères? Je n'ai pas de frères.
Je ne veux pas de vin.
J'ai acheté de nouveaux disques.
[Je voudrais des petits pains.]

J'ai besoin d'argent tout de suite.
J'ai besoin de l'argent que tu me dois.
un kilo de beurre, beaucoup de pommes
[Tu veux encore du café?]
[La plupart des invités sont arrivés.]

10. The demonstrative adjective **ce (cet), cette, ces** used for both *this* and *that*. When particularly important to distinguish between *this/these* and *that/those* add **-ci** or **-là** to noun.
⚠ Use **cet** with masculine singular nouns (or preceding adjectives) which begin with a vowel sound.

Ce livre est bon.
Cette fille est anglaise.
Ces pommes sont délicieuses.
Je n'aime pas cette robe-ci.
Je préfère celle-là.
Je ne connais pas cet homme.
Je voudrais un peu de cet excellent fromage.

11. The **possessive** adjective agrees with the thing
possessed, not with the possessor:

Alain a perdu sa pipe.

Monique promène son chien.

André n'est pas allé voir ses parents, parce que leur
télévision est en panne.

M. et Mme Durand sont partis sans leurs enfants.

mon père	ma mère	mes parents	*my*
ton frère	ta sœur	tes oncles	*your*
son ami(e)	sa tante	ses ami(e)s	*his/her/its*
notre	notre	nos	*our*
votre	votre	vos	*your*
leur	leur	leurs	*their*

⚠ Possessive adjective is repeated before each
  noun in a series.

⚠ Use **mon, ton, son,** before feminine singular
  nouns (or preceding adjectives) which
  begin with a vowel sound.

⚠ **Son chapeau** means *his hat* or *her hat*. If
  necessary add **à lui** or **à elle** to make the
  meaning clear.

Ma mère et mon père sont en vacances.

Tu connais mon amie Françoise?

Voilà mon ancienne voiture.

As-tu trouvé le chapeau de Monique
  ou celui d'André?

J'ai trouvé son chapeau à lui. (*his hat*)

151

B. Adjectives

12. Adjectives usually agree in number and gender with the nouns they qualify.

un grand livre, une grande table, de grands livres, de grandes tables
Cette école est très petite.

13. Adjectives ending in -e do not change in the feminine

un drapeau rouge, une fleur rouge

14. Adjectives ending in -s or -x do not change in the masculine plural

un stylo gris, des stylos gris
un enfant heureux, des enfants heureux

15. Note these adjectives:
(further examples in the right hand column)

heureux, heureuse   affreux, courageux, dangereux, malheureux, jaloux
menteur, menteuse   flatteur, rieur, trompeur
doux, douce
faux, fausse
gros, grosse   bas, épais, gras, las
naturel, naturelle   cruel, individuel, mortel, nul, pareil
sot, sotte
frais, fraîche
blanc, blanche   franc
sec, sèche
cher, chère   amer, dernier, entier, étranger, fier, léger, premier
secret, secrète   complet, incomplet, inquiet
bref, brève
actif, active   neuf, sauf, veuf, vif
public, publique   grec, turc
long, longue   oblong
favori, favorite
*fou, folle   *mou
*vieux, vieille
royal, royale, royaux, royales   amical, central, loyal
*beau, belle, beaux, belles   jumeau, *nouveau
(*see also note 16. below)

16. Adjectives with a second form of the masculine singular, used before a noun beginning with a vowel sound: **bel, fol, mol, nouvel, vieil**

le bel âge, un fol espoir, un mol oreiller, le nouvel an, un vieil homme

17. Invariable adjectives:
▶ adjectives of colour, which are really nouns: **marron, argent, chocolat**

des chaussures chocolat

▶ compound adjectives of colour: **gris-bleu, vert foncé, bleu clair**

des yeux bleu foncé

18. **demi** and **nu** agree only when they follow the noun

une heure et demie, la tête nue
[*But* une demi-heure, aller nu-tête]

19. Certain adjectives change their meaning according to their position
(*see also Difficultés, p. 134*)

son propre carnet (*own*)
les mains propres (*clean*)

20. Most adjectives follow the noun   C'est un livre intéressant.
    But the following precede the noun:
▶ ordinal numbers   le premier garçon, la deuxième fille
▶ possessive and demonstrative adjectives   mon livre, ce garçon

▶ certain common adjectives

autre	excellent	jeune	petit
beau	gentil	joli	quelque
bon	grand	long	tel
chaque	gros	mauvais	vieux
court	haut	méchant	vilain

21. The comparative of adjectives
plus ⎫
moins ⎪ intelligent(e)(s) que...
aussi ⎪
pas si ⎭

Tu (n')es (pas) plus intelligent que ton frère.
Nous (ne) sommes (pas) moins intelligents qu'eux.
Elle est aussi intelligente que lui.
Je ne suis pas si intelligent que vous.

22. The superlative of adjectives
le (la, les) ⎹ plus ⎹ intelligent(e)(s)... de...
⎹ moins ⎹

Voici le plus grand de tous les livres.
Ce sont les livres les plus remarquables.

23. Note the use of **de** in comparisons

Il est le plus âgé de 3 mois.
Elle a la plus belle moto de la classe.
Mon frère a mangé plus de vingt bonbons.

24. Note these irregular comparatives
(*see also Difficultés p. 120*)

bon → meilleur
mauvais → pire
petit → moindre (*but usually* plus petit)

25. Note these phrases of comparison

de plus en plus, de moins en moins
Plus on a d'argent, moins on a d'amis.
Il est fort comme un géant.

Grammar summary

C. Negative expressions

(note word order)

26. ne... pas *(not)* — Je n'ai pas entendu. Il n'a pas de frère.
ne... plus *(no longer, no more)* — Je ne fume plus. Tu n'as plus de cigarettes?
ne... rien *(nothing)* — Elle n'a rien vu. Elle ne voit rien.
ne... jamais *(never)* — Il n'a jamais compris. Il ne comprend jamais.
ne... personne *(nobody)* — Je n'ai vu personne. Tu ne vois personne?
ne... ni... ni *(neither ... nor ...)* — Je n'ai vu ni lui ni sa sœur.
Je n'ai ni frère ni sœur.

ne... que *(only)* — Il n'est rentré qu'après minuit.
Tu n'as que cinq francs.
[*But* Je n'ai pas qu'une voiture. (*I've more than one car*)]

ne... guère *(scarcely)* — Je n'ai guère fini.
ne... aucun *(not any/anyone)* — Je n'en ai vu aucun.
ne... nul *(not any)* (literary form) — Nul étudiant n'est parti.
(**nul** may not stand alone)
ne... nulle part *(nowhere)* — Je ne l'ai vu nulle part.
ne... point *(not)* (literary form) — Il n'a point de pitié.

27. rien, personne and **pas un** may be the subject of a sentence — Rien ne s'est passé.
Personne n'est arrivé.
Pas un ami n'est venu vous aider.

28. si used for *yes* in answer to a negative question — Tu ne dois pas travailler ce soir?
Mais si, je travaille tous les soirs.

29. pas often omitted with pouvoir, savoir, cesser, oser + infinitive — Je ne saurais vous le dire.
Tu n'oserais nous le dire!

30. ne often used in subordinate clauses with expressions of fearing and with comparisons — J'ai peur qu'elle ne fasse quelque chose de bête.
Il est plus âgé que je n'aurais cru.
But not possible when negative — [Je n'ai pas peur qu'elle fasse quelque chose de bête.]
Il n'est pas plus riche qu'il était.

31. Negative + infinitive
ne... pas or **ne... rien** usually stand together before the infinitive — Je lui ai dit de ne pas venir.
Il préfère ne rien faire.
But not when a modal auxiliary precedes the infinitive — [Il ne veut rien boire.]
[Elle n'a pas pu nous aider.]
⚠ Combinations of negatives
ne... plus... rien — Je ne veux plus rien, merci.
ne... plus... jamais — Il ne va plus jamais au théâtre.
ne... jamais... rien — Ils ne font jamais rien.
ne... jamais... personne — Il ne parle jamais à personne.

D. Pronouns

32.

Subject	Direct object	Indirect object	Reflexive
je	me	me	me
tu	te	te	te
il/elle/on	le/la	lui	se
nous	nous	nous	nous
vous	vous	vous	vous
ils/elles	les	leur	se

Tu vois Henri? Oui, je le vois.
Tu as vu Hélène? Oui, je l'ai vue.
Tu parles à Guy? Oui, je lui parle.
Tu as parlé à Anne? Oui, je lui ai parlé.
Les enfants? Je les ai vus au café.
Je ne leur ai pas parlé.
Ils se sont arrêtés aux feux.

33. On (*one, someone, they, we*)
▶ often used instead of passive

Où allez-vous? On va à la gare.
On nous a dit de venir ce soir.
On m'a volé tout mon argent.

34. Y replaces **à+noun**
▶ to refer to a place
▶ as the indirect object (not a person)

Tu vas en France? Oui, j'y vais en août.
J'y pense souvent. Je m'y suis habitué.

35. En replaces **de+noun**
▶ to refer to a place

Elle est sortie du magasin?
Oui, elle en est sortie il y a 5 minutes.
Vous avez des frères? Oui, j'en ai deux.
Il y en a beaucoup/trop/assez.

▶ meaning *some* (*of it/of them*), (even where English does not use a pronoun) particularly with numerals and expressions of quantity.

36. Order of object pronouns
With all verb forms except the imperative affirmative, pronoun objects are placed directly before the verb in this order:

me te se nous vous	le la les	lui leur	y	en

⚠ Note position of pronouns with simple **infinitive**

⚠ Note pronouns precede **faire, entendre, voir, laisser**+infinitive

On ne le lui a pas donné.
Vous les leur avez offerts.
Tu m'en offres?
On nous les donne souvent.
Il y en a deux.
Je m'y suis arrêté.
Jacques vient nous voir ce matin.
Où sont tes gants? Je viens de les trouver.
Voulez-vous m'en acheter un?
Va chercher Guy. Il nous fera entrer.
Je le lui ai entendu dire.
Je ne l'ai pas vu sortir.
Il ne m'a pas laissé passer.

⚠ Note position of pronouns with **imperative**
▶ before negative commands

▶ after affirmative commands (note use of hyphens)
(**moi** and **toi** replace **me** and **te** *but* not with **en**)

Ne le laisse pas tomber.
Ne les lui donnez pas.
Ne m'en parle pas.
Dites-nous la vérité. Envoyez-les-leur.
Va-t'en. Vas-y. Donnez-le-lui.
Assieds-toi. Donnez-les-moi.
[J'aime ce gâteau. Donne-m'en.]

37. Emphatic (disjunctive) pronouns
moi toi lui elle soi
nous vous eux elles
used:

▸ standing alone

▸ with **c'est, ce sont, il y a, il reste**

▸ after prepositions
▸ to emphasise subject or object (direct or in-direct)

▸ to clarify the use of **son, leur,** etc.
▸ in comparisons
▸ in compound subjects and objects
▸ as antecedent to a relative (note agreement)

▸ with **même, aussi, seul**

▸ **soi** (*oneself*) is usually associated with **on, chacun, personne, quiconque** or impersonal expressions

Qui a fait ça? — Moi.
c'est moi, ce sont eux, il y a toujours eux, il ne reste que lui
entre toi et moi, l'un d'eux
Moi, je veux rester à la maison.
On te cherche, toi.
On le lui donne, à lui.
C'est leur voiture à elles.
Pierre est plus jeune que moi.
Maman et moi, nous y allons.
C'est moi qui suis le premier.
Ce sont nous qui devons payer.
Il devrait le faire lui-même.
Moi aussi, je veux aller au cinéma.
Lui seul sait le faire.
On doit rarement parler de soi.
Chacun pour soi!

38. Relative pronouns
▸ **qui** used as subject to refer to persons or things
▸ **que** used as direct object to refer to persons or things.
▸ **qui** used after prepositions referring to persons
▸ **lequel, laquelle, lesquels, lesquelles** used after prepositions referring to things
▸ **de + lequel = duquel,** etc.
▸ **à + lequel = auquel,** etc.
▸ **dont** replaces **de qui, duquel** except when antecedent is followed by a prepositional phrase

▸ **où** may replace **à** or **dans** or **sur + lequel**
▸ **d'où** may replace **de + lequel**
▸ **quoi** refers to an indefinite antecedent
▸ **ce + relative** (meaning *what/that which*)

J'ai vu l'homme qui a volé ta moto.
Passe-moi les tasses qui sont sur la table.
Tu vois la fille que Jean a amenée?
J'ai perdu le stylo que maman m'a offert.
C'est l'homme à qui tu as parlé?

Voilà le parc dans lequel elle se promène.
Ce sont les crayons avec lesquels j'aime écrire.
le fleuve au bord duquel elle se promène...
les magasins auxquels ils sont allés...
J'ai vu l'homme dont vous m'avez parlé.
Voici le livre dont tu as besoin.
[*But* Vous connaissez le garçon à l'avenir *de qui* je m'intéresse.]
[Voici le livre *sur* la première page *duquel* j'ai vu l'image.]
le restaurant où nous avons dîné
le pays d'où il vient
C'est de quoi je me plains.
Ce qui me frappe, c'est le silence.
Je ne sais pas ce que je veux.
ce dont j'ai besoin...
ce à quoi je m'intéresse...

39. c'est or **il est?**

These notes will act as a guide, but you will meet expressions which do not fit 'the rules'. We suggest you note all such expressions.

Use **ce**

▶ to sum up a preceding subject noun, pronoun, infinitive

La piscine, c'est par ici?
Eux, ce sont des amis.
Parler russe? C'est difficile, non?

▶ when logical subject is noun, pronoun or adjective in the superlative

C'est un homme intelligent.
C'est moi.
C'est le plus grand garçon.

▶ with adjective when listener already knows to what you are referring
But use **il** with adjective in other cases

C'est vrai.
Patiner? C'est facile à faire.
[Il est intelligent, ce garçon.]
[Il est facile de patiner.]

40. ceci, cela or **ça** (colloquially) are used:
▶ to refer to unnamed objects
▶ to refer to facts, ideas, impressions

Donne-moi cela.
Ça, c'est difficile.
Ceci n'a aucune importance.
Ne dites pas cela.

▶ sometimes to replace **le** or **la**
▶ to mean *it* in certain expressions (**cela** or **ça** only)

Cela (ça) m'intéresserait de le voir.
cela m'agace/amuse/ennuie de...
ça nous plaît/ferait plaisir de...
cela m'étonne/me surprend que...

41. le sometimes used where English uses no pronoun

Tu me l'as déjà dit.
Comme vous le savez...
Je le crois. (*I think so.*)

42. Object pronoun omitted when verb is followed by predicative adjective

Je trouve nécessaire de partir.
Je crois utile de...

43. Possessive pronouns
le mien, la mienne
les miens, les miennes (*mine*)
le tien, etc. (*yours*)
la sien, etc. (*his/hers*)
le/la nôtre, les nôtres (*ours*)
le/la vôtre, les vôtres (*yours*)
le/la leur, les leurs (*theirs*)
But often better to avoid their use

Tu préfères ton livre au mien?
Tu as bu ta bière, mais Alain n'a pas bu la sienne.
Votre maison est plus grande que la nôtre.

J'aime ta voiture mais je n'aime pas la leur.

[C'est celui de Pierre...]
[C'est mon livre à moi...]

44. Demonstrative pronouns **celui, celle, ceux, celles** replace demonstrative adjective + noun
▶ with **-ci** or **-là**
▶ with **de**
▶ with **qui, que, dont**
▶ **celui-ci**, etc, also means *the latter*, **celui-là** etc, means *the former*

Celui-ci est plus grand que celui-là.
Voici mes livres. Voilà ceux d'Hélène.
Celles que j'ai perdues...
Un homme et son fils sont entrés. Celui-là portait une cravate bleue, mais celui-ci n'avait pas de cravate.

E. Asking questions

45. Expecting the answer **oui/non** etc.
There are three main question patterns:
a) Intonation only (very common in speech)

Tu veux de la soupe?
Tu ne l'aimes pas?

b) **Est-ce que** at the start of the sentence

Est-ce que tu veux du pain?

c) Inversion of subject and verb (more formal)

Voulez-vous du vin?
Ne l'aimes-tu pas?

46. Using a question word

combien	**où**	**quand**
comment	**pourquoi**	**qui**

followed by inversion.
These words and **quoi** and **lequel** may be used alone.
(Note use of **ça?**)

Quand arriveront-ils?
Combien d'argent avons-nous?
Qui avez-vous vu?
Je vais en ville. Quoi? Pourquoi?

J'ai vu André ce matin. Où ça?
Mon frère est allé en France. Quand ça?

what/which?
▸ **Qu'est-ce que** (no inversion)
▸ **Que** (with inversion)
▸ **Quel(le)(s)** with noun (with inversion)
▸ **Quoi** most often with prepositions (with inversion)
▸ **Lequel, laquelle,** etc. (with inversion)

Qu'est-ce que tu fais?
Que veux-tu?
Quel temps fait-il?
Avec quoi l'as-tu fait?

Laquelle (des motos) préférez-vous?

47. Inversion
▸ extra **-t-** may be required with third person singular to avoid juxtaposition of two vowels
▸ when noun is subject, use of pronoun may also be required

Comment viendra-t-il demain?
Va-t-elle au travail?

M. Petit, ne va-t-il pas en ville?
Pourquoi le docteur est-il parti?

48. No inversion
▸ in speech there is often no inversion after question words.
▸ no inversion after **est-ce que**

Où tu vas?
Comment tu t'appelles?

Pourquoi est-ce que tu es parti si tôt?

49. Question word + infinitive

Où aller? Comment payer l'addition?
Que faire? Pourquoi rentrer si tôt?
Pourquoi pas prendre un taxi?

F. Nouns

50. All French nouns, whether referring to persons or things, have either masculine or feminine gender. This affects the form of adjectives, pronouns and verbs used with them.

▶ some nouns have both masculine and feminine forms — un ami, une amie
le fermier, la fermière

▶ some may be masculine or feminine — un/une élève, un/une concierge

▶ some have only one gender, whether they refer to male or female — une personne (*male or female person*)
une victime (*male or female victim*)
un professeur (*male or female teacher*)

51. To form the plural of nouns, **s** is usually added to the singular form — une femme → des femmes
un enfant → des enfants
Note these exceptions:

▶ nouns ending in **s**, **x** or **z** do not change — bras, fils, gaz, noix

▶ some nouns ending in **-ou** add **x** — bijou, caillou, chou, genou

▶ most nouns ending in **-au**, **-eau** or **-eu** add **x** — joyau, château, chapeau, feu, lieu, gâteau

▶ most nouns ending in **-al** change to **-aux** — cheval, journal, animal

▶ some nouns ending in **-il** or **-el** change to **-aux** or **-eux** — travail (travaux), ciel (cieux), œil (yeux)

⚠ Note these exceptions which all add **s** — trou(s), pneu(s), bal(s), festival(s)

52. There are very complex rules for establishing the gender of French nouns. The following guidelines might prove helpful:

Feminine
▶ most nouns referring to female persons — la sœur, la mère

▶ most 'sciences' or fields of knowledge — l'histoire(f), la grammaire

▶ most nouns ending in **-esse**, **-euse** or **-elle** — la gentillesse, la chanteuse, la poubelle

▶ most nouns ending in **-ée** — une entrée, une idée,
[*But* le musée]

▶ abstract nouns ending in **-é** — la beauté, la clarté
[*But* le député, etc.]

▶ most nouns ending in **-tion** or **-sion** — une action, la collision

Masculine
▶ most nouns referring to male persons — le capitaine, le frère
[*But* la sentinelle, la recrue]

▶ most metals — le fer, l'acier(m)

▶ most trees and shrubs — le chêne, le peuplier

▶ most nouns ending in **-ès** or **-isme** — le procès, l'accès(m)
le communisme, le mécanisme

▶ most nouns ending in **-ment** or **-eau** — le gouvernement, le château
[*But* la jument, l'eau(f), la peau]

▶ most nouns with the suffix **-age** — le langage, le ménage
[*But* not when **-age** is not a suffix] — [*But* la page, la rage, la nage, la plage, la cage, une image]

53. Note the following:

- sometimes French uses the plural where English uses the singular

  des forces, vos affaires, des progrès, mes bagages

- plural family names do not add **s**

  les Dupont, les Renou

- plurals of adjectival nouns add **s**

  les arrivées, les nouveaux mariés

- plurals of other parts of speech do not add **s**

  les pour et contre
  les va-et-vient

- in compound feminine nouns beginning with **grand-**, adjective does not change in plural

  la grand-mère, les grand-mères
  la grand-rue, les grand-rues
  [*But* le grand-père, les grands-pères]

- in some compound nouns both adjective and noun become plural

  le beau-frère, les beaux-frères
  la belle-mère, les belles-mères

- sometimes adjective retains its singular meaning

  les chemins de fer
  les timbres-poste

- **gens** is usually masculine

  Ces gens sont intelligents.

  But a preceding adjective is usually feminine plural

  [Ces vieilles gens sont intelligents.]

54. Collective nouns (e.g. **une foule, une troupe, une bande, une quantité, un groupe, un grand nombre**) followed by **de** and a plural noun may have either singular or plural verb.

Un groupe de skieurs descendait (*or* descendaient) la pente.
Une foule de gens suivait (*or* suivaient) les cyclistes.

But if the collective is preceded by the definite article the verb is usually singular.

Le groupe d'enfants est parti.

⚠ **la plupart de** + noun is plural

La plupart des pommes sont vertes.

55. Some nouns have different meanings according to whether they are masculine or feminine.

le livre (*book*)
la livre (*pound*)
(*see also Difficultés, p. 37*)

G. Prepositions

The usage of prepositions does not correspond exactly with English usage. Phrases showing examples of unfamiliar usage should be noted, perhaps under the headings below:

56. Some uses of **de**
▶ in adjectival phrases
un poste de télévision, une robe de soie, un chapeau de paille

▶ in adverbial phrases
couvert de boue, bordé d'arbres, taché de sang
▶ with **côté**
de ce côté, de l'autre côté, du côté de chez nous
▶ meaning *with*
de tout mon cœur, de toutes mes forces
▶ with names of towns may not mean *from*
le train de Paris (*the train to Paris*)
[le train depuis Paris (*the train from Paris*)]

57. Some uses of **à**
▶ indicating location or point of time or destination
à Nice, à midi, à la gare

▶ meaning *from/by*
à ce que j'ai vu (*from what I've seen*)
Je l'ai reconnu à son allure. (...*by his walk*)

▶ in adjectival phrases
un verre à vin (*a wine glass*)
[un verre de vin (*a glass of wine*)]

▶ with names of towns or cities meaning *to* or *in*
à Paris, à Londres
(*But* **dans** is more precise)
[dans Paris, dans la ville]

58. Some uses of **en**
▶ for materials
une porte en bois
[*also* une porte de bois]

▶ denoting time *within* which...
Je reviendrai en une semaine. (*within a week*)
▶ introducing the gerundive
Il est parti en courant.
▶ with feminine names of countries meaning *to* or *in*
en France

[*But* with masculine names of countries use **au(x)**]
[au Canada, aux Etats-Unis]

59. Some uses of **other prepositions**
▶ **chez**
 —meaning *to/at the house/shop/company of*
Je vais chez les Dupont.
chez le boulanger, chez Renault
 —meaning *in the case of/among*
Chez les Français la haute cuisine est très appréciée.
▶ **pour**
 —indicating purpose
Elle a regardé la carte pour voir où nous sommes.
But usually omitted after **aller** and **venir**
[Elle est venue nous voir.]
[Je suis allé en ville faire les courses.]
 —indicating destination
Il est parti pour l'Afrique.
 —indicating support
Je suis pour les examens — toi, tu es contre.
▶ **par**
 —used after verbs of starting and ending
Il a commencé par la haïr — il a fini par l'aimer.
 —used to introduce agent of passive
La porte a été cassée par les étudiants.

⚠ Prepositions often repeated in French where not in English
pour moi et pour mon père
Il a décidé de partir et de prendre un taxi.

H. Adverbials

60. Regular formation of adverbs of manner
add **-ment** (English *-ly*) to

▸ masculine singular form of an adjective ending in a vowel

absolu — absolument
vrai — vraiment

▸ feminine singular of an adjective when masculine form ends in a consonant

(curieux) curieuse — curieusement
(lent) lente — lentement

▸ *But* adjectives ending in **-ant** or **-ent**

brillant — brillamment
évident — évidemment

▸ long adjectives may form an adverbial phrase

intéressant — d'une façon intéressante
difficile — avec difficulté

▸ some adjectives are used as adverbs

chanter faux/juste; parler haut/bas; sentir bon/
   mauvais; aller (tout) droit; coûter cher

⚠ Irregular adverbs

bon — bien; meilleur — mieux;
mauvais — mal; pire — pis;
gentil — gentiment; bref — brièvement;
profond — profondément; gai — gaîment

⚠ **vite** is an adverb

Le train rapide va vite.

61. Adverbs usually follow the verb
But in compound tenses **vite, souvent** and **toujours** usually precede the past participle.

Il parlait couramment en russe.
Il a vite disparu.
Nous avons toujours aimé la France.

62. The **comparative** and **superlative** of adverbs are formed as for adjectives
(*see paragraphs B21–22*)

plus doucement
le plus lentement possible

The remaining sections of the Grammar Summary deal with verbs.
(*see also Verb Tables pages 171–174*).

I. Talking about the future

63. There are three common ways of talking about what is going to happen:

a) the future tense
(formed by retaining final **r** of infinitive and adding endings of present tense of **avoir**)

Je commencerai à neuf heures.
Ils prendront leur café au bar.

Many verbs have irregular stems in the future tense; none have irregular endings.

je viendrai... tu seras... il enverra...
nous ferons... vous aurez... ils iront...

b) the 'immediate future tense' (present tense of **aller** + infinitive)

Nous allons partir tout de suite?
On va voir.

c) the present tense
(As in English, often used in speech for near future)

Tu viens au cinéma ce soir?
Mes parents partent en vacances demain.

64. Use the future tense after **quand, lorsque, dès que, aussitôt que** when referring to future (in English we use the present tense).

Je viendrai te voir dès que je serai prêt.
Lorsque j'aurai assez d'argent, j'achèterai une moto.

Where English uses the perfect tense when referring to future, French uses the future perfect tense.

Je te verrai quand j'aurai fini.
(*I'll see you when I've finished.*)
Nous partirons aussitôt que Jean sera arrivé.

J. Talking about the present

65. French uses the present indicative to express

▶ what is happening now
▶ what does happen (sometimes)
▶ a present state (which started in the past but will continue into the future)

En ce moment j'écoute un disque.
On va à l'école cinq jours par semaine.
L'église se trouve sur la place.

66. être en train de + infinitive is used of actions which are being carried on at the present time

Je suis en train de faire mes devoirs.
Les Dupont sont en train de dîner.
...(*in the middle of*) *having dinner.*

67. depuis + present tense used for actions started in the past but still going on

Je suis ici depuis une heure.
I've been here an hour (and still am).
Marie travaille à la banque depuis vingt ans.

il y a and **voilà** are used similarly to **depuis**

Voilà/il y a deux ans que j'habite ici.
(*I've lived here for two years.*)

(Note also **il y a** = *ago*)

[il y a longtemps (*long ago*)]
[il y a une semaine (*a week ago*)]

K. Talking about the past

68. The imperfect indicative is used
- to describe past states
  (English: *was/were* + description)
- to describe what used to happen or often happened
- of an action interrupted by another action
  (English: *was/were* + -*ing*)
  (Formed by adding endings to stem of the 'nous' form of the present tense. There are no irregular endings and only **être** has an irregular stem.)

Il faisait beau ce matin-là.
Les arbres étaient très beaux.
Quand j'étais jeune je voyageais beaucoup.

Je parlais à mes amis quand tu es entré.

69. Note the use of:
- **depuis** + the imperfect tense
  (English: *had been*)
- **être en train de** in the imperfect tense
  (English: *was/were* + -*ing*)
- **aller** in the imperfect + infinitive
  (English: *was/were going to*)
- imperfect tense of **venir de** means *had just*...

  But present tense of **venir de** means *to have just*...

J'attendais depuis une heure, quand il est arrivé.
(*I had been waiting an hour*...)
Elle était en train de lire.
(*She was (busy) reading.*)
Il allait partir en vacances demain mais il est tombé malade.
Jean-Luc venait de partir
(*... had just left.*)
Mon père vient d'arriver.
(*My father has just arrived.*)

70. The perfect tense (formed from the present tense of **avoir** or **être** + past participle) used for:
- an action completed in the past (recent or distant)

- a repeated action in the past over a defined period

Je suis arrivé lundi. J'ai fini mon vin.
Nous nous sommes bien amusés en vacances l'année dernière.
Quand j'étais en vacances j'ai déjeuné chaque jour au même restaurant.

71. The past historic (passé simple) replaces the perfect in formal style; very rare in speech or letters. Mostly found in books, newspapers, etc.

Le roi mourut à Paris.
Ils arrivèrent de bonne heure.

72. The pluperfect tense (formed from imperfect tense of **avoir** or **être** + past participle) describes what had happened before the main action took place.

Elle s'est installée à la table. J'avais (déjà) commandé les cafés. (*...had (already) ordered*)
Je suis arrivé à sept heures, mais André était (déjà) parti. (*...had (already) left*)

73. After **quand, lorsque, aussitôt que, dès que, après que, à peine** instead of the pluperfect use:
- the **past anterior** when main narrative is in the past historic (formed from the past historic of **avoir** or **être** + past participle)
- the **passé surcomposé** when main narrative is in the perfect (formed from perfect tense of **avoir** or **être** + past participle)

Quand il eut fini son dîner, tout le monde partit.
Lorsqu'il fut rentré sa femme lui demanda où il avait été.
Dès qu'il a eu fini, nous sommes sortis.
Aussitôt qu'il a été sorti, on a fermé la porte à clé.

74. The past participle

In all compound tenses the past participle agrees in one of three ways:

a) with verbs conjugated with **avoir**, past participle agrees with a preceding direct object

▶ in a relative clause (when **que** precedes the subject)

Tu as cassé la tasse que je t'ai donnée.

▶ when there is a pronoun direct object

Voici ma montre! Je l'ai trouvée.

▶ when **combien** or **quel(le)(s)** stands in front of the verb

Combien de voitures as-tu vues?
Quels gâteaux as-tu choisis?

But

—no agreement with **en**

Des disques? J'en ai acheté beaucoup.

—no agreement with impersonal verbs

les orages qu'il a fait, les luttes qu'il y a eu

—no agreement with expressions of measure, time and distance

les 20 francs que ce livre m'a coûté
les trois mois qu'il a habité Paris
les milles que j'ai couru

b) with verbs of motion conjugated with **être**, past participle acts like an adjective and agrees with the subject

Nous sommes allés en ville hier.
Marie est arrivée en retard ce matin.

c) with reflexive verbs past participle agrees with direct object i.e. reflexive pronoun

Les garçons se sont levés de bonne heure.

Note there is no agreement when the object follows the verb (i.e. reflexive pronoun is **not** direct object)

Elle s'est cassé la jambe.
Ils se sont lavé les mains.

75. When **monter, sortir, descendre** and **rentrer** have transitive meaning of *taking* or *carrying something* they are conjugated with **avoir**.

J'ai monté les valises.
Elle a descendu les ordures.

76. French often uses the past participle where English has the present participle.
(*see also Difficultés, p. 79*)

agenouillé (*kneeling*)
assis (*sitting*)

77. Past participle used instead of a clause

Le repas fini, il est parti.
(*When the meal was over...*)

L. The present participle

78. Formation: add **-ant** to the stem of the 'nous' form of the present tense
(*see also Difficultés p. 64*)

parl(ons) — parlant
finiss(ons) — finissant
vend(ons) — vendant
fais(ons) — faisant

▶ used after **en** with no agreement

Elle est partie en courant.

▶ used adjectivally with agreement

l'eau courante (*running water*)

▶ used instead of an adverbial clause

Il s'est blessé en coupant du bois.
(*... while he was cutting wood*)

▶ used instead of a relative clause

On aime les enfants obéissant à leurs parents.
(*... who obey ...*)

But use the infinitive with verbs of perception

[J'entends sonner le téléphone.]
[Je l'ai entendu chanter.]
[Tu les vois arriver?]

M. Passive Voice

79. The passive is formed with **être** and the past participle of a transitive verb.
French may avoid the use of the passive by use of:
▶ reflexives
▶ impersonal expressions

▶ **on**
▶ an active infinitive
⚠ The indirect object **never** becomes the subject in the passive voice — in these sentences avoid the passive (even though English often uses it).

Le chien l'a mordu. (*active*)
Il a été mordu par le chien. (*passive*)

Ça se voit et ça s'entend.
Ses disques se vendent partout.
Il faut cueillir ces fleurs tout de suite. (*...must be picked...*)
On m'a volé mon argent. (*...was stolen*)
Ce devoir est à refaire. (*...is to be done again*)
On m'a dit de partir. (*I was told...*)
On leur a donné de l'argent. (*They were given...*)

N. Using the conditional

80. Conditional sentences in French correspond to those in English.
Note usage with **si**.
▶ **si** + present, with present in main clause

▶ **si** + present, with future in main clause
▶ **si** + imperfect, with conditional in main clause (formed by adding imperfect endings to future stem)
▶ **si** + pluperfect, with conditional perfect in main clause (formed from the conditional of **avoir** or **être** and past participle)

Si j'ai le temps, je fais toujours un tour avant le dîner.
Si je peux, je vous aiderai.
Si j'étais vous, je ne ferais pas ça.

Si j'avais su que tu étais là, j'aurais essayé de venir plus tôt.
Si j'avais su que tu étais là, je serais venu plus tôt.

O. The infinitive

81. Whenever possible the infinitive preceded by a preposition (or prepositional phrase) replaces the subordinate clause when the subjects in both clauses would otherwise be the same.

Après être partie, elle a téléphoné.
(*instead of:* Après qu'elle a été partie, elle a téléphoné.)
avant de partir
pour mieux entendre
sans l'avoir vu

82. Used after prepositions and prepositional phrases **à, de, sans, pour, par**
(*see also Pratiques p. 50, 92, 146*)

J'hésite à le dire.
J'ai décidé d'y aller.
Elle est partie sans me parler.
Il a acheté ce pull pour l'offrir à sa femme.
Il a fini par se décider.

But not after **en**

[Il est descendu en courant.]

83. Used after verbs of perception.

J'ai entendu siffler le train.
Tu le vois arriver?

84. Used to replace the imperative in notices, recipes, etc. and for warnings (negative)

D'abord, peindre la boîte.
Ensuite, la mettre sur la table.
Ne pas marcher sur le gazon.

P. Giving instructions

85. The imperative is used for instructions, commands, suggestions, requests

Donne-moi du pain.
Ouvrez la porte, s'il vous plaît.
Allons chercher un taxi.

86. The infinitive may be used for notices, recipes, etc., and for warnings (negative)

Préparer les légumes pour la soupe...
Ne pas confondre avec l'impératif...

87. Instructions or suggestions may be conveyed in other ways, i.e. by tentative expressions

Si on allait au restaurant...
Pourquoi pas l'inviter pour ce soir?
'Messieurs les voyageurs sont priés de bien vouloir prendre leur place...'
On invite Claire?
Vous voulez...? Vous ne voudriez pas...?

Q. Using the subjunctive

88. The subjunctive is a mood of the verb, which means that it represents a personal attitude to events. Although in certain respects it is falling into disuse, in others it is still very much used.

It is helpful to look for certain signals: if the emphasis is on the attitude or feelings of the speaker, the subjunctive may be required. If the stress is on fact, the indicative is more likely.

89. Tenses of the subjunctive
The present subjunctive is still commonly used (the perfect subjunctive less so). The imperfect subjunctive is very rare in speech and informal writing.

90. Formation of subjunctive:
(*see Verb Tables pp. 171–174*)
▶ Present subjunctive (of regular verbs)
Stem: 3rd Person plural present indicative stem
Endings: **-e; -es; -e; -ions; -iez; -ent**

ils finissent → que je finisse
ils prennent → que je prenne

▶ Perfect subjunctive (of all verbs) formed from present subjunctive of **avoir** or **être** + past participle

que j'aie fini
que tu sois parti

▶ Imperfect subjunctive (of regular verbs) formed from the past historic (most common in the 3rd person)

(je donnai) qu'il donnât, qu'ils donnassent
(je rendis) qu'il rendît, qu'ils rendissent
(je reçus) qu'il reçût, qu'ils reçussent

91. Verbs signalling the subjunctive
- ▶ wishing/desiring

Je souhaite qu'il puisse sortir ce soir.
Je voudrais qu'elle parte tout de suite.
Je préfère que vous restiez là.
[*But* J'espère qu'elle sortira ce soir.]

- ▶ commanding
- ▶ prohibiting

Je veux qu'il s'en aille tout de suite.
Je ne veux pas qu'il parte demain.
Je défends qu'elle parte.

- ▶ doubting

Je doute qu'il aille au match.
Je ne crois pas qu'elle soit là.

- ▶ fearing (with **ne**)

J'ai peur qu'il ne vienne trop tard.
Je crains qu'elle ne fasse cela.

- ▶ regretting
- ▶ being happy/sad etc.

Je regrette qu'il ne puisse pas sortir.
Je suis content qu'il puisse rester.
Je suis heureux que vous restiez.
Ça me plaît que tu puisses nous accompagner.
Je suis triste que tu ne puisses pas rester.

△ **croire** and **penser** are followed by the subjunctive only when used negatively or interrogatively

Je ne pense pas qu'il soit ici.
Crois-tu qu'il puisse rester?
[*But* Moi, je crois qu'il sera ici à midi.]

92. Impersonal signals:
- ▶ expressing uncertainty or improbability

Il se peut que tu ailles avec nous.
Il est possible qu'elle vienne demain.
Il n'est pas probable qu'elle fasse cela.
[*But* Il est probable qu'elle partira ce soir.]
[*and* Il me semble/il paraît qu'il ira aussi.]

- ▶ expressing obligation

Il faut que tu viennes avec nous.
Il faudrait qu'elle parte.
Il est nécessaire que nous allions.

93. Conjunction signals
- ▶ of time

Je vais le répéter jusqu'à ce qu'Anne comprenne.
J'écoute des disques avant qu'il ne parte.
Je mange en attendant que vous partiez.

- ▶ of purpose

J'ai acheté un billet afin qu'elle puisse nous accompagner.
J'ai expliqué pour que tu comprennes.
J'ai regardé la carte, de sorte que je puisse trouver le chemin.

But not of result

[J'ai perdu la carte, de sorte que je me suis désorienté.]

- ▶ fearing (with **ne**)
- ▶ condition
- ▶ concession, reservation

J'attends de peur qu'il ne parte.
J'irai en ville pourvu qu'il vienne aussi.
Je n'aime pas Anne, quoiqu'elle soit riche.
Je ne l'ai pas vu, bien que je sois arrivé de bonne heure.
Je l'ai regardé sans qu'il le sache.

94. Superlative signals
- ▶ with **que**

C'est le meilleur professeur que je connaisse.
C'est la dernière fois que je fasse cela.

- ▶ with **qui**

Pour la moindre raison qui soit.
C'est le plus jeune homme qui sache le faire.

- ▶ with **où**

C'est le seul pays où il soit le bienvenu.

95. Main clause signals
▸ expressing a wish

▸ expressing instructions, requests, etc., after **avoir, être, savoir, vouloir** (which have no proper imperative)

Vive la République!
Qu'il parte tout de suite!
Ayez la bonté de me faire savoir...
Soyez sages!
Sachez qu'il est revenu hier.
Veuillez accepter mes félicitations.

96. Avoiding the subjunctive
▸ use the infinitive to replace the subordinate clause when the subjects in both clauses would otherwise be the same
▸ use a preposition or prepositional phrase with an infinitive instead of using a conjunction

Je veux faire cela.
(Je veux que tu fasses cela.)
Je suis content de vous voir ici.
(Je suis content que vous soyez ici.)
avant de parler
afin de mieux entendre
pour mieux comprendre
de crainte/peur de tomber malade
sans le savoir
sans l'avoir voulu

▸ after impersonal verbs use the infinitive

▸ use a noun instead of a verb

Il me faut partir.
(Il faut que je parte.)
Je partirai avant son arrivée/départ.
(Je partirai avant qu'il ne vienne/parte.)
Malgré votre aide...
(Bien que vous nous aidiez...)

R. Reporting what was said

97. In reported speech French usage is similar to English
▸ first person becomes third person
▸ the present becomes imperfect
▸ the future becomes conditional
▸ the perfect becomes pluperfect
▸ the future perfect becomes conditional perfect
▸ the immediate future (present + infinitive) becomes imperfect + infinitive

'Nous sommes prêts'. Ils ont dit qu'ils étaient prêts.
'J'entre.' Il a dit qu'il entrait.
'Je viendrai.' Il a dit qu'il viendrait.
'J'ai parlé.' Il a dit qu'il avait parlé.
'J'aurai fini dans trois jours.' Il a dit qu'il aurait fini dans trois jours.
'Je vais partir.' Il a dit qu'il allait partir.

▸ **aujourd'hui** becomes **ce jour-là**
▸ **hier** becomes **la veille** or **le jour avant**
▸ **demain** becomes **le lendemain**
▸ questions requiring **oui/non** answers use **si**
▸ other questions require no inversion (omit **est-ce que**)

▸ **qu'est-ce qui** becomes **ce qui**

    qu'est-ce que becomes **ce que**

Il a dit qu'il l'avait vu ce jour-là.
Il a dit qu'elle était partie le jour avant.
Il a dit qu'il partirait le lendemain.
'Vas-tu en ville?' Il m'a demandé si j'allais en ville.
'Où allez-vous?' Il a demandé où ils allaient.
'Pourquoi est-ce que tu ris?' On m'a demandé pourquoi je riais.
'Qu'est-ce qui vous intéresse?' Il nous a demandé ce qui nous intéressait.
'Qu'est-ce que tu veux?' Il m'a demandé ce que je voulais.

S. Auxiliaries

98. In addition to **avoir, être, aller** and **faire** (*see also Difficultés, p. 65*) **pouvoir, devoir, savoir, vouloir** are used as auxiliaries.

99. Note the following uses of **pouvoir**

▶ *could (was able)* is usually imperfect but may be perfect

Je ne pouvais pas le lire.
Je n'ai pas pu arriver à temps. (*I didn't manage to arrive in time.*)

▶ *could (would be able)* — Je pourrais le faire si je voulais.
▶ *could have (would have been able)* — J'aurais pu le faire, si j'avais eu le temps.
▶ *can (will be able)* — Je pourrai le faire demain.
▶ *can (am able)* — Je peux venir tout de suite.

100. Note the following uses of **devoir**

▶ *must (have to)* — Je dois partir tout de suite.
▶ *must (will have to)* — Je devrai partir à cinq heures.
▶ *must have (had to)* — Il a dû partir ce matin.
▶ *ought to/should* — Je devrais faire mes devoirs, mais je préfère lire.
▶ *ought to have/should have* — J'aurais dû faire mes devoirs ce matin, mais j'ai oublié.

101. Note the following uses of **vouloir**

▶ conditional: *should like* — On dit que ce film est très bon. Je voudrais le voir!
▶ past conditional: *should have liked/should like to have* — Mais le film est fini. Zut! J'aurais voulu le voir!

102. Savoir is sometimes used when English uses *can*

Je ne saurais vous le dire. (*I couldn't tell you.*)
Je sais jouer au tennis. (*I can = I know how to play...*)
[*But* Je ne peux pas jouer au tennis aujourd'hui. (*I cannot = I am unable to play today.*)]

103. *Can* is often not translated with verbs of perception

Tu les vois? (*Can you see them?*)
Je l'entends partir. (*I can hear her leaving.*)
Je ne comprends pas. (*I can't understand.*)

Verb tables

Regular Verbs

A -ER

INFINITIF: donner *to give*

		PRESENT	IMPARFAIT	FUTUR	CONDITIONNEL	PASSE SIMPLE	PRESENT DU SUBJONCTIF
PARTICIPE PRESENT **donnant**	je	donn e	donn ais	donner ai	donner ais	donn ai	donn e
	tu	es	ais	as	ais	as	es
	il	e	ait	a	ait	a	e
	elle	e	ait	a	ait	a	e
IMPERATIF **donne** **donnons** **donnez**	nous	ons	ions	ons	ions	âmes	ions
	vous	ez	iez	ez	iez	âtes	iez
	ils	ent	aient	ont	aient	èrent	ent
	elles	ent	aient	ont	aient	èrent	ent

		PASSE COMPOSE	PLUS-QUE-PARFAIT	FUTUR ANTERIEUR	CONDITIONNEL ANTERIEUR
PARTICIPE PASSE **donné**	j'	ai donné	av ais donné	aur ai donné	aur ais donné
	tu	as	ais	as	ais
	il	a	ait	a	ait
	elle	a	ait	a	ait
	nous	avons	ions	ons	ions
	vous	avez	iez	ez	iez
	ils	ont	aient	ont	aient
	elles	ont	aient	ont	aient

B -IR

INFINITIF: finir *to finish*

		PRESENT	IMPARFAIT	FUTUR	CONDITIONNEL	PASSE SIMPLE	PRESENT DU SUBJONCTIF
PARTICIPE PRESENT **finissant**	je	fin is	finiss ais	finir ai	finir ais	fin is	finiss e
	tu	is	ais	as	ais	is	es
	il	it	ait	a	ait	it	e
	elle	it	ait	a	ait	it	e
IMPERATIF **finis** **finissons** **finissez**	nous	issons	ions	ons	ions	îmes	ions
	vous	issez	iez	ez	iez	îtes	iez
	ils	issent	aient	ont	aient	irent	ent
	elles	issent	aient	ont	aient	irent	ent

		PASSE COMPOSE	PLUS-QUE-PARFAIT	FUTUR ANTERIEUR	CONDITIONNEL ANTERIEUR
PARTICIPE PASSE **fini**	j'	ai fini	av ais fini	aur ai fini	aur ais fini
	tu	as	ais	as	ais
	il	a	ait	a	ait
	elle	a	ait	a	ait
	nous	avons	ions	ons	ions
	vous	avez	iez	ez	iez
	ils	ont	aient	ont	aient
	elles	ont	aient	ont	aient

C -RE

INFINITIF: vendre *to sell*

		PRESENT	IMPARFAIT	FUTUR	CONDITIONNEL	PASSE SIMPLE	PRESENT DU SUBJONCTIF
PARTICIPE PRESENT **vendant**	je	vend s	vend ais	vendr ai	vendr ais	vend is	vend e
	tu	s	ais	as	ais	is	es
	il		ait	a	ait	it	e
	elle		ait	a	ait	it	e
IMPERATIF **vends** **vendons** **vendez**	nous	ons	ions	ons	ions	îmes	ions
	vous	ez	iez	ez	iez	îtes	iez
	ils	ent	aient	ont	aient	irent	ent
	elles	ent	aient	ont	aient	irent	ent

		PASSE COMPOSE	PLUS-QUE-PARFAIT	FUTUR ANTERIEUR	CONDITIONNEL ANTERIEUR
PARTICIPE PASSE **vendu**	j'	ai vendu	av ais vendu	aur ai vendu	aur ais vendu
	tu	as	ais	as	ais
	il	a	ait	a	ait
	elle	a	ait	a	ait
	nous	avons	ions	ons	ions
	vous	avez	iez	ez	iez
	ils	ont	aient	ont	aient
	elles	ont	aient	ont	aient

D Verbs of motion conjugated with 'être'

INFINITIF: **aller** *to go*																

	PASSE COMPOSE			PLUS-QUE-PARFAIT			FUTUR ANTERIEUR			CONDITIONNEL ANTERIEUR		
je (j')	suis	all	é(e)	ét	ais	all	é(e)	ser	ai	all	é(e)	ser	ais	all	é(e)
tu	es		é(e)		ais		é(e)		as		é(e)		ais		é(e)
il	est		é		ait		é		a		é		ait		é
elle	est		ée		ait		ée		a		ée		ait		ée
nous	sommes		é(e)s		ions		é(e)s		ons		é(e)s		ions		é(e)s
vous	êtes		é(e)(s)		iez		é(e)(s)		ez		é(e)(s)		iez		é(e)(s)
ils	sont		és		aient		és		ont		és		aient		és
elles	sont		ées		aient		ées		ont		ées		aient		ées

like aller	arriver descendre entrer	monter mourir naitre	partir rester retourner	sortir tomber venir and compounds	N.B. these verbs and their compounds are conjugated with avoir when they have a direct object: **descendre; entrer; monter; sortir.**

E Reflexive verbs

	INFINITIF: **se laver** *to wash*																

	PRESENT			FUTUR			PASSE COMPOSE				PLUS-QUE-PARFAIT				
PARTICIPE	je	me	lav e	me	laver ai	je	me	suis	lav é(e)	je	m	ét ais	lav é(e)
PRESENT	tu	te	es	te	as	tu	t'	es	é(e)	tu	t'	ais	é(e)
me lavant etc.	il	se	e	se	a	il	s'	est	é	il	s'	ait	é
	elle	se	e	se	a	elle	s'	est	ée	elle	s'	ait	ée
IMPERATIF	nous	nous	ons	nous	ons	nous	nous	sommes	é(e)s	nous	nous	ions	é(e)s
lave-toi	vous	vous	ez	vous	ez	vous	vous	êtes	é(e)(s)	vous	vous	iez	é(e)(s)
lavons-nous	ils	se	ent	se	ont	ils	se	sont	és	ils	s'	aient	s
lavez-vous	elles	se	ent	se	ont	elles	se	sont	ées	elles	s'	aient	ées

F -ER verbs with stem changes

i) **acheter** (*to buy*) requires è when the following syllable contains mute **e**.

PRESENT (INDICATIF ET SUBJONCTIF)	FUTUR ET CONDITIONNEL	
j'achète	j'achèterai	j'achèterais
tu achètes	tu achèteras	tu achèterais
il achète	il achètera	il achèterait
	nous achèterons	nous achèterions
	vous achèterez	vous achèteriez
ils achètent	ils achèteront	ils achèteraient

like **acheter**: lever; mener; semer and compounds

ii) **appeler** (*to call*) requires **ll** when the following syllable contains mute **e**.

PRESENT (INDICATIF ET SUBJONCTIF)	FUTUR ET CONDITIONNEL	
j'appelle	j'appellerai	j'appellerais
tu appelles	tu appelleras	tu appellerais
il appelle	il appellera	il appellerait
	nous appellerons	nous appellerions
	vous appellerez	vous appelleriez
ils appellent	ils appelleront	ils appelleraient

like **appeler**: jeter and compounds.

iii) **espérer** (*to hope*) requires è before mute endings.

PRESENT (INDICATIF ET SUBJONCTIF)
j'espère
tu espères
il espère
ils espèrent

like **espérer**: considérer; différer; s'inquiéter; libérer; pénétrer; préférer; protéger; régler; répéter; révéler; sécher.

iv) **nettoyer** (*to clean*) requires **i** before a syllable containing mute **e**.

PRESENT (INDICATIF ET SUBJONCTIF)	FUTUR ET CONDITIONNEL	
je nettoie	je nettoierai	je nettoierais
tu nettoies	tu nettoieras	tu nettoierais
il nettoie	il nettoiera	il nettoierait
	nous nettoierons	nous nettoierions
	vous nettoierez	vous nettoieriez
ils nettoient	ils nettoieront	ils nettoieraient

like **nettoyer**: employer; envoyer (futur **j'enverrai**); appuyer; ennuyer; essuyer.

In verbs ending in -ayer, e.g. **essayer, payer**, the change is optional: je paie or je paye.

v) **manger** (*to eat*) requires **ge** before **o** or **a**

e.g. PRESENT (INDICATIF)	IMPARFAIT	PASSE SIMPLE
nous mangeons	je mangeais	je mangeai

like **manger**: bouger; changer; charger; déranger; diriger; loger; nager; obliger; protéger; ranger.

vi) **commencer** (*to begin*) requires **ç** before **o** or **a**

e.g. PRESENT (INDICATIF)	IMPARFAIT	PASSE SIMPLE
nous commençons	je commençais	je commençai

like **commencer**: annoncer; avancer; lancer; menacer; prononcer; remplacer.

G Common irregular verbs

INFINITIF ET PARTICIPE PRESENT	IMPERATIF	PRESENT	IMPARFAIT	FUTUR ET CONDITIONNEL	PASSE SIMPLE	PRESENT DU SUBJONCTIF	PASSE COMPOSE
aller allant *to go*	**va** allons allez	**vais** allons **vas** allez **va vont**	allais	**irai** **irais**	allai	**aille** allons **ailles** alliez **aille aillent**	suis allé(e)
s'asseoir asseyant *to sit down*	assieds-toi asseyons-nous asseyez-vous	**assieds asseyons** **assieds asseyez** **assied asseyent**	asseyais	**assiérai** **assiérais**	assis	asseye asseyions asseyes asseyiez asseye asseyent	suis **assis(e)**
avoir ayant *to have*	**aie** **ayons** **ayez**	**ai** avons **as** avez **a ont**	avais	**aurai** **aurais**	eus	aie ayons aies ayez **ait aient**	ai eu
boire buvant *to drink*	bois buvons buvez	bois **buvons** bois **buvez** boit **boivent**	buvais	boirai boirais	**bus**	boive **buvions** boives **buviez** boive boivent	ai **bu**
conduire conduisant *to drive*	conduis conduisons conduisez	conduis **conduisons** conduis **conduisez** conduit **conduisent**	conduisais	conduirai conduirais	**conduisis**	conduise conduisions conduises conduisiez conduise conduisent	ai **conduit**
connaitre connaissant *to know*	connais connaissons connaissez	**connais connaissons** **connais connaissez** connait **connaissent**	connaissais	connaitrai connaîtrais	**connus**	connaisse connaissions connaisses connaissiez connaisse connaissent	ai **connu**
courir courant *to run*	cours courons courez	**cours courons** **cours courez** **court courent**	courais	**courrai** **courrais**	courus	coure courions coures couriez coure courent	ai **couru**
craindre craignant *to fear*	crains craignons craignez	**crains craignons** **crains craignez** **craint craignent**	craignais	craindrai craindrais	**craignis**	craigne craignions craignes craigniez craigne craignent	ai **craint**
croire croyant *to believe*	crois croyons croyez	crois **croyons** crois croyez croit croient	croyais	croirai croirais	**crus**	croie **croyions** croies **croyiez** croie croient	ai **cru**
devoir devant *to have, owe*	dois devons devez	**dois** devons **dois** devez **doit doivent**	devais	**devrai** **devrais**	**dus**	doive **devions** doives **deviez** doive doivent	ai **dû**
dire disant *to say, tell*	dis disons dites	dis **disons** dis **dites** dit **disent**	disais	dirai dirais	**dis**	dise disions dises disiez dise disent	ai **dit**
dormir dormant *to sleep*	dors dormons dormez	**dors dormons** **dors dormez** **dort dorment**	dormais	dormirai dormirais	dormis	dorme dormions dormes dormiez dorme dorment	ai dormi
écrire écrivant *to write*	écris écrivons écrivez	écris **écrivons** écris **écrivez** écrit **écrivent**	écrivais	écrirai écrirais	**écrivis**	écrive écrivions écrives écriviez écrive écrivent	ai **écrit**
s'enfuir enfuyant *to flee*	enfuis-toi enfuyons-nous enfuyez-vous	enfuis **enfuyons** enfuis **enfuyez** enfuit **enfuient**	enfuyais	enfuirai enfuirais	enfuis	enfuie **enfuyions** enfuies **enfuyiez** enfuie enfuient	suis enfui(e)
envoyer envoyant *to send*	envoie envoyons envoyez	envoie envoyons envoies envoyez envoie envoient	envoyais	**enverrai** **enverrais**	envoyai	envoie **envoyions** envoies **envoyiez** envoie envoient	ai envoyé
être étant *to be*	**sois** **soyons** **soyez**	**suis sommes** **es êtes** **est sont**	étais	serai serais	**fus**	sois soyons sois soyez soit soient	ai été
faire faisant *to do, make*	fais faisons faites	fais **faisons** fais **faites** fait **font**	faisais	**ferai** **ferais**	fis	**fasse fassions** **fasses fassiez** **fasse fassent**	ai **fait**
falloir *to be necessary*		il **faut**	il fallait	il **faudra** il **faudrait**	il **fallut**	il **faille**	il a fallu
lire lisant *to read*	lis lisons lisez	lis **lisons** lis **lisez** lit **lisent**	lisais	lirai lirais	**lus**	lise lisions lises lisiez lise lisent	ai **lu**

Verb tables

INFINITIF ET PARTICIPE PRESENT	IMPERATIF	PRESENT	IMPARFAIT	FUTUR ET CONDITIONNEL	PASSE SIMPLE	PRESENT DU SUBJONCTIF	PASSE COMPOSE
mettre mettant *to put*	mets mettons mettez	**mets** mettons **mets** mettez **met** mettent	mettais	mettrai mettrais	**mis**	mette mettions mettes mettiez mette mettent	ai **mis**
ouvrir ouvrant *to open*	ouvre ouvrons ouvrez	**ouvre** **ouvrons** **ouvres** **ouvrez** **ouvre** **ouvrent**	ouvrais	ouvrirai ouvrirais	ouvris	ouvre ouvrions ouvres ouvriez ouvre ouvrent	ai **ouvert**
plaire plaisant *to please*	plais plaisons plaisez	plais **plaisons** plais **plaisez** plaît plaisent	plaisais	plairai plairais	**plus**	plaise plaisions plaises plaisiez plaise plaisent	ai **plu**
pleuvoir pleuvant *to rain*	—	il pleut	il pleuvait	il **pleuvra** il **pleuvrait**	il **plut**	il pleuve	il a **plu**
pouvoir pouvant *to be able to*	—	**peux** pouvons **peux** pouvez **peut** peuvent (N.B. **puis-je**)	pouvais	**pourrai** **pourrais**	pus	**puisse puissions** **puisses puissiez** **puisse puissent**	ai **pu**
prendre prenant *to take*	prends prenons prenez	prends **prenez** prends **prenez** prend **prennent**	prenais	prendrai prendrais	**pris**	prenne **prenions** prennes **preniez** prenne prennent	ai **pris**
recevoir recevant *to receive*	reçois recevons recevez	**reçois** recevons **reçois** recevez **reçoit reçoivent**	recevais	**recevrai** **recevrais**	**reçus**	reçoive **recevions** reçoives **receviez** reçoive recoivent	ai **reçu**
rire riant *to laugh*	ris rions riez	ris rions ris riez rit rient	riais (N.B. riions riiez)	rirai rirais	**ris**	rie riions ries riiez rie rient	ai **ri**
savoir sachant *to know*	**sache** **sachons** **sachez**	**sais** savons **sais** savez **sait** savent	savais	**saurai** **saurais**	sus	**sache sachions** **saches sachiez** **sache sachent**	ai **su**
sortir sortant *to go out*	sors sortons sortez	**sors sortons** **sors sortez** **sort sortent**	sortais	sortirai sortirais	sortis	sorte sortions sortes sortiez sorte sortent	suis sorti(e)
suivre suivant *to follow*	suis suivons suivez	**suis** suivons **suis** suivez **suit** suivent	suivais	suivrai suivrais	suivis	suive suivions suives suiviez suive suivent	ai **suivi**
vaincre vainquant *to conquer*	vaincs vainquons vainquez	vaincs vain**qu**ons vaincs vain**qu**ez vainc vain**qu**ent	vainquais	vaincrai vaincrais	vainquis	vainque vainquions vainques vainquiez vainque vainquent	ai vaincu
valoir valant *to be worth*	—	il **vaut**	il valait	il **vaudra** il **vaudrait**	il **valut**	il **vaille**	il a **valu**
venir venant *to come*	viens venons venez	**viens venons** **viens venez** **vient viennent**	venais	**viendrai** **viendrais**	vins	vienne **venions** viennes **veniez** vienne viennent	suis **venu(e)**
vivre vivant *to live*	vis vivons vivez	**vis** vivons **vis** vivez **vit** vivent	vivais	vivrai vivrais	**vécus**	vive vivions vives viviez vive vivent	ai **vécu**
voir voyant *to see*	vois voyons voyez	**vois voyons** **vois voyez** **voit voient**	voyais	**verrai** **verrais**	vis	voie **voyions** voies **voyiez** voie voient	ai **vu**
vouloir voulant *to wish, want*	**veuille** **veuillons** **veuillez**	**veux** voulons **veux** voulez **veut veulent**	voulais	**voudrai** **voudrais**	voulus	veuille voulions **veuilles vouliez** **veuille veuillent**	ai **voulu**

Aural vocabulary and questions

Leçon 1 p. 11
Ecoutez bien

Le déjeuner en famille

la blanquette	(veal) stew
avoir horreur de	to hate
l'œuf à la coque	boiled egg
la chasse	game
le perdreau	partridge
le gras	fat
le hareng	herring
la gifle	slap
le fil	wire
se plaindre	to complain

Après avoir écouté la bande enregistrée, indiquez si les phrases suivantes sont vraies ou fausses :

1. Pour le dîner il y a de la blanquette.
2. Le père aime la blanquette.
3. Le fils a ses coudes sur la table.
4. Le fils n'aime pas le gras.
5. Le père se plaint beaucoup.
6. Le père voudrait un fil de téléphone plus long.

Leçon 2 p.15
Au jour le jour

La France — terre d'asile

accueillir	to accept
à leurs frais	at their expense
le foyer	hostel
l'emplacement	location
la période creuse	slack period
la crise	crisis
réglementaire	regulation
mettre à la porte	to throw out
l'amertume	bitterness
l'espoir	hope
la revendication	claim

Answer in English:
1. What group of foreigners is the article about?
2. What nationalities in particular come to France?
3. Where do most of these people live initially?
4. What help do they receive?
5. In what way does the behaviour of the various nationalities differ?

Leçon 3 p. 18

Jeunes filles au pair

séjourner	to stay
actuellement	at present
bénéficier	to take advantage
célibataire	single
nourrir	to feed
en contre-partie	in return

Leçon 3 p. 21

Les travailleurs étrangers

l'écran	screen
le chômage	unemployment
accueillir	to accept
pénible	painful, hard
natal(e)	native
accablé	overwhelmed
la maladie	illness
en tribu	in tribes
dégoûtant(e)	disgusting
bondé(e)	overcrowded
malsain(e)	unhealthy
entasser	to pile up
embêter	to annoy
se mêler de	to meddle in
le syndicalisme	trade-unionism
se plaindre	to complain
le chômeur	unemployed
atténuer	to alleviate

Leçon 4 p. 25
Ecoutez bien

Une visite au marché aux puces

'dans le vent'	fashionable
'le zozo'	idiot, fool
désormais	in future
ailleurs	elsewhere
le bricoleur	handyman
le châle	shawl
craquelé(e)	cracked
noircir	to blacken
la trouvaille	bargain
d'occasion	second-hand
vermoulu(e)	worm-eaten
dépareillé(e)	odd, unmatched
l'aiguille	hand (of clock)
le mannequin d'osier	hamper
la glace dorée	gilded mirror
parcourir	to wander
la ruelle	lane
l'impasse	blind alley
s'étendre	to stretch
le chansonnier	entertainer
la vedette	star
le député	member of parliament

Répondez en français :
1. Quelles sortes de vêtements trouve-t-on au marché aux puces?
2. Qu'est-ce que le bricoleur y trouve?
3. Pourquoi les marchands d'art viennent-ils au marché aux puces?
4. Comment sont les montres que l'on y trouve souvent?
5. Où se trouve le marché aux puces?

Leçon 5 p. 29
Au jour le jour

La cuisine en dix minutes

la recette	recipe
la poêle (à frire)	frying pan
attacher	to stick
plan(e)	flat
bombé(e)	rounded
saler	to salt
fondre	to melt
dès que	as soon as
verser	to pour
la plaque	(metal) plate
secouer	to shake
empêcher	to prevent
coller	to stick
soulever	to lift up
engouffrer	to cover up
baveux(-se)	moist
glisser	to slide
brouillé(e)	scrambled

Answer in English:
1. What sort of frying-pan must you have to make a successful omelette?

2. How do you prevent the omelette from sticking?
3. How do you remove the omelette from the pan?
4. What should you take care not to do?

Leçon 6 p. 32

Chez les croûlants

les croûlants	'oldies' (parents, etc.)
les exigences	demands
à mesure que	as
croître	to grow
avoir honte	to be ashamed
tâcher	to try

Leçon 6 p. 34

Scènes de la vie familiale

davantage	more
échouer	to fail
prévenir	to warn
se détendre	to relax

Leçon 7 p. 39 Ecoutez bien

Les 'deux-roues'

la mobylette	moped
le moyen	means
se faufiler	to thread one's way
l'embouteillage	traffic jam
volant(e)	flying
le coussin	cushion

Leçon 8 p. 43
Au jour le jour

Les filles à la moto

l'épreuve	test
enfourcher	to sit astride
s'assurer	to insure oneself
la règle	rule
draconien(ne)	strict
le feu	headlight
le catadioptre	reflector
doubler	to overtake
se méfier	to beware
garer	to park

prévenir	to warn
la portière	door
le frein	brake
freiner	to brake
éviter	to avoid
la bande jaune	yellow line
la plaque d'égoût	manhole cover
le gravier	loose gravel
mouillé(e)	wet
déraper	to skid
la passionnée	fan

Leçon 9 p. 46

Le permis moto en stage

le cheminement	route
assujetti à	subject to
échelonné(e)	spread out
d'autant plus que	all the more so because
concorder	to coincide
le stage	course
la tentative	attempt
s'achever	to end
partager	to share
s'inscrire	to enrol
le stagiaire	course-member
moyen(ne)	average
couper	to interrupt
avoir beau...	... in vain
classé	classified
le passage protégé	right of way
le sorcier	wizardry
la bécane	(motor-)bike
enfourcher	to sit astride
passer	to change (gear)
l'interdiction	prohibition
à la queue leu-leu	in single file
le peloton	pack
la piste	track
la séance	session
le coup d'œil	glance
déboîter	to pull out
doubler	to overtake
ralentir	to slow down
céder priorité	to give way
dépasser	to overtake
net(te)	clear, sharp
le casque	helmet

Leçon 9 p. 49

Nos auditeurs nous parlent

particulier	private
améliorer	to improve
services de secours	emergency services
l'entassement	pile-up
les heures de pointe	rush hour
le chômage	unemployment
s'évader	to escape
les gaz d'échappement	exhaust fumes
le lieu	place
tandis que	whereas
circuler	to drive around
l'embouteillage	traffic jam
le moyen	means
écraser	to run over
la voie	road

Leçon 10 p. 53
Ecoutez bien

Dans un grand magasin

la caisse	cash-desk
la caissière	cashier
le beau-frère	brother-in-law
bousculé(e)	very busy
prétendre	to claim

Répondez en Français :
1. De quoi s'agit-il?
2. Qu'est-ce que Mme Dufour prétend?
3. Que prétend la caissière?
4. Qui est Mme Dufour?
5. Est-ce qu'elle s'est bien trompée?

Leçon 11 p. 57
Au jour le jour

Et le service!

résoudre	to solve
le pourboire	tip
parer	to prepare
le rôti	joint of meat
le pompiste	petrol-pump attendant
le réservoir	tank
l'amabilité	friendliness
le pare-brise	windscreen
davantage	more
d'usage	usual
exiger	to demand
confondre	to confuse
la note	bill
facultatif(-ve)	optional
ajouter	to add

Répondez en français:
1. Est-ce qu'il faut donner un pourboire au boucher qui pare un rôti?
2. Quand est-ce qu'on donne un pourboire au pompiste?
3. Si le service n'est pas compris dans un restaurant, combien faut-il ajouter au prix?
4. Si un chauffeur de taxi exige un pourboire, qu'est-ce qu'on peut faire?
5. Quelle est la différence entre le service et le pourboire?

Leçon 12 p. 60

Le magasin de l'an 2000

emmener	to take
l'escalier roulant	escalator
déposer	to put down
le baiser	kiss
glisser	to slip
la fente	slot
prévu(e)	provided
ronronner	to purr
souterrain(e)	underground
le niveau	level
le carrefour	crossroads
garer	to park
la vente	sale(s)
la vitrine	window
ancien(-ne)	old
paraître	to seem
le genre	type

la jeunesse	youth
la combinaison	boiler-suit, overalls
le rayon	department, counter
l'alimentation	food
l'arrivage	delivery
les algues	seaweed
prier	to beg
l'étal	stall
se méfier	to beware
les aliments	food
le cachet	stamp
renouveler	to renew, repeat
gare à	watch out for
les emplettes	purchases
la caisse	cash-register
l'étiquette	ticket
étaler	to spread out
le tapis roulant	moving belt
la lecture	reading
l'enregistreur	recorder
afficher	to display
l'écran	screen
la plaque d'identité bancaire	bank-card
le compte	account
l'ordinateur	computer
emprunter	to take

Leçon 12 p. 63

Petite boutique contre grande surface

croiser le fer	to cross swords
la lutte	battle
s'entendre	to agree
à prix coûtant	cost price
subventionné	subsidised
le bénéfice	profit
en cause	in question
onéreux	costly
le comportement	behaviour
se diriger	to make for
le rayon(nage)	shelf
davantage	more
piéger	to trap
rentable	profitable
en moyenne	on average
englouti(e)	swallowed up
le rabais	discount
la direction	management
le panneau	sign(-board)
le détaillant	retailer
tenter	to tempt

l'affichage racoleur	publicity display
la ménagère	housewife

Répondez en français:
1. Qui est Gérard Nicoud?
2. Selon lui, par qui les grandes surfaces sont-elles subventionnées?
3. Selon Nicoud, à quoi servent les circuits intérieurs de télévision dans les magasins?
4. Quels conseils Nicoud donne-t-il à la ménagère?

Leçon 13 p.67
Ecoutez bien

La première rencontre

deviner	to guess
reconnaître	to recognise
étonner	to surprise
à peu près	almost
pas tellement	not much
la preuve	proof
sympa (sympathique)	nice
s'inquiéter	to worry

Répondez en français:
1. Qu'est-ce que Roger veut savoir d'abord?
2. Est-ce que Cathy le reconnaît?
3. Est-ce qu'elle s'amuse beaucoup?
4. Est-ce que les compliments de Roger l'ennuient?
5. De quoi a-t-elle peur?
6. Est-ce que Roger la rassure?
7. Où sont-ils, à votre avis?

Leçon 14 p.73
Au jour le jour

Appartement à louer

l'annonce	advert
c'est dommage!	what a shame!
flûte!	bother!
donner sur	to overlook
la salle d'eau	bathroom, lavatory

Leçon 15 p.74

La sexualité des adolescents

le physicien	physicist
le rapport	relations
détendu(e)	relaxed
cependant	however
expansif(-ve)	demonstrative
confiant(e)	confident
se livrer	to confide
s'enfermer	to shut oneself up
fuir	to shun
la tentative	attempt
ressentir	to feel
l'injure	insult
flairer	to sense
anguille sous roche	something fishy
découvrir le pot aux roses	to find out the secret
de terminale	in the upper sixth
avouer	to own up
à leur insu	without knowing it
soupçonneux	suspicious
or	now
balbutiant(e)	hesitant
le comportement	behaviour
méconnaître	to misunderstand
les déboires	disappointments
actuellement	at present
durcir	to harden
pousser dans les derniers retranchements	to push too far
l'interrogatoire	questioning
serré(e)	intense
témoigner	to show

Leçon 15 p.77

L'agence matrimoniale

le psychologue	psychologist
établir	to establish
se renseigner	to gain information
le conseiller matrimonial	marriage counsellor
l'entourage	those around one
parfois	sometimes

prendre la parole	to speak out
habile	clever, adroit
l'épanouissement de soi	self-fulfilment
la réussite	success
les époux	married couple

Leçon 16 p.81
Ecoutez bien

La clé du mystère

à la suite de	following
l'appel	appeal
le témoin	witness
les feux-stop	brake-lights
freiner	to brake
lorsque	when
labourer	to plough
capital(e)	vital
l'énigme	puzzle
soûl(e)	drunk

Après avoir écouté les deux conversations, répondez aux questions ci-dessous :
1. Où était le premier témoin ?
2. A quelle vitesse roulait-il ?
3. Quel temps faisait-il au moment de l'accident ?
4. Pourquoi le premier témoin a-t-il quitté les lieux de l'accident ?
5. Qui était le deuxième témoin ?
6. Où était-il ?
7. Que faisait-il ?
8. Comment était le cycliste au moment où il a été renversé ?
9. Pourquoi le fermier n'était-il pas surpris que le cycliste avait été victime d'un accident ?
10. A votre avis, qui était responsable de l'accident ?
Justifiez votre réponse.

Leçon 17 p.85
Au jour le jour

Les jouets dangereux

le jouet	toy
le produit	product
afin de	in order to
les normes	regulations
le fabricant	manufacturer
le consommateur	consumer

les pouvoirs	authorities
le jeu	game
le rembourrage	stuffing
le déchet	waste
l'éclat	splinter
la traction	pressure
l'aspérité	rough edge
avaler	to swallow
la flèche	dart, arrow
le fusil	gun
l'arc	bow
l'embout	end, point
souple	soft
le hochet	rattle
lisse	smooth
la peluche	material
s'embraser	to catch fire

Leçon 18 p.88

Déjà cinq accidents…

prévisible	foreseeable
le lot	crop
le sauveteur	rescuer
le peloton	(rescue) team
intervenir	to call upon
le niveau	level
l'imprudence	act of folly
stable	settled
la chaleur	heat
l'ascension	climb
se précipiter	to dash
l'itinéraire	route
le couloir	gorge
la pente	slope
éviter	to avoid
pourrir	to melt
la corniche	ledge
céder	to give way
entraîner	to carry away
la coulée	sudden flow
dévisser	to fall
s'apercevoir	to notice
affronter	to face
l'affluence	flood

Leçon 18 p.91

Spéléologie : risques à calculer

le spéléo (logue)	caver, pot-holer
meurtrier	fatal
endeuiller	to plunge into mourning
quasi	almost
receler	to conceal

le piège	trap
exiger	to require
se méfier	to beware
vaincu(e)	conquered
la voie	way
enfreindre	to infringe
le sein	bosom
agaçant(e)	worrying
se réclamer	to appeal to
intervenir	to step in
la gestion	direction
prévenir	to warn
la préfecture	police
le stage	course
évoluer	to manœuvre
renseigner	to inform
le gouffre	chasm
le réseau	network

Répondez en français:
1. Où les spéléologues descendent-ils? En écoutant la bande, vous entendrez employer plusieurs expressions pour exprimer 'les régions sous la terre'. Dressez une liste de ces mots et expressions.
2. Selon l'auteur, quels sont les attraits de la spéléologie? Et quels en sont les dangers?

Leçon 19 p.97
Ecoutez bien

Offre spéciale

la chaîne hi-fi	hi-fi system
enregistrer	to record
la gamme d'onde	wave-band
le casque stéréo	headphones

Leçon 20 p.99
Au jour le jour

Concours publicitaire

le concours	competition
supprimer	to omit
le produit	product
s'en passer	to do without
la croissance	growth
dosé(e)	measured
exiger	to require
la foie	liver
le compteur	milometer

la peinture	paintwork
le siège	seat
le tableau de bord	dashboard
au volant	at the wheel
délié(e)	slim
la preuve	proof
le chef d'œuvre	masterpiece
lier	to combine
fidèle	faithful
le réglage	control
la chaîne	channel
réaliser	to carry out
établir	to establish
jouir de	to enjoy
sans pareil	without equal
orienteur	guiding
l'espérance	hope

Leçon 21 p.102

Consommateurs de tous les pays, que pensez-vous?

se comporter	to behave
l'enquête	survey
le sondage	poll
la Communauté	Community (E.E.C.)
repartir	to distribute
l'échantillon	sample
portant sur	concerning
la conscience	awareness
à l'égard de	concerning
s'apercevoir	to notice
interroger	to question
vérifier	to check
la monnaie	change
le poids	weight
la balance	scales
d'ailleurs	besides
en moyenne	on average
ignorer	to be unaware of
dans l'ensemble de	throughout
se sentir	to feel
le parti	party
l'approvision-nement	supply
la concurrence	competition
accru(e)	greater
freiner	to put a brake on
l'augmentation	rise

Leçon 21 p.105

La télévision

les arriérés	retarded people
le grand mot lâché	the 'in' word
s'incliner	to bow
le panneau	trap
acquérir	to gain
le charabia	double Dutch
chamailler	to squabble
le perroquet	parrot

Leçon 22 p.109
Ecoutez bien

Aucun espoir

le type	bloke, chap
énerver	to get on the nerves
onctueux(-se)	greasy
poli(e)	polite
siffler	to whistle (at)
se vautrer	to sprawl
la tapisserie	wall-covering
se payer la tête	to make fun of
embaucher	to employ

Leçon 23 p.113
Au jour le jour

La chance de Marie-Claude

l'apprentissage	apprenticeship
la couturière	dressmaker
dès	since
la confection	dressmaking
l'essai	trial
embaucher	to employ
davantage	more
au rendement	piece-work
oser	to dare
convoqué(e)	called (for interview)
la légèreté	frivolity
avouer	to admit
exercer	to practise
actuellement	at present
la Bretagne	Brittany
s'aggraver	to get worse
le foyer	hostel
le chômeur	unemployed
l'A.N.P.E. (l'Agence Nationale pour l'Emploi)	employment agency

Répondez en français:
1. Quel âge a Marie-Claude?
2. Pourquoi trouve-t-elle qu'elle a de la chance?
3. Pourquoi Marie-Claude ne sait-elle pas le salaire qu'elle recevra?
4. Les jeunes représentent quel pourcentage des demandeurs d'emploi en Bretagne?
5. Qu'est-ce qui ne fait pas le plein cette année?

Leçon 24 p.116

La menace de l'usine

rien à voir avec	nothing to do with
franchement	frankly
endormant(e)	boring
le manque	lack
l'orthographe	writing
gêner	to embarrass
le grand ensemble	housing estate
la note	mark
recta!	right!
le fer	iron
sourd(e)	deaf
la graisse	grease
tacher	to stain
le vestiaire	cloakroom
l'horloge pointeuse	punch-clock (for clocking on at factory)
la chaîne	production line
repris	repeated
le levier	lever
la manette	handle
baisser	to lower
visser	to screw up
le capuchon	cap
le tapis roulant	conveyor belt
le courvercle	lid

Leçon 24 p.119

L'ouvrier d'aujourd'hui

le menuisier	carpenter
l'avenir	future
à mon compte	self-employed
les bricoles	do-it-yourself
les gains	wages
syndiqué(e)	member of a trade union

l'entreprise	works
la déception	disappointment
la volonté	wishes
l'atelier	workshop
machine à coudre	sewing machine
échouer	to fail
le foyer	home
marrant(e)	amusing
lésé(e)	injured
l'avocat	lawyer

Leçon 25 p.125
Ecoutez bien

Les nouveaux locataires

le locataire	tenant
emménager	to move in
l'H.L.M. (Habitation à Loyer Modéré)	council flat
la banlieue	suburb
tarder	to waste time
les commodités	amenities
souhaiter	to wish, hope
inscrire	to enrol
la circulation	traffic
maternel(le)	nursery

Leçon 26 p.129
Au jour le jour

La ville a changé

agrandir	to enlarge
l'usine	factory
embaucher	to employ
la salle omnisport	sports centre
la mairie	town hall
élargir	to widen
la grande surface (l'hypermarché)	large supermarket

Leçon 27 p.130

Maisons et villes de l'avenir

le roman	novel
la grotte	cave
l'ancêtre	ancestor
le ruban	strip
le béton	concrete

bizarrement	oddly
dérouler	to stretch out
le pilotis	pile, support
prévoir	to foresee
souterrain(e)	underground
le sol	ground
aménager	to build
enfouir	to bury
la circulation	traffic
le niveau	level
l'axe	axis
bâtir	to build
spatial(e)	space
soutenir	to support
l'ascenseur	lift
démontable	collapsible
déplaçable	movable
comporter	to compromise
atteindre	to reach
enterrer	to bury
les dessertes	services
la livraison	delivery

Leçon 27 p.133

Médecin d'H.L.M.

le béton	concrete
se côtoyer	to huddle
parcourir	to go round
inlassablement	tirelessly
la coursive	passage(-way)
la tache	stain
immonde	filthy
la crasse	grime
défoncé	smashed
le carrelage	tile
fêlé	cracked
le vitre	window-pane
brisé	smashed
en dérive	adrift
l'ascenseur	lift
l'escalade	climbing
bien portant	healthy
s'affoler	to make a fuss
rigolo	funny
la douleur	pain
la poitrine	chest
la grève	strike
l'E.D.F. (Electricité de France)	Electricity Board
pressant	urgent
essoufflé	puffed out
goguenard(e)	mocking
patraque	off-colour
enfermé	trapped
appuyer	to press

la cloison	*wall*
prévenir	*to notify*
la mine	*expression*
un joyeux	
drille	*cheery soul*
le tiercé	*betting-slip*
déranger	*to disturb*
le toubib	*'doc', 'quack'*
à peine	*scarcely*
se pencher	*to lean over*
hurler	*to scream*
se dérouler	*to take place*
l'indicatif	*signature-tune*
le journal	
télévisé	*news broadcast*
vider	*to empty*
le feuilleton	*serial*
les succès	
d'écoute	*T.V. ratings*
se plaindre	*to complain*

Répondez en français:
1. De quoi le docteur se plaint-il? Dressez une liste de ses plaintes.
2. Comment le docteur peut-il déterminer les succès d'écoute?

Leçon 28 p.137
Ecoutez bien

C'est papa qui paie…

s'attendre à	*to expect*

Leçon 29 p.141
Au jour le jour

Emplois d'été en France

à court de	*short of*
inscrit	*enrolled*
muni(e) de	*armed with*
le tas	*heap*
embaucher	*to employ*
affranchi(e)	*stamped*
bref	*in short*
joindre	*to enclose*

Répondez en français:
1. Un étudiant anglais voulant trouver un emploi en France, de quelle documentation a-t-il besoin?
2. Qu'est-ce que c'est que le S.M.I.G.?
3. Quand est-ce que le guide 'Emplois d'été en France' est publié?

4. Quand faut-il écrire aux employeurs?
5. Qu'est-ce qu'il vaut mieux joindre à la lettre de demande d'emploi?

Leçon 30 p.142

Pour fuir la foule

le plein été	*high summer*
la détente	*relaxation*
le repos	*rest*
les stages	
d'artisanat	*arts and crafts courses*
la plongée	*diving*
la truite	*trout*
la foule	*crowd*
bénéficier	*to profit*
les gîtes	
ruraux	*'farm' holiday homes*
le bouchon	*bottleneck*
l'embouteillage	*traffic jam*
redouter	*to dread*
les aoûtiens	*(August) holidaymakers*
intégrant(e)	*integral*
détendu(e)	*relaxed*
l'accueil	*reception*
l'aménagement	*arranging*
le lieu de	
villégiature	*resort*
au gré de votre	
fantaisie	*whatever you fancy*
surpeuplé(e)	*overcrowded*

Leçon 30 p.145

Les vacances les plus agréables

la détente	*relaxation*
la tournée	*tour*
la randonnée	*trip*
pédestre	*on foot*
l'escalade	*climbing*
gravir	*to climb*
ravir	*to thrill*
natal(e)	*native*
la chaleur	*heat*
le dépaysement	*relaxation*
l'imprévu	*unforeseen event*
râler	*to complain*
nourrir	*to feed*
le riz	*rice*
passionnant	*exciting*

la vie de	
bohème	*carefree life*
bouleversé(e)	*turned upside-down*

Répondez en français:
1. Où les quatre étudiants ont-ils passé leurs vacances les plus agréables?
2. Avec qui étaient-ils?
3. Qu'est-ce qu'ils passaient leur temps à faire?
4. Qu'est-ce qui a rendu ces vacances si agréables?

Vocabulary

The vocabulary contains all words used in Au Courant Level One except:
▶ words which are very similar in French and English
▶ words which occur in *explication* lists but are not re-used
▶ very common words (those included in defined content 'O' Level syllabuses).

abattre, to knock down
abîmer, to damage
aborder, to approach, accost
s'absenter, to go away
s'abstenir, to refrain
accabler, to overwhelm
l'accès, m, access
l'accord, m, agreement
  d'accord, agreed
s'accouder sur, to rest one's
  elbows on
les accoutrements, m, clothes
accoutumer, to accustom
accrocher, to hang (up)
l'accroissement, m, increase
accroître, to increase
l'accueil, m, reception
  le pays d' —, host country
accueillir, to welcome,
  receive
l'acharnement, m,
  avec —, desperately, keenly
l'acier inoxydable (l'inox), m,
  stainless steel
acquérir, to acquire
  acquis(e), acquired
active, la vie —, world of
  work
actuellement, at present
l'adepte, m/f, supporter
l'adjoint, m, assistant
admettre, to admit
s'adonner, to devote oneself
s'adosser contre, to lean (one's
  back) against
l'affaire, f, **faire —,** to make a
  deal
  les —s, business
l'affiche, f, poster
  afficher, to display (poster)
affréter, to charter
afin de, in order to
agacer, to annoy
l'agenda, m, diary
agenouillé(e), kneeling
l'agglomération, f, built-up area
agir, to act
  il s'agit de, it is a question
  of
s'agiter, to move about
l'agrandissement, m, extension
agréer, to accept
agripper, to grab

à l'aide de, with the help of
l'aiguille, f, hand (of watch)
ailleurs, elsewhere
  d' —, besides
et ainsi de suite, and so on
à l'aise, comfortable
  mal à l' —, uncomfortable
  aisé(e), affluent
ajouter, to add
alimentaire, food
s'en aller, to go away
l'allocation, f, grant
l'allumette, f, match
l'allure, f, walk
l'alouette, f, lark
l'alpinisme, m, climbing
l'amant, m, lover
l'âme, f, soul
l'amélioration, f, improvement
  améliorer, to improve
aménager, to fit out
l'amende, f, fine
amener, to bring
amèrement, bitterly
amortir, to pay off
l'amour, m, love
l'ampleur, f, **l' — nous dépasse,**
  bigger than we are
ancien(ne), old, former
  l'ancienneté, f, seniority
un ange, angel
l'animateur, m, organiser
l'annonce, f, (small)
  advertisement
anormal(e), abnormal
antérieur(e), former
(s')apercevoir (de), to notice
apparaître, to appear
l'appareil électro-ménager, m,
  household appliance
appartenir à, to belong to
l'appel, m, call, appeal
s'appliquer, to apply oneself
d'appoint, supporting
apprécier, to be fond of
l'apprentissage, m,
  apprenticeship
apprivoiser, to tame
appuyer, to press
âpre au gain, acquisitive
d'après, according to
l'arc, m, **tirer à l' —,** to practise
  archery

l'arc-en-ciel, m, rainbow
l'arête, f, fish-bone
l'argenterie, f, silverware
l'argot, m, slang
l'arme, f, weapon
l'armoire, f, cupboard
arracher, to snatch
arrêter, to stop, arrest
l'arrière, f, back
l'arrivée, f, finish, arrival
  — d'eau, water supply
l'artichaut, m, artichoke
l'artisanat, arts and crafts
  artisanal(e), craft (adj.)
l'ascenseur, m, lift
asperger, to sprinkle with
  water
l'aspirateur, m, vacuum-cleaner
assimiler, to assimilate
l'assistant(e) social, social
  worker
les atouts, m, trumps
atteindre, to reach
s'attendre à, to expect
l'atterrissage, m, landing
l'attestation, f, certificate
attirer, to attract
l'attrait, m, attraction
  attrayant(e), attractive
(ne) aucun(e), none
l'auditeur, m, listener
augmenter, to increase
auparavant, before(hand)
aussi (+ *inversion*), so,
  therefore
aussitôt que, as soon as
d'autant plus... que, more
  especially ... as
l'auteur, m, author
l'autoroute, f, motorway
  — de liaison, link-road
  — de dégagement, approach
  road
l'auto-stop, m, hitch-hiking
autrement dit, in other words
autrui, others
avaler, to swallow
avancer (une montre), to put
  forward (a watch)
avant-dernier(-ère), last but
  one
l'avenir, m, future
avertir, to warn

avis, notice
    à mon —, in my opinion
l'avocat, m, lawyer
avouer, to admit

le babyfoot, table football
le baccalauréat (le bac),
    public examination in
    France
le bagne, prison
la baignade, bathing
le baignoire, bath
    baisers, bons —, love (and
    kisses)
la baisse, reduction
    en —, low
le bal (masqué), (masked) ball
    balader, envoyer —, to send
    packing
    se —, to walk
le balai, broom
la bande dessinée, cartoon (strip)
la bande (magnétique), tape
la banlieue, suburbs
la barrière, gate, fence
    bas, de haut en —, from top to
    bottom
la bassine à friture, deep frying
    pan
    bavarder, to chat(ter)
la béatitude, happiness
    beau, avoir — faire…, to do
    … in vain
le bébé, baby
la belle-sœur, sister-in-law
    bénéficier de, to profit by
    bénir, to bless
la bêtise, foolish mistake
le béton, concrete
la bibliothèque, book-case
    bien que, although
    bienveillant(e), kind
la bienvenue, welcome
le bijou, jewel
    la bijouterie, jeweller's
    (shop)
    le bijoutier, jeweller
    bilingue, bilingual
    blague, sans —! no joking!
le blessé, injured person
le bloc, attachment
la boisson, drink
le boîtier, case (of watch)
le bon, coupon
    bon marché, cheap
    bondé(e), crowded
la bonne à tout faire, maid of all
    work

à bord (de), on board
en bordure de, besides
le bouchon, cork
    jeter le — aussi loin, to go
    that far
la boue, mud
    bouillant(e), boiling
la boule, ball, bowl
le boulevard périphérique, ring-
    road
le boulot, work
    bout, manger du — des dents,
    to nibble
la boutique, shop
(se) brancher, to plug in
    brave, — garçon, good chap
    bref, in short
le bricolage, do-it-yourself
    bricoler, to potter
le briquet, lighter
    briser, to break, smash
    bronzé(e), sun-tanned
la brûlure, burn
    brusque, abrupt
    bruyant(e), noisy
le bulletin, report
le bureau, office, desk
le but, goal, aim

la cabine téléphonique, phone-
    box
le cadre, framework, executive
la caisse, till, box
    la caissière, cashier
le calendrier, calendar
le caméra, cine-camera
la camionnette, van
le camping-car, motor-caravan
le canal (pl. canaux), canal
le canapé, sofa
    cantonal(e), district, area
**le C.A.P. (Certificat d'aptitude
    professionnelle)**, a public
    examination
    capituler, to give in
le capot, bonnet, hood
    capter, to capture
le carburant, fuel
le carrefour, crossroads
la carrière, career
le cas, case
    en tout —, in any case
la case, box, compartment
le casque, helmet
    causer, to chat
la cave, cellar
la ceinture (de sécurité), (safety-)
    belt

célibataire, unmarried,
    bachelor/spinster
le cendrier, ash-tray
le centre commercial, shopping
    centre
    cependant, however
    cérébral(e), brain
**le C.E.S. (Collège
    d'Enseignement
    Secondaire)**, secondary
    school
la chaîne, production line
    la — hi-fi, hi-fi system
    chaleureusement, warmly
    champ, sur le —, at once
la charge, la prise en —, taking
    over responsibility
    chargé(e) de, in charge of
la chasse, hunting
    chasser, to hunt
le chauffage, heating
le chauffard, road-hog
la chaussée, road(way)
la cheminée, fire-place, chimney
le chêne, oak
    chercher à, to attempt to
    chéri (chérie), darling
le chiffre, number, numeral
les chips, m, crisps
le choix, choice
le chômage, unemployment
    en —, out of work
    le chômeur, unemployed
    chut! Sh!, quiet!
la chute, fall
    ci-contre, opposite
    ci-dessous, below
    ci-dessus, above
le cidre (bouché), (bottled) cider
la circulation, traffic
    circuler, to move (about)
le citadin, citizen
    citer, to quote
    claquer, to slam, bang
    classer, to arrange in order
la clef (clé), key
    fermer à —, to lock
    cligner de l'œil, to wink
le clignotant, traffic indicator
le clocher, steeple
le cloison, screen, partition
    cocher, to tick
le Code de la Route, Highway Code
(se) coiffer, to do one's hair
    au coin du feu, beside the fire
    coincer, to trap, corner
la colère, anger
    se mettre en —, to get angry

le colis, parcel, package
collant(e), sticky
les —s, m, tights
la combinaison, combination
le combiné, multi-purpose machine
comble, pour — de malheur, to crown it all
commander, to order
le commerçant, tradesman
les commis, m, those engaged in commerce
le commissariat (de police), police station
les commissions, f, errands, shopping
commun(e), communal, family
la commune, district, parish
la compagne, female companion
complet, à temps —, full-time
le complexe sportif, sports centre
comporter, to comprise
se —, to behave
la comptabilité, accounts
le comptable, accountant
comptant, payer —, to pay cash
compte, le — rendu, report
se rendre —, to realise
tenir — de, to take account of
à son —, for oneself
compter, to count (on), expect
le compteur, meter
relever le —, to read the meter
conçu(e), designed
la concurrence, competition
concurrent(e), competing
le conducteur, driver
confectionner, to make (up)
la conférence, lecture
la confiance, confidence
le confrère, colleague
confus(e), ashamed, sorry
le congé, holiday, leave
le congélateur, freezer
se connaître en, to know all about
consacrer, to devote
la conscience professionnelle, conscientiousness
conscient(e) de, aware of
le conseil, advice, council
le conseiller, counsellor, adviser
conseiller, to advise

le consommateur (la consommatrice), consumer
la consommation, drink
le constat amiable, joint statement
constater, to record
contenir, to contain
le contractuel, traffic warden
la contrainte, restriction
le contraire, opposite
la contravention, parking fine, ticket
contre, against
par —, on the other hand
le contretemps, mishap
la contusion, bruise
convaincre, to convince
convenable, suitable
convenir, to be suitable
convoquer, to call for interview
le cordonnier, cobbler
la côte, coast, hill
la couche, layer
la couchette, (sleeping) berth
couler, to sink
le couloir, corridor
coup, le — de téléphone, phone-call
tout d'un —, all at once
couper, to cut, interrupt
la coupure, cut
la cour, yard
au courant, in the know, in the swing
au cours de, in the course of
la course, race
à court de, short of
la courtière, intermediary, agent
courtois(e), polite
le coussin, cushion
la coutume, custom
le couvercle, lid
la couverture, blanket
la crainte, fear
la crêperie, restaurant specialising in pancakes
la crevette (rose), prawn
le crochet, hook
le croisement, crossing
la croissance, growth
croissant(e), growing
aller —, to grow
croître, to grow
le croquis, sketch
les croûlants, m, 'oldies' (i.e. parents, etc.)

la croûte, crust
cru(e), raw, uncooked
cueillir, to pick, gather
la cuisinière, cooker
la cuisse, thigh, leg
cuit(e), cooked
faire cuire, to cook
la culpabilité, guilt
le cyclomoteur, moped

davantage, more
le débit, shop
déboucher, to emerge
debout, standing
se tenir —/se mettre —, to stand
débrancher, to unplug
se débrouiller, to manage
au début, in the beginning
le débutant, beginner
la déception, disappointment
décevoir, to disappoint
déchiffrer, to decipher
(se) déchirer, to tear
se décider, to make up one's mind
la déclaration, statement
déclencher, to release
le décollage, take-off
se décontracter, to relax
découper, to cut out
découvrir, to discover
décrire, to describe
la déculpabilité, lack of blame
dedans, inside
le défaut, fault, failing
à —, failing this
défendre, to forbid
défense de ..., ... prohibited
définitivement, for good
dégager, to emit, give out
les dégâts, m, damage
dehors, outside
au-delà de, beyond
le délai, delay
démarrer, to start (up)
déménager, to move (house)
demeurer, to reside, live
le demi-tour, U-turn
démodé(e), old-fashioned
démolir, to demolish
dépasser, to exceed, overtake
se dépayser, to get away from it all
les dépendances, f, amenities
en dépit de, in spite of
le déplacement, travelling
le dépliant, brochure, folder

le **député**, member of parliament
déranger, to upset, bother
déraper, to skid
se **dérouler**, to develop
dès, since
— **que**, as soon as
désespéré(e), desperate
se **désorienter**, to lose oneself
désormais, in future
se **détendre**, to relax
détruire, to destroy
le **'deux roues'**, (motor) cycle
la **devanture**, shop window
la **déveine**, bad luck
deviner, to guess
dévisser, to unscrew
le **devoir**, duty
le **diable**, devil
digne (indigne), (un)worthy
diminuer, to decrease
la **diminution**, reduction
diriger, to direct, control
se — **vers**, to make for
le **discours**, speech
prononcer un —, to make a speech
le **disjoncteur**, (mains) switch
la **disparition**, disappearance
disponible, available
la **disponibilité**, availability
disposer de, to have at one's disposal
se **disputer**, to argue
la **dissertation**, essay, composition
distrait(e), absent-minded
divers(e), various, different
diviser, to divide
donc, so, therefore
dodo, sleep, 'bye-byes'
dommage, c'est —! it's a pity!
doré(e), gilded
le **dossier**, document, file
le **double**, carbon copy
doubler, to overtake
la **douleur**, pain
douloureux(-se), mournful
doux (douce), soft, gentle
le **drame**, drama
le **drapeau**, flag
dresser, to draw up
droit, avoir le — **de**, to have the right to
la **durée**, duration, life
durer, to last

éblouir, to dazzle
ébouriffé(e), tousled, ruffled

l'**écart**, m, swerve, gap
échapper à, to escape from
l'**échelle**, f, ladder
échouer, to fail
l'**éclair**, m, flash (of lightning)
s'**éclaircir**, to clear up
s'**écouler**, to pass, go by
écraser, to squash, run over
par **écrit**, in writing
l'**écrivain**, m, writer
s'**écrouler**, to fall to pieces
l'**éducation permanente**, adult education
efficace, effective
égal(e), equal
ça m'est —, I don't mind
également, equally, also
à l'**égard de**, with regard to
l'**élargissement**, m, widening
l'**élévation**, f, raising
s'**élever**, to rise
élevé(e), high
élire, to elect
éloigner, to keep away
l'**emballage**, m, pack(age)
emballer, to pack up
emballé(e), enthusiastic
l'**embarquement**, m, embarkation
embaucher, to employ
embêtant(e), annoying
l'**embouteillage**, m, traffic-jam
embrouiller, to mix (up)
l'**émission**, f, broadcast
emménager, to move in
emmener, to take
s'**emparer de**, to seize
empêcher, to prevent
je ne peux m' — **de**, I can't help
empiler, to pile up
l'**emploi**, m, job
empocher, to pocket
s'**empresser**, to hasten, show eagerness
émuler, to emulate, copy
l'**encombrement**, m, congestion, overcrowding
l'**endive**, f, endive, chiclry
s'**endormir**, to fall asleep
énerver, to get on the nerves
l'**enfer**, hell
s'**enfoncer**, to plunge into
enfumé(e), smoke-filled
s'**engager**, to start going in
engouffrer, to engulf
l'**enquête**, f, inquiry, survey
enregistrer, to record

l'**enseignement**, m, education, instruction
enseigner, to teach
l'**ensemble**, m, collection of units, outfit, bulk
le **grand** —, housing estate
ensevelir, to bury
ensuite, next, then
s'**entendre avec**, to get along with
entendu, bien —, of course
entier(-ère), entire, whole
entraîner, to entail, drag off
s'—, to train
(d')**entre**, between, among
l'**entreprise**, f, company
entretenir, to service, maintain
entre-tisser, to interweave
l'**entrevue**, f, interview
envahir, to invade
envers, towards
envie, avoir —, to want
environ, about
l'**envoie**, m, sending
envoler, to fly away
l'**épiderme**, m, epidermis, skin
l'**époque**, f, time, age
l'**époux**, m, marriage partner
les —, husband and wife
l'**épreuve**, f, test
éprouver, to feel
épuiser, to exhaust
l'**équipage**, crew
l'**équitation**, f, horse-riding
errer, to wander
l'**escalade**, f, climbing
l'**escargot**, m, snail
l'**escrime**, f, fencing
l'**espion**, m, spy
l'**espoir**, m, hope
l'**esprit**, m, spirit, mind
l'**essai**, m, trial
l**esthétique**, f, aesthetics
estival(e), summer
l'**estomac**, m, stomach
établir, establish, draw up
l'**établissement**, m, concern, establishment
l'**étagère**, (book)shelf
l'**étalage**, m, display, stall
étaler, to spread out
l'**étanchéité**, f, water-tightness
l'**état**, m, state
éteindre, to extinguish
l'**étiquette**, f, label, ticket
l'**étoile**, f, star
étonner, to surprise
étouffer, to smother, stifle

l'être, m, being
l'étude, f, study
l'évasion, f, escape
l'éveil, m, awakening
éventuellement, if the occasion
    arises
évidemment, obviously
l'évier, m, sink
éviter, to avoid
l'exemplaire, m, copy
exercer, to follow, exert
exiger, to demand, require
l'exode, m, exodus
expédier, to send
    l'expédition, f, dispatch
l'expérience, experiment
expérimenté(e), f, experienced
l'explication, f, explanation
l'exposition, f, exhibition
(s')exprimer, to express (oneself)
l'extincteur, m, extinguisher

fabriquer, to manufacture
se fâcher, to get angry
la façon, way, manner
faillir, to come close to
fainéant(e), lazy, lazing
le fait, fact
    en —/de —, in fact
    le — divers, news item
fameux(-se), famous
la fantaisie, fancy
fauché(e), broke, penniless
faute de …, for lack of…
le fauteuil, armchair
faux (fausse), false
favoriser, to encourage
la fente, slot
le fer (à repasser), iron
férié, le jour —, holiday
la fermeture, closure
la fête, Saint's day, holiday
fêter, to celebrate
feu, prendre —, to catch fire
les feux, m, (traffic) lights
la fiche, form, booklet
se ficher de, to make fun of, not
    to care about
fidèle, faithful
se fier à, to rely on
le fil (de fer), wire, line
la file, queue, lane
fixe, l'emploi —, permanent
    job
fléchir, to bend, weaken
la foire, (fun) fair
fois, une — pour toutes, once
    and for all

à la folie, madly
le fonctionnaire, civil servant
le fonctionnement, working
    (order)
le fond, bottom
les fonds, m, money, funds
forcément, necessarily
la formation, training
    la — professionnelle
    continue, occupational
    (re)training
en forme, fit
la foudre, lightning
la fouille, excavation, dig
la foule, crowd
fournir, to provide
le foyer, home, hostel, vestibule
les frais, m, expenses
la fraise, strawberry
franchement, frankly
franchir, to cross
frappant(e), striking
le frein, brake
    le freinage, braking
    freiner, to brake
le frigo, fridge
frire, to fry
la fumée, smoke
    le fumeur, smoker
le fusible, fuse

gâcher, to spoil
la gamme, range
garer, to park (car)
gâter, to spoil
le gazon, grass, lawn
gêner, to embarrass
génial(e), brilliant, inspired
le genre, kind, type
le geste, gesture, movement
la gîte, resting-place
global(e), total, inclusive
le goût, taste
gouter, to taste
la goutte, drop
grâce à…, thanks to…
gratter, to scratch
gratuit(e)(ment), free
la grenouille, frog
la grève, strike
grillé(e), burnt-out
le grille-pain, toaster
griller, to fail to stop
la grippe, influenza
grippe-sou, grasping
la grossièreté, vulgarity
la grotte, cave, shelter
la guerre, war

habile, clever
habillé(e), smart, dressed
l'habitude, prendre l' — de, to
    get used to
s'habituer à, to get used to
le hachoir, chopping machine
haïr, to hate
à la hâte, in haste
la hausse, rise
hausser, to raise, shrug
la hauteur, height, level
le haut-parleur, loudspeaker
l'hélice, f, propeller
l'herbe, f, grass
(se) heurter, to collide, run into
l'hirondelle, f, swallow
l'H.L.M., f, (Habitation à Loyer
    Modéré), council flat(s)
honnête, honest
la honte, shame
l'horaire, m, hours, time-table
l'horloger, m, watch-maker
    l'horlogerie, f, watch-
    maker's shop
hors de, out(side) of
l'huître, f, oyster
hurler, to yell
l'hypermarché, m,
    hypermarket, large
    supermarket

l'idée, f, idea
    — fixe, obsession
    — reçue, preconceived idea
il y a un an, a year ago
imbattable, unbeatable
l'immeuble, m, (block of) flats
immobilière, une agence —,
    estate agents
implanté(e), situated
n'importe quel(le)…, any …
imprévisible, unforeseeable
imprimer, to print
inclure, to include
l'inconnu(e), stranger
l'inconvénient, m, disadvantage
incroyable, unbelievable
les indications, f, directions
indien(ne), Indian
indiquer, to tell, point out
inférieur(e) à, less than
l'informatique, f,
    communications
ingrat, l'âge —, the awkward
    age
s'initier à, to take up
injurier, to call names

inlassablement, tirelessly
inondé(e), flooded
inquiet(-ète), worried
inquiétant(e), disturbing
s'inscrire, to enroll
insolite, unusual
insouciant(e), careless
intégral(e), complete, whole
l'interdiction, f, prohibition
interpeller, to question
l'interrogatoire, m, questioning
introduire, to introduce
l'inventaire, m, inventory, list
inverse, en sens —, in the
    opposite direction
isoler, to insulate

se jeter contre, to bump into
au jour le jour, day by day
joindre, to enclose, combine
se —, to join
le jouet, toy
les jumeaux (jumelles), twins
les jumelles, f, binoculars
la jument, mare
justement, exactly so

klaxonner, to sound the horn

la laborantine, laboratory
    assistant
le lâche, coward
lâcher, to leave (in the lurch)
laisser entendre, to lead one to
    believe
lancer, to promote, to throw
lassé(e) de, tired of
le lecteur, reader
léguer, to leave, bequeath
le lendemain, the next day
lentement, slowly
la lessive, washing (powder)
le lexique, word-list
licencié(e), redundant
le licenciement collectif,
    mass dismissal,
    redundancy
le lieu, place
avoir —, to take place
donner —, to give rise to
les lieux, site
le lieu-dit, place known
    locally as …
la ligne, shape
pilote de —, airline pilot

le linge, washing
lisible, legible
la livraison, delivery
livrer, to deliver
se — (à), to submit, indulge
    in
la location, rental
l'agence de —, estate
    agent's
le locataire, tenant
le logement, accommodation
se loger, to find a flat
au lointain, in the distance
le(s) loisir(s), leisure (activities)
en loques, in rags
lors de, at the time of
lorsque, when
le loyer, rent
la lumière, light
la lutte, fight, battle
lutter, to fight
le lycéen (la lycéenne),
    schoolboy (schoolgirl)

le machin, thing(amy), whatsit
le machiniste, driver
le magnétophone, tape-recorder
la main d'œuvre, workers, work
    force
le maintien, maintence
le maire, mayor
la mairie, town-hall
le maître-nageur, swimming
    instructor, life-guard
malgré, in spite of
malhonnête, dishonest
malin (maligne), malicious,
    smart
le manche, handle
la manche, sleeve
maniable, manageable
la manifestation, demonstration
le manque, lack
manquer de, to lack
la mansarde, attic, loft
manuscrit(e), hand-written
le maquillage, make-up
les marchandises, f, goods
à marée basse, at low tide
mariner, to be left alone, 'stew
    in one's own juice'
la marque, make, brand
le mât, mast, flagpole
le matériel, equipment
maternelle, l'école —, nursery
    school
méchant(e), naughty, wicked

les méfaits, m, damage
se méfier de, to beware of
le mégot, stub (of cigarette)
le mélange, mixture
mélanger, to mix
menacer de, to threaten to
la ménagère, housewife
le mensonge, lie, untruth
mensuel(le), monthly
le menteur, liar
mentir, to tell lies
le menuisier, carpenter
le mépris, hatred, scorn
la météo, weather forecast
le milieu, setting, environment
un millier, a thousand
le miroir, mirror
le — aux alouettes, snare
    and delusion
la misère, poverty
moche, rotten, ugly
les mœurs, f, morals
(le) moindre, less (least)
le moissonneur, harvester
le moniteur, instructor
le montant, total amount
monter à cheval, to ride
la montée, rising
la moquette, carpet
le moral, morale
mouillé(e), wet
la moule, mussel
la moyenne, average
moyen(ne), average
les moyens, m, means
muni(e), equipped

la nacelle, basket (of balloon)
la naissance, birth
natal(e), native
la natation, swimming
nauséabond(e), nauseating
néanmoins, nevertheless
net, refuser —, to give a flat
    refusal
niché(e), nestling
le niveau, level
nombreux(-se), numerous
notamment, in particular
la note, account, bill
nourrir, to feed
la nourriture, food
nu(e), naked, nude
pieds-nus, barefoot
le nuage, cloud
nuire à, to harm

d'occasion, second-hand
s'occuper de, to take care of
l'œuvre, f, work
   les —s charitables, charities
   la main d'—, workers, work
     force
   œuvrer, to work
l'ongle, m, (finger)nail
or, now, whereas
l'or, m, gold
l'orage, m, storm
l'ordinateur, m, computer
ordonner, to tell, order
les ordures, f, rubbish
l'organisme, m, organisation,
     the (body's) system
l'orgeuil, m, pride
s'orienter, to find one's
     bearings
l'orthographe, f, spelling
oser, to dare
ôter, to lift, take away
l'outil, m, tool
en outre, besides, in addition
outré(e), angry, indignant
l'ouverture, f, opening
l'ouvre-boîtes, m, tin opener
l'ouvrier, m, worker

au pair, exchange, 'au pair'
la paix, peace
le palier, landing (of stairs)
le palmier, palm tree
le panneau (de signalisation),
     (road)sign, wall-panel
le papetier-libraire, stationer and
     book-seller
le papier peint, wallpaper
paraître, to seem
le parcmètre, parking meter
le parcours, route, trip
par-dessus, over, above
le pare-brise, windscreen
le pare-feu, fire-guard
pareil(le), alike, the same
la paresse, laziness
   paresseux(-se), lazy
parfait(e), perfect
parfois, sometimes
la parole, word
   part, faire —de, to inform
partager, to share
particulier(-ère), private
la partie, part, game
   faire—de, to belong to
partiel, à temps —, part-time
à partir de, from

parvenir, to reach
   faire —, to send
le pas, step
   pas à pas, step by step
le passage à niveau, level
     crossing
se passer, to happen
   se —de, to do without
passionnant(e), exciting
patiemment, patiently
patienter, to keep patient
le paysage, landscape
paysan(ne), peasant
le P.D.G. (Président-directeur
   général), managing
   director
la peau, skin
   dans la —, physically
peindre (repeindre), to
   (re)paint
   le papier peint, wallpaper
   le peintre, painter
   la peinture, paint, painting
la peine, penalty, trouble,
     difficulty
   à —, scarcely, hardly
pêle-mêle, at random
la pelle, spade
se pencher (au dehors), to lean (out)
pendre la crémaillère, to have
   a house-warming party
la péniche, barge, long-boat
la pénurie, shortage
en permanence, permanently
le permis de conduire, driving
     licence
le personnel, staff
la perte, loss
   peser, to weigh
à peu près, approximately
le peuplier, poplar
le picotement, tingling
la pièce (de théâtre), play
le piège, trap
la pierre, stone
   piéton(ne), pedestrian
la pile, battery
le pinceau, paintbrush
le pionnier, pioneer
(le) pire, worse (the worst)
(le) pis, worse (the worst)
la piste, track, ski-run
le pistolet, pistol
pittoresque, picturesque
le placard, cupboard
   place, faire — à, to make
     room for
le plafond, ceiling

se plaindre, to complain
   la plainte, complaint
plaire, to please
la planche, plank, board
   la — à roulettes, skateboard
la plaque, sheet
   la — d'immatriculation,
     number-plate
   plaqué(e), plated
   pliant(e), folding
la plongée, diving, dive
le plongeur, washer-up
plutôt, rather
la poêle, frying-pan
le poêle (à mazout), (oil-)stove
le poids, weight
le poivre, pepper
poli(e), polite
poliment, politely
les pompiers, m, fire brigade
les Ponts et Chaussées,
     department responsible
     for road works
le port, wearing
portatif(-ve), portable
la porte de sécurité, fire door
posément, clearly, slowly
poser, to put
posséder, to possess
le pot, jug, jar (of beer)
poursuivre, to pursue
pourtant, however
pousser, to push, utter
le pouvoir, power
pratiquer, to take part in
au préalable, to begin with
se précipiter, to dash
préciser, to state, specify
précoce, precocious
le préjugé, prejudice
prélever, to deduct
de première, in the 'Sixth Form'
se prémunir, to be forearmed
prenant(e), arduous
le prénom, christian name
préposer, to assign
pressé(e), in a hurry
   pression, un groupe de —,
     pressure group
prétendre, to claim
prêter, to lend
la preuve, proof
   faire — de, to display
prévenir, to warn
la Prévention Routière, road
     safety organisation
prévisible, foreseeable
   prévoir, to foresee, provide

prier, to beg
la prime, bonus, free gift
primordial(e), of prime importance
le principe, principle
en —, as a rule
la prise (de courant), (electric) plug, point
priver, to deprive
privé(e), private
le procès, parking ticket
proche, near
se produire, to happen
le produit, product
profiter de, to take advantage of
la promesse, promise
le propos, subject
les —, talk
à —, by the way
à — de, concerning
la propreté, cleanliness
protéger, to protect
provenir de, to come from
le proviseur, head (of school)
provisoire(ment), temporar(il)y
provoquer, to cause, initiate
puces, marché aux —, second-hand market
la puissance, power
puissant(e), powerful

quant à…, as for…
le quartier, (local) district
quelque part, somewhere
se quereller, to argue
la quête, collection
quiconque, whoever
la quiétude, calm
une quinzaine (de jours), about a fortnight
quotidien(ne), daily

le rabais, discount
raccommoder, to repair
raccourcir, to shorten, cut
raccrocher, to hang up (phone)
raconter, to tell, relate
raison, avoir —, to be right
rajeuni(e), young, rejuvenated
ramasser, to pick up
ramener, to bring back
ramper, to creep, crawl
la randonnée, trip, tour

la râpe, grater
râper, to grate
se rappeler, to remember
rapporter, to bring back, report
le rapprochement, comparison
au ras de, level with
(se) rassembler, to collect
rassurer, to reassure
rater, to fail
rattraper, to rescue
ravi(e), delighted
le rayon, department, shelf, counter
réagir, to react
réaliser, to carry out
récapituler, to repeat
la recette, recipe
le réchaud, stove
recherche, à la — de, in search of
le récit, account
recommander, to recommend
reconnaissant(e), grateful
reconnaître, to recognise
recueillir, to collect
le rédacteur (en chef), editor (in chief)
la rédaction, composition
rédiger, to draw up, write
réduire, to reduce
réel(le), real
réfléchir, to reflect
réflexion, toute — faite, upon thinking it over
le régime, diet
la réglementation, regulations
regretter, to miss
rejoindre, to join
relâché(e), loose, lax
relever, to pick out
remonter, to assemble, wind (up)
le remontage, winding (watch)
remplacer, to replace
remplir, to fill
remporter, to carry off, win
rendre, to give back, make
se rendre, to go
renoncer à, to give up
se renseigner, to inquire, find out
renverser, to overturn
se répandre, to spill
la réplique, reply
le repos, rest
reprendre connaissance, to regain consciousness

le représentant, (sales) representative
résoudre, to (re)solve
respirer, to breathe
ressentir, to feel
rétablir, to return to
retaper, to do up (room)
retenir, to reserve
la retraite, retirement
retrouver, to meet
réunir, to collect
réussi(e), successful
la réussite, success
en revanche, on the other hand
le rêve, dream
rêver, to dream
le réveil, alarm-clock
réviser, to check
la revue, magazine
le rhume, a cold
la ride, wrinkle
les rideaux, m, curtains
rigoler, to laugh, enjoy oneself
la robinetterie, plumbing
le roman, novel
rompre, to break
le rond-point, roundabout
la roue, wheel
la roulotte, caravan
le rubrique, heading(s)
la rumeur, confused murmuring

le sable, sand
le sablage, sanding (of road)
le sac de couchage, sleeping bag
les salariés, salaried workers
la saleté, dirt
la salle d'eau, bathroom, lavatory
saluer, to greet
le sang-froid, composure
le (sapeur-)pompier, fireman
sauf, except
sauter, to jump
le sauvage, savage
sauver, to save
le sauvetage, rescue
le sauveteur, rescuer
le savant, scientist, scholar
scolaire, school (adj.)
la séance, performance, session
sèchement, coldly, curtly
secouer, to shake
le secoureur, rescuer
de secours, safety (adj.)

189

le **secteur,** mains supply (electric)
séduisant(e), seductive
le **sein,** bosom
séjourner, to stay
selon, according to
semblable, similar
le **sens,** meaning, direction
à — **unique,** one-way
en — **interdit,** the wrong way
le **sentier,** path
le **sentiment,** feeling
sentir, to feel, taste, smell
serrer, to squeeze, tighten
— **la main,** to shake hands
le **serrurier,** locksmith
servir, to serve
se — **de,** to use
— **à,** to be used for
le **serveur,** waiter
le **siècle,** century
le **siège,** seat
siffler, to whistle
le **sigle,** abbreviation, initials
signaler, to point out
signifier, to mean
sillonner, to (dis)cover, make one's own way
le **simulacre,** sham, show
sinon, if not
le **S.M.I.G. (Salaire Minimum Inter-professionnelle Garanti),** minimum permitted wage
soi-disant, so-called
soigneusement, carefully
le **soin,** care
soit, that is
soit ... soit, either ... or
le **sol,** floor, ground
le **somme,** snooze
la **somme,** sum, amount
le **son,** sound
le **sondage,** survey
songer, to think
sonner, to ring
la **sonnerie,** bell, alarm
sonore, noisy
la **sonorité,** tone
de **sorte que,** so that
la **sortie,** exit
— **de secours,** emergency exit
la **sottise,** foolishness
sou, sans le —, penniless
le **souci,** worry
souhaiter, to wish
souligner, to underline

soupçonneux(-se), suspicious
souple, supple
la **souplesse,** flexibility
soustraire, to subtract
se **souvenir de,** to remember
le **speaker,** announcer
le **spectacle,** show, play
la **spéléo(logie),** pot-holing
le **spéléo(logue),** caver
spontané(e), spontaneous
le **stage,** course
la **standardiste,** telephone operator
standing, grand —, luxury
stationner, to park
le (la) **sténodactylo,** shorthand typist
le **studio,** small flat, bed-sitter
le **stylo à bille,** ball pen
subir, to suffer, undergo
le **substantif,** noun
subventionné(e), subsidised
la **Suède,** Sweden
suffire, to suffice
à la **suite de,** following
la **superficie,** appearance
supprimer, to supress, omit
la **surboum,** party
surchauffé(e), overheated
surface, la grande —, large supermarket
surgelé(e), frozen
surprendre, to surprise
la **surprise-partie,** party
susciter, to arouse

se **taire,** to be quiet
le **talon,** heel
tamponner, to bump into
tandis que, while, whereas
tant, so much, so many
— **pis!** too bad!
tantôt... tantôt..., at times... at other times...
taper à la machine, to type
le **tapis,** carpet
le — **roulant,** conveyor belt
tapisser, to cover (with carpet or wallpaper)
tarder, to delay
le **tas,** heap, pile
le **taudis,** slum dwelling
le **taux (de natalité),** (birth)rate
tel(le), such a ..., so
Monsieur Un —, Mr So and So
tellement, so (much)
le **téléviseur,** television set

le **témoin,** witness
le **temps, à** — **complet/plein,** full-time,
à — **partiel,** part-time
deux —, two-stroke
tenace, stubborn
tendre, to offer, hold out
tenir à, to be keen on
la **tentative,** attempt
la **tentation,** temptation
tenter, to tempt
la **tenture,** (wall)hanging
la **tenue (vestimentaire),** clothes
une — **négligée,** slovenly
(se) **terminer,** to end
la **thèse véhiculée,** the message conveyed
un **tiers,** a third (person)
le — **monde,** Third World
tirer, to shoot, pull, drag
le **tire-bouchon,** corkscrew
le **titre,** title
le **titulaire,** holder
le **toit,** roof
tonnerre, un coup de —, a clap of thunder
tôt, soon
la **touche,** key
toucher, to reach
la **tour,** tower(-block)
le **tour,** trick, tour, turn
à — **de rôle,** in turn
le **tourne-disques,** turntable, record-player
en **tournée,** on tour
le **tournevis,** screwdriver
toutefois, however
(se) **tracasser,** to worry
le **traducteur,** translator
la **traduction,** translation
traduire, to translate
train, bon —, at a good pace
à **travers,** across
tremper, to soak
le **tremplin,** spring-board
le **tréteau,** trestle
la **tribune,** (grand)stand
les **tripes,** f, tripe
en **trombe,** f, in a rush
tromper, to deceive
trompeur(-se), deceptive
la **trotteuse,** second hand (on watch)
le **trottoir,** pavement
type, typical

urbain(e), urban
d'urgence, emergency

user, to waste, use up, wear
    out
l'usine, f, factory
l'utilité, f, usefulness

valable, valid, valuable
la vantardise, bragging
    se vanter, to boast
la varappe, rock-climbing
se vautrer, to stretch out
la veille, the day before
la vendeuse, sales assistant
la vente, sale
    la — par correspondance,
    mail-order
    la — au détail, retail
le verglas, frost
la vérité, truth
  verser, to pour, pay
  vibrer, to vibrate
  vider, to empty
  vif (vive), alive
  virer, to turn
  vis à vis, with regard to
  viser, to aim
  visser, to screw up
  vivace, alive, lively
  vivre, to live
la voie, track
    la — sans issue, cul-de-sac
    les —s de fait, mugging
la voile, sail(ing)
la voix, voice
le vol, theft, flight
au volant, at the wheel (car)
le volet, shutter
la volonté, (good-)will
  vouloir, en — à quelqu'un, to
    bear someone a grudge
    —dire, to mean

le wagon-lit, sleeper (train)

zone, la — bleue, disc-parking
  area

Index of grammar and practice